古陶瓷鉴定的
科学依据

蔡礼君　著

学苑出版社

图书在版编目（CIP）数据

古陶瓷鉴定的科学依据 / 蔡礼君著. -- 北京：学苑出版社，2019.7

ISBN 978-7-5077-5777-4

Ⅰ．①古… Ⅱ．①蔡… Ⅲ．①古代陶瓷－藏品鉴定（博物馆）－研究－中国 Ⅳ．①K876.34

中国版本图书馆CIP数据核字(2019)第164490号

责任编辑：潘占伟
出版发行：学苑出版社
社　　址：北京市丰台区南方庄 2 号院 1 号楼
邮政编码：100079
网　　址：www.book001.com
电子信箱：xueyuanpress@163.com
联系电话：010-67601101（销售部） 67603091（总编室）
经　　销：新华书店
印 刷 厂：北京信彩瑞禾印刷厂
开本尺寸：787×1092　1/16
印　　张：17
字　　数：318 千字
版　　次：2019 年 10 月第 1 版
印　　次：2019 年 10 月第 1 次印刷
定　　价：198.00 元

目 录

前言 /1

第一章 中国古陶瓷历史和相关鉴定 /1

  第一节 古陶器 /1

  第二节 青瓷 /6

  第三节 白瓷 /14

  第四节 青白瓷 /20

  第五节 黑釉瓷 /23

  第六节 元青花 /27

  第七节 明代瓷器 /35

  第八节 清代青花 /47

  第九节 清代彩瓷 /54

第二章 古陶瓷的化学常识与鉴定 /71

  第一节 胎的历史演变规律 /71

  第二节 胎质疏松与否不是鉴定标准 /77

  第三节 露胎形貌的"表里不一" /80

  第四节 识别新旧胎和胎的详解 /85

  第五节 釉的历史演变和化学成分 /92

  第六节 高温釉的工艺和二次氧化 /96

  第七节 关于明清青花的鉴定 /105

  第八节 中温低温釉的化学特性和鉴定 /113

  第九节 古陶瓷的彩与料 /122

第三章　古陶瓷的物理常识与鉴定 /141

第一节　古陶瓷的光学常识 /141

第二节　古陶瓷釉面的"釉上膜"与有关鉴定 /149

第三节　古陶瓷的蛤蜊光 /156

第四节　古陶瓷的结晶问题 /164

第五节　古陶瓷的析晶层 /169

第六节　古陶瓷的"包浆"与鉴定意义 /174

第七节　古陶瓷高温釉面的气泡和鉴定意义 /180

第八节　低温釉上彩的物理特性和自然老化 /183

第九节　"双色"与"窑变" /188

第十节　显微镜的重要意义 /196

第四章　古陶瓷工艺知识和鉴定 /203

第一节　古陶瓷胎料的加工方法 /203

第二节　化妆土工艺 /211

第四节　矾红工艺 /218

第五节　古陶瓷的垫烧工艺 /220

第六节　剔花剔釉与雕瓷 /224

第七节　关于画工 /227

第八节　彩瓷工艺 /229

第九节　专家错误鉴定举例 /236

第十节　物理化学去光方法与真伪对比 /242

第十一节　古陶瓷的纹饰 /247

参考文献 /261

前 言

古陶瓷的发明是中华民族对世界文明的伟大贡献，英文中"瓷器"（china）与中国名称的单词为同一词是这一伟大贡献最有力的佐证。中国古陶瓷的发展历史源远流长，郭沫若曾经说过："中国古陶瓷发展的历史，就是中华民族发展的历史，它是几千年来中华文化历史的见证。"[1]

古陶瓷学是集化学、物理学、光学、结晶学、工艺学、历史学、考古学、美学、文化、宗教、民俗等诸多学科和领域于一身的交叉学科。

古陶瓷鉴定是古陶瓷学的重要内容和分支。古陶瓷鉴定方法多种多样，但是无论哪一种方法，都应该以古陶瓷学为基础，结合充分的实践经验和科学手段来进行。鉴定专家必须具备基本的古陶瓷化学知识、物理知识、工艺学知识、历史和文化知识，乃至审美和绘画知识。真正的实践经验应该包括陶瓷工艺、科学对比、考察考古、造假考察、化学和显微分析等方面的实践经验。

不能说看到的病人多了就能称为医生，看到的庄稼多了就能成为农业专家，看到的房子多了就是建筑师。同样的，不能说看到的古陶瓷多了就是古陶瓷专家，更不要说是鉴定专家了。

事实上，博物馆的瓷器数量与全世界原有实际的瓷器总量比较起来只能是沧海之一粟。例如，据《瓷器与荷中贸易》一书记载，从1602～1652年50年中，仅东印度公司就输出中国瓷器达1600万件以上，其中运到荷兰瓷器的总数300万件以上；1999年打捞的"泰兴号"沉船中，瓷器就达35万余件。在这浩瀚的中国古陶瓷面前，总是以看到的真品多而自居的专家，应该明白自己是"坐井观天"了。

1　河南省陶瓷文化研究会《古陶集萃》，中州古籍出版社2010年版。

感性知识不等于理性知识，感知了的东西不一定能理解它，只有理解的东西才能很好地感知它。那种认为不需要科学知识，不需要懂得古陶瓷科学，不需要历史和文化知识，只凭见到过多少多少真品就能够鉴定古陶瓷的看法，是从根本上违背人类正确的认识规律的。

古陶瓷鉴定就是要利用古陶瓷科学知识和宏观与微观的科学分析方法，做出关于陶瓷新旧和存世年代的判断。这里的宏观，指的是对器物的器型、结构、拉坯修胎特征、器壁足壁厚薄、足墙高低、胎饰、釉饰、彩饰、图案、绘画、书法、款书、釉面（包括釉上膜、釉层）、足底（包括修足特征）、二次氧化特征、羟基化特征、做旧特征、露胎胎质、釉下析晶层、自然老化或是做旧痕迹等的观察和分析；这里的微观，指的是对器物的外表和内在进行显微分析、化学分析、物理分析、光学分析、结构分析等。只是通过简单地对照所谓"标准器"的型、胎、釉、纹、款，来鉴定古陶瓷，无异于"盲人摸象"。

我国的古陶瓷鉴定曾经取得了很多成绩，但是无可讳言的是，因为利益驱动，造假作伪泛滥成灾，更因为缺乏基本的古陶瓷科学知识，导致近三十年来，出现大量的背离科学常识、背离历史事实的所谓的"鉴宝"，制造了很多轰动全国并波及国外的事件。例如元青花盘口瓶真当伪事件、北魏陶俑事件、国家级博物馆认假收假事件、马来西亚华侨献宝事件、冀宝斋事件、电视砸瓷事件、拍卖公司大量卖假事件、电视鉴宝公然反科学反历史事件等，令人错愕、震惊和扼腕。大量的假错鉴定，使我国广大古陶瓷收藏爱好者和收藏家，蒙受了一次又一次的经济损失，并且使得真品被破坏，更使我国的珍贵文物大量流失国外，一些赝品却堂而皇之地摆在博物馆。

鉴定的混乱必然导致市场的混乱，尤其是古玩市场和拍卖市场的混乱。

有鉴于此，作者感觉到在有生之年应该为我国的古陶瓷爱好者和收藏家，为我国古陶瓷鉴定的拨乱反正和文物保护贡献绵薄之力，因而在讲课和论文的基础上撰写了本书。

此书名称之所以确定为"古陶瓷鉴定的科学依据"，是想从历史、科学、工艺等角度出发，对古陶瓷的各种现象和表现进行科学的说明和解释，奠定古陶瓷鉴定的科学基础。因为篇幅的限制，本书不能全面地论述古陶瓷学，但是作者想告诉广大古陶瓷的鉴定和收藏者一个客观事实：目前我国流行的眼学鉴定的原则、理论、标准，与古陶瓷学相去甚远。

大量的事实证明：传统眼学鉴定简单地认为釉下是胎，而绝大多数古瓷釉下却是与胎完全不同的析晶层；眼学鉴定只知道器表面是釉，而不知道何为分相釉，更不知道釉上膜；眼学鉴定只知道釉色，却不知道釉色有"化学色"和"物理色"之分，不知道汝窑的天青色其实是分相釉散射的结果；眼学鉴定不知道此时的釉色非彼时的釉色，不知道窑内外二次氧化和自然时效对釉色的改变；眼学鉴定不知道釉的特征是由何种化学反应和什么历史时期的何种助熔剂决定的，甚至根本不了解至关重要的助熔剂；眼学鉴定不知道胎的特征是由何种化学物质、加工工艺、烧结工艺形成的，或根本不知道何为烧结；眼学鉴定缺乏基本的鉴定常识，居然"创造"出850℃烧青花、植物彩水彩做釉上彩、树脂滋润釉色、胭脂红里含"氧化金"、空白地加粉等一系列罔顾历史、反对科学、反对基本的工艺常识的说法。眼学鉴定"政出多门"，"各自为政"，"自相矛盾"，"相互矛盾"，"莫衷一是"，充分地体现在电视鉴宝节目、眼学鉴定著作、拍卖公司鉴定之中。尤其是电视专家，利用公众对媒体，尤其是对权威电视媒体的信任，臆造出一些离奇的鉴定标准，严重误导观众，误导收藏大众。至于"瞅一眼辨真伪"，无疑是一种神话；而"以势压人""指鹿为马"，那是我国文物鉴定的耻辱和悲哀！

古陶瓷众多种类和形态无不打上了深深的科学和历史的烙印，其丰富的内涵和大自然留下的繁纷复杂的痕迹，绝非简单地看一眼和对照几件所谓"标准器"，就可以下结论的。历史和现实告诉我们，眼学非科学；当眼学对立科学时，我们要相信科学。

期待此书能够引起文物界相关的专业人员和广大的收藏爱好者的注意，进而开展研究和争鸣，得到"抛砖引玉"之效果，这正是我写这本书的初衷。拳拳之心，如此而已。

本书的编写和出版，得到了中国科学院上海硅酸盐研究所、中国文化遗产研究院、中国文物保护基金会、北京国际文化艺术保护中心、故宫博物院五所和文保科技部、《文物鉴定与鉴赏》编辑部、《收藏家》编辑部等单位和部门的大力协助，包括提供图片资料、协助调研考察、帮助显微测试、进行文字编辑等，在此表示由衷的感谢。中国文物保护基金会社会文物保护分会薛国芳主任对序言和第三章第十节提出了很好的建议，中国文化遗产研究院黄广博士为本书有关章节做了显微和扫描电镜实验，收藏家杨永辉对书稿进行了细心的校对，一并表示感谢。本书责编潘占伟先生，为此书倾注了大量心血，使书稿结构、内容更趋完善，其严谨、细致、专业的工作，给我留下了深刻的印象。

本书的缺漏和不足，敬请读者指正。

第一章 中国古陶瓷历史和相关鉴定

本章力求从科学角度阐述中国的古陶瓷历史,并在理论和实践两方面对相关古陶瓷种类的眼学鉴定提出完全不同的观点。

第一节 古陶器

陶器的发明是中华民族最早利用物理与化学变化改变物质结构的创造性活动。从湖南省道县玉蟾岩洞穴发现的中石器时代的陶片来看,中国陶器的产生距今已有一万八千年的漫长历史。陶器是黏土成型晾干后,用火烧制出来的,是泥与火的结晶。陶器发展分为无釉和有釉两个阶段。

一、无釉古陶器阶段

黏土是多种含水硅酸盐矿物的混合物,起源于地球表面花岗岩石的风化,主要化学组成是氧化铝(Al_2O_3)和氧化硅(SiO_2)。其 Al_2O_3 含量和 Al_2O_3/SiO_2 比值越大,黏土的耐火度就越高,黏土的熔融范围也就越宽。黏土中还含有少量碱金属、碱土金属和铁、钛等的氧化物以及一些有机物。

各种金属氧化物均起到助熔作用,尤其是碱金属和碱土金属氧化物,是古陶瓷主要的助熔剂。因此,黏土中 Na_2O、K_2O、CaO、MgO 含量越多,古陶器就越容易烧结。烧结就是陶器坯胎经过 700℃~1150℃ 烧制,上述两种硅酸盐氧化物(主要是二氧化硅)小部分熔化成玻璃体状态,黏结了未熔的颗粒和细沙粒,并且减少了气隙。冷却后,原来的散土变成了坚固且可以盛水的陶器。这就是黏土加火成陶的原理。因为金属氧化物均耐高温，所以陶器烧制过程中发生的变化是熔融的物理变化、陶土的颜色变化，以及氧化、还原、分解、合成的化学变化，例如还原反应生成金属和氧化亚金属氧化物以及钙长石等的化学变化。

1. 古陶器的颜色

黏土中的氧化铁在烧制后期，如果是氧化气氛，则产生红色、棕色、棕黄色；如果是还原气氛，则产生青色、灰色、黑色。氧化铁可以是 Fe_2O_3、Fe_3O_4 和 FeO。最高价的氧化铁 Fe_2O_3 是红色；次之 Fe_3O_4 是黑色；最低价氧化铁 FeO 也是黑色。

图1.1.1a 三氧化二铁　　　图1.1.1b 四氧化三铁　　　图1.1.1c 氧化亚铁

"氧化气氛"就是烧制最后阶段，氧气供给充足，铁充分氧化成最高价氧化铁（Fe_2O_3），如图1.1.1a。相反，窑内氧气不够充足，会产生次价和低价氧化铁，如图1.1.1b和1.1.1c。这样的情况叫作"还原气氛"。

黏土里的其他杂质颜色、氧化不到位、还原不到位等因素会使得古陶器颜色更复杂，如图1.1.2～1.1.4，但是氧化铁的因素始终扮演"主角"。

图1.1.2 故宫藏新石器时代磁山文化红陶（白色系修复剂），公元前5400～前5100年

图1.1.3 马家窑文化彩陶，公元前3000～前2000年

图1.1.4 龙山文化黑陶，公元前2335～前1935年

颜色偏棕色、棕黄色者，三氧化二铁起主要作用；颜色偏黑色、灰色者，四氧化三铁和氧化亚铁起主要作用。氧化亚铁容易进一步还原成铁元素或者被氧化成四氧化三铁和进一步氧化成三氧化二铁。如果黏土清洗了氧化铁（低于1.6%含量），就成为"白陶"，如图1.1.5所示。

从目前所知的考古资料来看，中国陶器中无釉的精品有中石器时代的灰陶，裴李岗文化、磁山文化的红陶，仰韶文化的彩陶，大汶口的"蛋壳黑陶"，商代白陶和西周硬陶，还有秦代的兵马俑，汉代的陶俑。黑陶与灰陶不同的是黑陶的黑色不是氧化亚铁或磁铁，而是渗碳工艺形成的炭黑。中国陶器发展的顺序是红陶、灰陶、黑陶、白陶。

图1.1.5 二里头文化白陶，公元前1900～前1500年

无釉陶器有一个从露天烧制到炉窑烧制的发展过程。早期只能生产红陶是露天烧陶氧气充分且不能憋火产生还原气氛所致。只有到了窑炉烧制时代，才可能控制空气的加入程度，从而出现一氧化碳（CO）来把氧化后的三氧化二铁还原成四氧化三铁和氧化亚铁以及铁元素，从而使陶器颜色变青变灰变黑。白陶的出现除了陶土清除杂质工艺产生外，还因为烧制温度提高和合理的还原工艺。

不仅如此，灰陶或白陶在存世过程中，如果经常暴露在空气中，并且接触水和水汽，那么灰陶灰色、白陶白色就会逐渐变成棕色或土黄色，也就是灰陶和白陶的氧化亚铁被氧化成三氧化二铁了。这就是我们在博物馆里看到的灰陶不灰、白陶不白，甚至于都会偏黄的原因。

2. 彩陶

彩陶是指中国古代带有彩绘花纹的陶器。在中国新石器时代的仰韶文化、马家窑文化、屈家岭文化、大汶口文化和青铜时代的辛店文化等文化中均有发现。在陶坯的表面用黑、红色颜料画上几何图形、花卉、动物纹样等花纹，烧成后，花纹附着器表，不易脱落。另有一种是陶器烧成后绘制，彩易脱落，称"烧后彩绘陶"。

1921年，瑞典地质学家安特生首先在中国河南渑池县仰韶村发现了新石器时代遗址，这一类型的文化遗存，被定名为"仰韶文化"。仰韶文化的一系列遗存都含有一定数量的彩陶，所以人们也称其为"彩陶文化"。彩陶最早出现在河南嵩山的裴李岗文化，距离现在有9000年历史了。到了仰韶文化时期，中国的陶器已经具有了一个历史性的飞跃，逐渐步入了多彩多样式的发展轨迹。仰韶文化距今约为7000至5000年，可见我国的陶器在很早的时期就达到了一定的工艺水平。

二、有釉古陶器阶段

在公元前1050年前的商朝，我国已经出现了有釉的原始青瓷（按照渗水率标准，实际上属于陶器）。釉是裹在陶瓷表面的一层被烧熔化的"衣"。为什么"衣"能够熔化而衣下的胎不能呢？因为胎是"骨"，如果胎也熔化了，那就不成"器"了。为了"裹衣"，釉料里要专门加进"助熔剂"而胎料里没有特意添加。带釉的硬陶在这一时期已经出现了，釉色青绿或带褐黄是氧化铁使然，胎质疏松。

当时的釉有两种，一种是低温的铅釉，早在中国商、周时期就已发明，它以铅的化合物铅粉〔$2PbCO_3 \cdot Pb(OH)_2$〕或青铅作为基本助熔剂，釉层大约在700℃左右开始熔融，850℃烧成，因此是一种低温釉。另一种是灰釉，釉层在1200℃左右开始熔融。除了少数的灰釉（当时是草木灰做助熔剂）的"原始青瓷"，我国的釉陶器基本上都是低温的铅釉陶器，例如著名的"北魏陶俑"和"唐三彩"。

最早的铅釉陶器只施绿、褐、黄等单色釉，到王莽时期出现同时施黄、绿、酱红、褐色的复色釉。东汉是釉陶最发达的时期，釉陶器的种类有壶、尊、罐、洗、博山炉、瓶等，还有坞壁建筑模型和俑人、猴、鸭、狗、鸡等陶塑，并出现了黑色釉。

东汉以后因战乱，釉陶生产一度衰落，十六国时期开始复苏，北朝时期产量增加，转为在瓷器作坊中生产。至隋唐，釉陶高度发展，创烧出蜚声世界的唐三彩。

1. 冥器的蝉翼纹和胎釉松动

很可能是因为铅釉有毒的原因，铅釉陶器通常是冥器。"北魏陶俑"和"唐三彩"两种著名的有釉陶器均为冥器，尤其是唐三彩。冥器就是陪葬的器物，现在看到的铅釉古陶器基本上都是墓葬出土的文物。墓葬陶器有一个明显的特征，那就是釉面的"蝉翼纹"[1]。这里应该指出：其一，没有蝉翼纹的"出土古陶器"应该是仿制品；其二，蝉翼纹应有多次开片，简单的"蝉翼纹"片纹宽度相等或基本相等，也可能是仿品。多次开片之所以为真品，是因为

图1.1.6 唐三彩蝉翼纹布满全身

---

[1] 张福康《中国古陶瓷的科学》，上海人民美术出版社2000年版。

片纹宽度相差很大,必须经历漫长岁月才能形成。一年或者几年内人工生成的"蝉翼纹"片纹宽度看不出差别。因为蝉翼纹的潜移默化,可以导致胎釉松动和斑驳,如图1.1.6。与眼学标准相反,胎釉紧密者应怀疑为仿品。

2. 冥器的"银釉"[1]

铅釉的助熔剂是铅粉或青铅,铅粉就是碱式碳酸铅,是白色粉末。铅釉烧成温度是850℃左右,成黄绿或棕色。铅釉陶器如果长期埋藏于地下,尤其是墓葬后,受到尸体腐烂形成的磷酸性液体侵蚀,经历漫长历史,会形成羟基磷酸铅钙〔$Pb(PO_4)_6(OH)_2+nCa$〕,并且从釉层的微细开片纹中渗透析出,形成片状结晶体。片状晶体积累后会对白光形成漫反射呈现出白色,称之为"银釉",如图1.1.7和1.1.8。专家们在鉴定古陶瓷时把"银釉"说成是"泛铅",甚至于见到釉面"泛白"就说是"泛铅",是错误的。如果铅釉陶器没有作为冥器陪葬时,接触不到磷酸性液体,不可能生成羟基磷酸铅钙。而这样的铅釉陶器在空气中接触到风吹雨淋时,的确会发生"泛铅",但那不是白色而是黑色的二氧化铅,是铅釉里的氧化铅进一步氧化的结果。[2]

图1.1.7 釉面渗出的白色"银釉"

图1.1.8 银釉半透明并且出现"蛤蜊光"

假银釉是铅粉和石灰粉加胶涂抹在器物表面的,既没有渗出特征,也没有片状特征,而且热水可以清洗掉,浸水也没有透明性。"北魏陶俑事件"里的假银釉就是如此,当时被所有专家当成"泛铅"鉴定为"真品"。

"银釉"特点如下:

(1) 只有墓葬的低温铅釉的陶器才能产生"银釉";

(2) 银釉是羟基磷酸铅钙,在胎釉界面产生,并且从蝉翼纹的开片中渗出;

---

[1] 张福康《中国古陶瓷的科学》,上海人民美术出版社2000年版;朱铁权等《宋代绿釉陶表面"银釉"的分析及其形成机理》,《应用化学》2007年第9期。

[2] 蔡礼君《青瓷釉色成因及相关的鉴定原理》,《收藏家》2016年第8期;蔡礼君《中国古陶瓷釉的相关因素和鉴定方法》,《文物鉴定与鉴赏》2016年第10期。

(3) 银釉渗出后成片状积累，厚度较薄时成半透明状态；

(4) 类似于碳酸钙，银釉不溶于水，浸水后透明性增强；

(5) 银釉在一定角度白光照射下会产生"蛤蜊光"[1]；

(6) 铅釉在地上的"泛铅"是黑色的二氧化铅；

(7) 白色的银釉与黑色的泛铅有原则区别，专家们把二者混淆是导致错误鉴定的原因之一。

3. 唐三彩

我国汉代是釉陶的重要的开端。经过汉代以后三百多年的发展，中国在唐代达到了封建社会的顶峰，政治稳定，经济繁荣。唐朝定都长安，以洛阳为陪都，这两个地方都出土了大量唐三彩（人俑头和面部无釉三彩），无论在艺术上还是技术上都盛况空前。

图 1.1.9 唐三彩人俑

初唐时期的三彩釉层偏厚，且呈流釉或烛泪状。盛唐时期的三彩釉色润莹，赋彩自然，器皿多为内外满釉，色彩有绿、黄、白、蓝、黑等。装饰手法除了刻花、印花外，还广泛使用堆贴和捏塑。装饰内容丰富多彩，花鸟走兽无所不包。在器型品种上除了器皿以外，还出现了大量生动的三彩人俑，其特征是人俑头部面部只施彩不施釉，如图 1.1.9。东汉有瓷，宋代开始瓷器生产迅猛发展，制陶业趋于没落，但是有些特殊的陶器品种仍然具有独特的魅力，如宋、辽三彩器和从明清发展至今的紫砂壶、法华器以及广东石湾的陶塑等。

第二节 青瓷

中国古陶瓷通常采用釉的颜色来命名瓷器的种类，所以青瓷就是青色釉的瓷器。青瓷胎釉料中含有天然的铁，在还原气氛中生成氧化亚铁成"青色"。还原气氛不充足，或者出窑的二次氧化，使我们现在看到的釉色很多呈现黄色或黄褐色。商周时期我国就出现了釉层不完整的原始青瓷。历经春秋战国，到了东汉，中国历史上开始出现了吸水率只有 0.3% 的真正的青瓷，开创了中国瓷器时代。

---

[1] 蔡礼君《古陶瓷的蛤蜊光》，《文物鉴定与鉴赏》2016 年第 8 期。

一、早期青瓷釉色

东汉青瓷烧成温度约 1250℃～1300℃。东汉青瓷的产地主要在南方浙江宁绍平原、金华丘陵和永嘉沿海地区，越窑重要的遗址之一位于浙江慈溪市鸣鹤镇西栲栳山麓上林湖一带，因为唐朝越窑产地在越州，故称之为越窑。北方则是从北魏时起，陕西省铜川市黄堡镇瓷器就已具规模。这些早期青瓷瓷土含铁量比较高，采用石灰釉，釉料中含助熔剂氧化钙达 15% 以上，釉层较薄。

我们现在看到的早期青瓷，无论是南方越窑还是北方耀州窑的釉色，均为棕绿即灰色和棕黄色两类颜色。图 1.2.1、1.2.3、1.2.5，显示的就是棕绿的灰色；图 1.2.6 和 1.2.7 则是棕黄色。图 1.2.2 和 1.2.4 介于灰、棕二色之间。

图 1.2.1 浙东越窑博物馆越窑青瓷

图 1.2.2 故宫博物院藏越窑钵

图 1.2.3 灰色越窑净水八方瓶

图 1.2.4 灰中透黄的越窑兽嘴提盘净水瓶

图 1.2.5 浅灰色长颈鼓钉式越窑净水瓶

图 1.2.6 棕色的越窑盖盒

图 1.2.7 棕色的耀州窑碗

图1.2.8 陕西法门寺地宫的越窑青瓷碗

图1.2.9 陕西法门寺地宫的越窑青瓷净水瓶

图1.2.10 提盘式越窑净水瓶积釉局部

1.2.11 越窑长颈净水瓶积釉局部

晚唐诗人陆龟蒙在描述当时的越窑瓷器时写道:"九秋风露越窑开,夺得千峰翠色来",说到越窑釉色是"千峰翠色"。因为诗人是南方人,字面意义应该是越窑釉色就像覆盖山岚的郁郁葱葱的深绿色。可是为什么我们现在的越窑藏品上看不到那样的"翠色",或者说与那样美丽的"翠色"不相符呢?

原来,深绿的翠色是在还原气氛中形成的。也就是说,釉色里原来的青色是 Fe 和 FeO 颜色,略微混有棕黄色的 Fe_2O_3,调和结果成为唐诗中的"翠色",相似于图1.2.8和1.2.9的釉色。因为深埋地宫,少风化,干燥无水或缺氧,二次氧化甚微,依稀可见当年出窑时的"翠色"风采。还有,"秘色瓷"虽为越窑青瓷,但是烧制温度低(1150℃),致使分相釉散射的"物理色"与氧化铁"化学色"关系甚微,我们将在以后的章节逐一介绍。

窑外的二次氧化需要经历漫长岁月后才能显示釉色的变化。除了环境保护可以减少二次氧化的程度外,如图1.2.10和1.2.11中积釉或厚釉局部,也保护了釉深层的深绿免于二次氧化,所以依稀可见当年的"千峰翠色"。

因为越窑历史悠久,离我们已经近2000年,经历二次氧化最为严酷和久远。深绿色变成浅灰甚至于棕黄色,就不足为怪了。五代离我们1000余年,二次氧化的程度大为减轻,保留的绿色更多了。如图1.2.12和1.2.13(图1.2.12器物局部照片上部浅红和浅蓝系蛤蜊光)。

所以从早期青瓷的釉色可以粗略地判断出它们存世的年代。[1] 央视专家不管这样的历史过程,不顾及此时的颜色非彼时的颜色,以静止的眼光鉴定青瓷釉色,在央视上说什么千峰翠色就是这样的棕色(央视展示的棕色越窑瓷器),不仅混淆了青瓷颜色,是公然地"指鹿为马"。

---

[1] 蔡礼君《青瓷釉色成因及相关的鉴定原理》,《收藏家》2016年第8期。

图 1.2.12 五代耀州窑出戟花觚的近绿釉色

图 1.2.13 五代耀州窑瓜棱执壶的绿色

概言之：

（1）早期青瓷釉色"千峰翠色"是深绿色。青瓷在缺氧干燥环境或土层里保护较好和积釉、釉厚局部，依稀可见当年"千峰翠色"的风采。

（2）釉色变黄、变棕色是因为漫长历史形成的二次氧化的结果，并非当年的"千峰翠色"。

（3）根据二次氧化程度的轻重，可以粗略地判断器物存世历史。

（4）此时的颜色非彼时的颜色，古陶瓷鉴定不能以静止的眼光、以现时的状态去判断历史。专家们把越窑的棕色当成"千峰翠色"无异于"刻舟求剑"。世界上没有静止不变的事物，更何况是经历了漫长历史演变的古陶瓷呢！

二、后期青瓷釉色[1]

早期青瓷釉色属于"化学色"，后期青瓷釉色则基本上属于"物理色"。化学色是指由物质化学性质决定的颜色，例如氧化亚铁的化学颜色就是青色；物理色则是指与化学性质无关的颜色，例如空气的化学色是无色，但是物理色是天蓝色。瓷器的物理色是因为烧制温度低、低硅铝比或添加了乳浊剂后，形成分相釉所致（分相釉是指釉层在连续的玻璃相中存在非玻璃固体和气体微粒的分散相）。物理色有两种：一种是散射物理色，

---

[1] 李家治、张志刚等《杭州凤凰山麓老虎洞窑出土瓷片的工艺研究》，《建筑材料学报》，2000年12月版；李伟东、李家治等《杭州凤凰山麓老虎洞窑出土瓷片的研究》，2009年古陶瓷学术讨论会论文集；李伟东、邓泽群、李家治《汝官窑青瓷釉析晶—分相结构》，2005年古陶瓷科学技术国际研讨会论文集。

另一种是漫反射物理色，都是光学原因造成的。蓝色波长短，其散射属于"瑞利散射"，强度最高。所以，散射物理色大部分显示的是蓝色，少部分显示紫色和绿色。漫反射物理色都显示白色或乳白色，例如水的化学色是无色，但是水花和泡沫是白色。釉色的"泛白"就属于漫反射物理色。关于物理色的光学知识，我们在第三章里还有详细介绍。

1. 汝窑青瓷釉色特征

汝窑青瓷与早期越窑、耀州窑根本不同点在于釉色已经不是氧化亚铁着色剂的化学色了。

汝窑青瓷釉面特征与鉴定：

（1）因为烧成温度低至1200℃左右，釉面呈现出蓝色与乳白交融成的天青色，是两种物理色混合形成的。[1]

（2）因为汝窑烧成温度低，所以釉的黏稠度比较高，表面张力比较大，使得氧化和还原反应生成的大量气泡不容易冲出釉面，或者说黏稠的釉层保护了气泡。显微镜下可以观察到很多的大小不均的气泡，[2]如图1.2.14。所谓"寥若晨星"是放大镜倍数太低看不到小气泡，或年代久远釉面风化变得不清晰所致。

（3）如果显微镜下气泡"寥若晨星"，甚至观察不到气泡，就一定是赝品。第三章有进一步说明。

（4）器口沿显示"香灰色"非胎色，是釉上膜下的析晶层和胎色叠加的结果（何为釉上膜，何为析晶层，第三章将详解）。

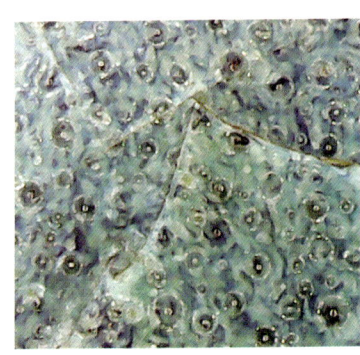

图1.2.14 汝窑三足洗及其釉面的显微图像（放大100倍）

关于"天青色"，古人乃至现代人，猜测其原因是"内有玛瑙末为釉"。其实，玛瑙的化学成分就是二氧化硅（SiO_2）。玛瑙是这样形成的：大约在一亿年以前，地下岩浆由于地壳的变动而大量喷出，熔岩冷却时，蒸汽和其他气体形成气泡。气泡在岩石冷却时被封闭成许多如同瓷器釉层里气泡一样的空洞。经历漫长岁月后，空洞逐渐被二氧化硅的水解溶液填充，凝结成硅胶。其分子式为 $mSiO_2 \cdot nH_2O$。极少量含铁和其他金属氧化物岩石的可熔成分也会进入硅胶，形成美丽的花纹，最后结晶为玛瑙。所以，玛瑙并不是汝窑瓷颜

---

[1] 蔡礼君《青瓷釉色成因及相关的鉴定原理》，《收藏家》2016年第8期。

[2] 张福康《中国古陶瓷的科学》，上海人民美术出版社2000年版。

色的来源。央视专家坚持此观点,没有科学依据。

"天青色"是物理色,可用一个简单的实验来证明:(1)把清凉寺拾来的汝窑碎片,放进电加热箱;(2)电加热至1200℃以上;(3)从玻璃窗来观察瓷片的釉层,等待其完全熔融;(4)然后观察釉色。其结果是什么呢?原来的天青釉变成略带杂质颜色的透明釉了!如果我们突然关掉电源,打开电箱迅速冷却,瓷片釉色就再也不会是天青色了。[1]

2. 官窑、哥窑的物理色特征

图 1.2.15 和 1.2.16 显示官哥瓷器表面气泡如麻。这不仅是因为烧制温度低,而且因为采用了增加釉稠釉厚的石灰碱助熔剂,其结果是表面张力更大。根据压力平衡原理,气泡难以长大并不易逸出。官窑青瓷的突出特征就是釉厚气泡多,犹如图 1.2.15 出戟花觚气泡"盏珠积沫",漫反射物理色成乳白。密集气泡对白光的漫反射后表现为半透明的乳白,覆盖了第一种物理色。其效果就是釉面显示粉青色、淡湖蓝色或浅灰色,如图 1.2.16 琮式瓶所示。专家们说汝、官、哥等釉色是釉里含铁造成的,显然是错误的。就是说,化学色青瓷与物理色青瓷的釉色产生原理完全不同。需要指出,两种釉色还会产生交叉、混合、叠加,例如二次氧化的三氧化二铁棕黄色和钧瓷的红色的化学色对散射蓝色的叠加。

"双色"指的是物理色与化学色交集(交叉、混合、叠加)的釉色。钧瓷的天蓝色、乳白色属于物理色,红色属于化学色。交集后是紫色。对这样的瓷器釉色介绍如下:

钧瓷与其他青瓷不同点在于采用了铜作为着色剂。铜着色剂红色是通过两种原理实现的。[2] 其一是铜胶体 Cu,其二是还原的氧化亚铜(Cu_2O),都属于化学色。这部分添加的乳浊剂 SnO_2 浓度很低,只是为了稳定铜红着色剂,

---

[1] 张福康《中国古陶瓷的科学》,上海人民美术出版社 2000 年版。
[2] 张福康《中国古陶瓷的科学》,上海人民美术出版社 2000 年版。

图 1.2.15 出戟花觚气泡"盏珠积沫",漫反射物理色成乳白(放大 30 倍)

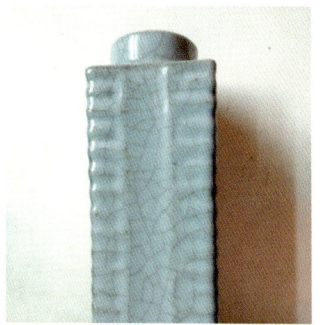

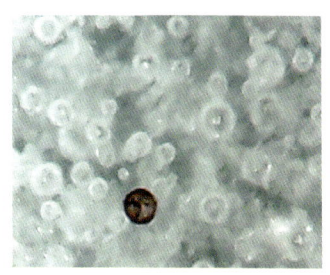

图 1.2.16 琮式瓶气泡"盏珠积沫"(放大 100 倍)

但还是影响了铜红发色。图1.2.17所示的双色工艺是：（1）先在鼓钉洗外侧和内壁施铜红釉，将在还原气氛下烧成带杂色的铜红化学色；（2）烘干后在洗内底与内侧壁下部施乳浊釉（提高乳浊剂浓度，乳浊釉特指增加乳浊剂的分相釉），将在还原气氛中烧成湖蓝的散射物理色；（3）最后洗内底再涂刷一层极薄的乳浊剂浓度更高的"花釉"（薄到不能覆盖下面的乳浊釉），将烧成漫反射的乳白色和随机形成的"蚯蚓走泥纹"。三次施釉一次烧成者"变化多端"，也有两到三次烧成，更有甚者可以数次。[1]

图1.2.17 官窑钧瓷"八"字款"双色"的鼓钉洗　　图1.2.18 民窑钧瓷挂红"双色"托盘

图1.2.18则是把上述的（1）（2）颠倒过来，乳浊釉施完再选择某一位置施铜红釉，但是没有第（3）步骤。窑内高温烧制后，铜着色剂富集区双色釉就会混融在一起。因为乳浊剂的交混和扩散，有的化学色的铜红覆盖或者部分覆盖下面蓝色的物理色，有的物理色覆盖了部分化学色，形成了双色的千变万化："进窑一色，出窑万千。"图1.2.19显微图片系双色交集边沿局部，出现了微观"蛤蜊光"。

现代仿品为了"挂红"，干脆烧制两次或三次，第一次烧乳浊散射釉，第二次烧挂红釉，第三次烧乳浊漫反射釉和"蚯蚓走泥纹"。其层次感肉眼可见、手指可摸。古陶瓷"窑变"一次烧成者没有层次感，更为宝贵。

专家宣传"窑变"的神秘感，严重误导鉴定和社会收藏。其实历史文献中已经记载了窑变的相关工艺。[2]

---

1 佚名《南窑笔记》，清乾隆刻印，1911年被黄宾虹收入《美术丛书》。
2 佚名《南窑笔记》，清乾隆刻印，1911年被黄宾虹收入《美术丛书》；蓝浦、郑廷桂《景德镇陶录》，嘉庆二十年（1815年）由异经堂刻印刷出版；赵汝珍《古物指南》，1943年铅印本。

1. 在《古物指南》《陶成纪事碑记》中，将"人巧"确定为"窑变"原因之一。

2.《景德镇陶录》认为："窑变之器有二：一为人巧，二为天工。""其由人巧者，则工故以釉作幻色物态，直名之曰窑变，殊数见不鲜耳。"

3. 对这种具体的"人巧"之法《南窑笔记》记载道："法用白釉为底，外加釉里红元子少许，罩以玻璃红宝石晶料为釉，涂于胎外，入火藉其流淌，颜色变幻，听其自然，而非有意预定为某色也。其复火数次成者，其色愈佳。"提到了多次烧制工艺问题。

清雍正"窑变釉"当属于多次烧制工艺制成的。

以上内容，第三章我们将进一步详细解读。

三、青瓷釉色的总结

1. 青瓷釉色有三种：化学色、物理色、理化双色交集。

2. 因为青瓷历史久远，早期青瓷氧化亚铁化学色的"青色"业已遭到二次氧化的改变。尤其是悠久历史的越窑瓷，当初的千峰翠色已经变成现在的棕色、灰色、浅棕色、浅棕绿色。

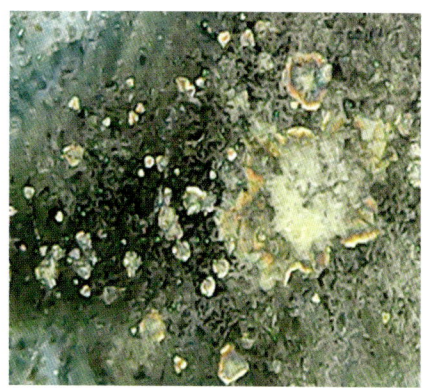

图 1.2.19 钧瓷起弦瓶的双色和微观的"蛤蜊光"

3. 后期青瓷，包括汝瓷、钧瓷、官哥窑瓷、部分龙泉窑瓷等，表现出来的"青色"除了二次氧化叠加，与铁的氧化物颜色无关。很多著作和专家鉴定对青瓷釉色的描述是错误的。

4. 钧瓷的显著特点是使用了铜着色剂，因而铜红化学色与乳浊釉物理色交集成"窑变"。

5. 物理色分为散射物理色和漫反射物理色两种，汝、钧、官、哥等釉色都受到了这两种物理色的影响。

6. 产生分相釉（含乳浊釉）的条件主要是两点：其一是釉料成分（例如添加了乳浊剂和低硅铝比），其二是温度低。

7. 汝窑瓷器的天青色与玛瑙釉无关，天青色是较低温度烧成的物理色。

8. 由于温度低和釉层厚对气泡的保护作用，汝瓷和其他的物理色青瓷都存在釉面气泡丰富的特征。汝窑瓷气泡"寥若晨星"传统鉴定标准是本末倒置的错误鉴定。

9. 气泡丰富产生的漫反射作用，进一步淡化了蓝色的物理色，形成湖蓝色、天青色。

第三节 白瓷

按照釉色来定义瓷器种类，"白瓷"就是釉的颜色是白色。化学色青瓷是因为釉里含有 2% 以上的氧化铁而有"青色"，白瓷则要尽量多地清除胎釉铁的氧化物，釉里含氧化铁在 1% 左右。早期白瓷胎表面通常要施化妆土，一方面使胎表面光滑，另一方面化妆土含铁很低（低于 1% 左右），可以粉饰不白的胎面。白瓷到了后期不再施化妆土，而是充分利用析晶层和乳浊釉的漫反射的白色来裱白。

一、化妆土白瓷

1. 隋唐白瓷

白瓷最早出现于北朝的北齐，是北齐武平六年（575 年）范粹墓的白瓷，如图 1.3.1a。隋大业四年（608 年）的李静训墓出土了一批白瓷器，如图 1.3.1b。隋邢窑白瓷施化妆土，从以上两幅图片器物下部可以明显地观察到。唐代白瓷化妆土更细，可以由河南陕县出土的白瓷（如图 1.3.2a 和 1.3.2b）看出来。

图 1.3.1a 北齐范粹墓出土的瓣纹四系圆壶白瓷

图 1.3.1b 隋李静训墓出土的双联龙柄转瓶白瓷

图 1.3.2a 出土的唐代白瓷，釉面呈浅棕黄色

图 1.3.2b 出土的唐代白瓷，釉面呈浅棕黄色

2. 央视鉴定权威所说唐代白瓷"白中带青"是违背科学原理和客观事实的

2017年1月22日17:30央视"一锤定音"节目中,专家在鉴定一件唐代邢窑白瓷罐真伪时,说道:"唐代邢窑白瓷釉色是白中带青,因为唐代邢窑白瓷是还原盐(字幕也是打出了"盐"字)烧出来的,其实还原盐就是氧化亚铁,是青色,就像青白瓷的颜色。这件瓷器不是白中带青,所以不是唐代邢窑白瓷。"又说:"这件瓷器是仿品,是用泥浆包裹了瓷器釉面以后低温烘烤做旧,可能是300℃,也可能是400℃,就没有新瓷的光泽了,瓷器表面显示微红色像出土一样。"节目主持人对持白瓷罐的嘉宾玩笑地说:"出了门扔掉吧。"为此分析如下:

(1)中国古陶瓷从隋到清,所有白瓷(有化妆土和无化妆土,任何一种白瓷),都是在还原工艺的还原气氛中烧制成功的,不仅仅是唐代邢窑白瓷,是为基本的工艺常识。

(2)还原气氛就是窑内供给氧气不足而生成一氧化碳,一氧化碳夺取白瓷釉层和化妆土层里1%~2%的三氧化二铁(还原工艺之前的氧化工艺生成)的氧原子,还原成氧化亚铁和铁:$Fe_2O_3+CO=2FeO+CO_2$,$FeO+CO=Fe+CO_2$。

(3)窑内还原气氛的火焰也叫作"还原焰",不是什么"还原盐"。在化学上,氧化亚铁不是"盐"。

(4)化学原理上,在经历一定的年代之后,淡青色的氧化亚铁和铁在空气和潮湿条件下会"生锈",就是被氧化成棕黄色的"铁锈"三氧化二铁:$4FeO+O_2=2Fe_2O_3$,$4Fe+3O_2=2Fe_2O_3$。

(5)唐代邢窑至今已经经历了1300多年,白瓷釉层里的氧化亚铁和铁早已经被氧化成三氧化二铁了,颜色不是白中带青,而是浅棕黄色,即所谓"象牙白"或者"白中闪黄",本节列举的大量的出土文物和馆藏隋唐白瓷已经证明了这一点。

(6)此时釉色非彼时的釉色,世界上所有的事物都是变化的,更何况是人类烧制出来的瓷器颜色呢!说唐代邢窑白瓷是"还原盐"烧成的氧化亚铁,应该是"白中带青",无异于"刻舟求剑"。

(7)所有白瓷都是还原气氛中的还原焰烧成的,新仿品釉色当然应该是还原成的氧化亚铁和铁形成的"白中带青",所以"白中带青"更可能是仿品。

(8)节目中的白瓷罐是棕黄色而不是"白中带青",说明不是新仿,应该是历史久远经历二次氧化的结果。

(9)泥浆包裹瓷器釉面,使釉面隔离了窑内氧气,不可能在300℃~400℃温度下二次氧化成三氧化二铁。而泥浆的土色也不可能在短时间扩散到釉层里(物理上的扩散作用,需要极其漫长的历史过程)。表面的土灰擦洗一下就会暴露出本色。

综上所述,专家鉴定理论和方法都是站不住脚的,应该是本末倒置的鉴定。如果真的如主持人所说的那样把白瓷罐扔掉的话,那就是错误鉴定导致对文物的破坏!

3. 显微下可见化妆土覆盖粗糙和瑕疵的胎面,以及釉面的"象牙白"

化妆土的作用,可以通过化妆土白瓷釉面显微观察来发现。例如图1.3.3和1.3.4,化妆土覆盖了粗糙胎表面的黑斑点类瑕疵。如果不是这样,化妆土下胎面反而细腻无瑕,那一定是利用化妆土来掩盖和伪装的新瓷器。

显微图片再次证明了白瓷经历漫长岁月二次氧化后的"象牙白"特征。

图1.3.3 早期瓜棱花口执壶白瓷,虽然脱化妆土的棱暴露出胎黑斑,但是表面整体显示淡黄色(放大50倍)

图1.3.4 早期双系盘口执壶白瓷,显微可见化妆土覆盖了胎表面的黑斑,整体"象牙白"明显(放大200倍)

总之:白瓷釉属于透明釉,在还原气氛中烧成。尽管采用了白色化妆土粉饰胎表面,把釉料铁杂质含量淘洗到1%左右,但是经历千年的窑外二次氧化,微量三氧化二铁还是使釉色成淡黄色的"象牙白",是一种普遍现象。

4. 南青北白

中国唐代出现了瓷业"南青北白"的局面,南方越窑青瓷"如玉似冰",北方邢窑白瓷"类银似雪",形成各自独特的风格。历史上对邢窑的记载最早见于《新唐书》,提到了"邢州贡瓷",说明初唐邢州已生产出质量较高的白瓷,邢窑因而得名。后来,《国史补》又具体提到产地内丘。邢窑瓷到唐代已十分成熟,并成为风靡一时"天下无贵贱通用之"的名瓷。当时各地学邢窑烧白瓷成风。例如唐代大诗人杜甫晚年生活在成都,他就写过一首脍炙人口的《又于韦处乞大邑瓷碗》诗:"大邑烧瓷轻且坚,扣如哀玉锦城传。君家白碗胜霜雪,急送茅斋也可怜。"对距成都不远的大邑白瓷概括得十分细致确切。北方白瓷到了宋代,最为著名的窑口非曲阳县的涧磁村及东燕川村、西燕川村一带的"定窑"莫属。

定窑白瓷的驰名始于北宋,而定窑白瓷的烧造则始于唐代。唐代的定窑白瓷具有与邢窑白瓷相似的特征。定窑白瓷特点包括:

(1)釉面象牙白,即二次氧化后的微黄颜色。
(2)与早期白瓷比较,口唇趋于圆厚。
(3)花纹雕刻采用双刀平行刀法,一斜一立,图案多是莲瓣和莲花。
(4)圈足多不平整,底部也施化妆土。
(5)有的器物足底行书写"官"字。
(6)蜡泪痕积釉处略显淡绿色。
(7)采用石灰釉,釉层很薄,气泡很少。[1]
(8)与所有化妆土白瓷相同,析晶在化妆土之上,虽然难以成层,但还是提高了釉色白度。

二、无化妆土白瓷

景德镇窑产生于我国汉代,五代时开始生产青瓷和白瓷,宋代到元代白瓷发展逐渐加快。不

图1.3.5 定窑"官"款碗,先施化妆土后刻文字

图1.3.6 定窑白瓷仿生鸭,釉薄,显微很难看到气泡

图1.3.7 定窑梅瓶的莲花纹双刀雕刻(上部彩斑系蛤蜊光)

---

1 张福康《中国古陶瓷的科学》,上海人民美术出版社2000年版。

采用化妆土的白瓷，施釉较厚（例如0.4毫米以上，而化妆土白瓷釉厚是0.2毫米以下），釉面莹润且微微泛浅青或浅绿（釉厚的积厚效应和保护作用）。元代枢府窑多生产这样的白瓷，称之为"卵白釉"白瓷。到了明代，无化妆土白瓷更加细白，最为出名的是永乐"甜白釉"白瓷，有的透光可见微微肉红，是析晶层里含氧化铁杂质所致。有的白瓷还有暗刻纹，有着较高的艺术价值。甜白釉瓷是卵白釉瓷的继承和发展。

无化妆土白瓷特点：

1. 胎釉含氧化铁量1%左右，胎的含铁量比化妆土白瓷低。

2. 釉层增厚到0.4～0.8毫米或更厚。

3. 烧制温度1200℃左右，最低到1150℃，比化妆土白瓷低（化妆土白瓷最高到1320℃）。

4. 温度低，残晶和新晶构成了分相釉，但是微颗粒比较大，只能产生漫反射，增加釉色白度。

5. 析晶层比化妆土白瓷厚得多，从这种意义上来说，析晶层代替了化妆土功能。

6. 因为釉层厚温度低，必然釉层黏稠度高，对气泡的保护能力增强（表面张力大，气泡不容易冲破釉面溢出），气泡密集。气泡对白光的漫反射也增加了釉色白度和莹润程度。

7. 暗刻纹工艺提高了白瓷的艺术价值。

8. 也存在二次氧化问题，釉面局部淡淡的黄色是二次氧化的体现。

卵白釉是元代景德镇窑新创烧的一种高温釉瓷，因釉色似鹅蛋，呈现白中微泛青的色调而得名。卵白釉多有印花装饰，纹饰题材以云龙和缠枝花卉纹为常见，因"枢府"釉属乳浊釉，故纹饰胎饰不太清晰。"枢府"瓷与民用的卵白釉瓷相比，显得尤为精致，修足规整，足底釉斑，底心有螺旋状修底痕迹，如图1.3.9.3c。卵白釉与同时期的青花

图1.3.8 元卵白釉印花盘

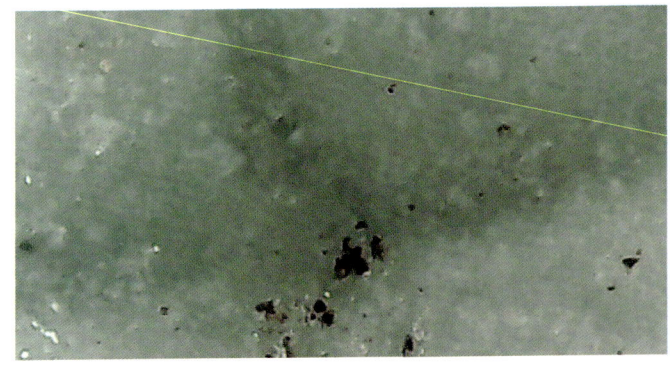

图1.3.9a 釉面密集的气泡（放大80倍）

图1.3.9b 暗刻纹卵白釉葫芦瓶图　　图1.3.9c 暗刻纹卵白釉葫芦瓶底　　1.3.10 暗刻纹卵白釉出戟花觚

一样,是元代瓷器最高水平的标志。元卵白釉瓷的胎采用高岭土加瓷土的"二元配方",增加了胎土中氧化铝的含量,得到大件瓷器在高温中不变形的效果。景德镇窑卵白釉印花云龙纹盘由于釉的黏度提高,不易流淌,釉质紧密,烧成后釉面失透,光泽柔和。当时由于不可能把釉料中铁等杂质完全淘汰掉,早期器物颜色因釉厚而微闪青,晚期随着釉中含铁量的减少,色泽趋于纯正。

除"枢府"外,卵白釉瓷器上还有"太禧""福禄"等铭文,然而大多数器物上则没有铭文,因此清《景德镇陶录》中所列"枢府窑"条目当是不确切的,而将这类器物称作枢府器或卵白釉器则较为恰当。烧造卵白釉器的窑址目前已在景德镇湖田地区发现,卵白釉器从元一直烧造至明代早期。元朝统治者青睐卵白釉瓷,应该和"元人尚白"的民族习俗有关。

与卵白釉瓷比较,甜白釉瓷更白更细腻。这不仅是因为到了明代,制瓷粉碎加工和淘洗工艺水平提高了,还因为甜白釉的乳浊程度更高,乳浊釉与丰富气泡的漫反射得到了强烈的白色漫反射物理色。肉色表明物理色尚有半透

图1.3.11 明德化甜白釉缠枝莲暗刻纹梅瓶

图 1.3.12 暗刻龙纹永乐款甜白釉小碗及其显微

明特征，没有完全覆盖析晶层或胎里氧化铁颜色。

三、关于"白釉"

在众多的古陶瓷专著里和几乎所有的专家鉴定中，都把白瓷和瓷器纹饰以外空白处（白地）称之为"白釉"。其实白瓷的釉并非颜色釉，就是说白瓷的釉中没有添加白色着色剂。原则上，白瓷釉和高温的白地釉均属于透明釉类型。只是温度高于1250℃透明效果好，低于1200℃或更低时透明效果差，是为了获得乳浊的白色。中国古陶瓷有高温釉上彩（例如长沙窑），其中有白彩，与此处的高温透明釉有原则区别。

事实上，白瓷透明釉或白地釉的颜色是釉中杂质化学色与析晶层、乳浊釉，以及密集气泡漫反射的物理色综合与叠加的结果。乳浊釉的乳浊剂包括五氧化二磷、锆英石、二氧化锡、二氧化钛、二氧化铈等。硅铝比低（氧化铝是分母，即氧化铝含量高）的釉料也是产生乳浊釉的条件之一。

第四节　青白瓷

一、青白瓷产生的原因

介于青瓷白瓷之间的品种，叫作青白瓷。青白瓷也叫"影青瓷"，是于五代至宋产生的瓷器品种，景德镇湖田窑产青白瓷最为著名。青白瓷是在9～10世纪北方瓷业技术大幅提高，社会上层偏爱白瓷，白瓷大量输入南方背景下产生的。南方地区在接受北方输入白瓷时，本地窑场也开始了白瓷试产。但是唐、宋之际南方为什么没有真正生产出像样的白瓷，而是产生了青白瓷呢？这个古陶瓷历史的疑点至今没有令人信服的清晰的解释。在这里，我们从古陶瓷釉结构上说明这个问题。

1. 石灰碱釉厚。从出土瓷片标本化学分析得知，南方各窑口从晚唐开始，逐步采用了石灰碱釉。前述的助熔剂是以碱金属和碱土金属氧化物为主，有较好的挂釉能力。青白瓷釉层厚度是北方白瓷的两倍以上，刻花印花深处的釉厚可达 0.6 毫米或更厚。相同浓度的氧化亚铁，釉层越厚，青色越重，叫作积厚（积釉）效应。

2. 高温透明釉。早期青瓷釉色是氧化亚铁的颜色，从这种意义上来说青瓷釉属于颜色釉。要向北方学习就应该淘洗掉氧化铁，变成高温透明釉。北方能够办到，南方也可以办到。由出土标本测得，青白瓷和白瓷的氧化铁含量都低于 1.5%。青白瓷与无化妆土白瓷比较，其烧成温度要高得多，所以不产生乳浊釉，气泡也不太多，仅有的青色氧化亚铁得不到覆盖。特别是在印刻花胎饰后，凹下去花纹处青色重，凸显了印花效果，如图 1.4.1 和 1.4.2 所示。这就造就了中国古陶瓷历史上的"青白瓷"，一直延续到晚清。

正可谓"有心栽花花不开，无心插柳柳成荫"。

图 1.4.1 青白瓷印花葵口盘

图 1.4.2 青白瓷刻纹葵口碗

图 1.4.3 青白瓷印花盖执壶

图 1.4.4 青白瓷碗底烧糊成黑褐色

图 1.4.5a 宋湖田窑青白瓷凹印花花口瓶

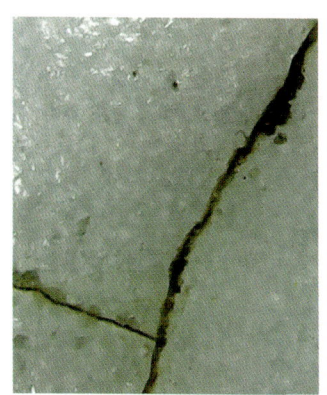
图 1.4.5b 青白瓷凹印花花口瓶釉面显微（放大 50 倍）

图1.4.6a 五代至宋的青白瓷凸印花执壶

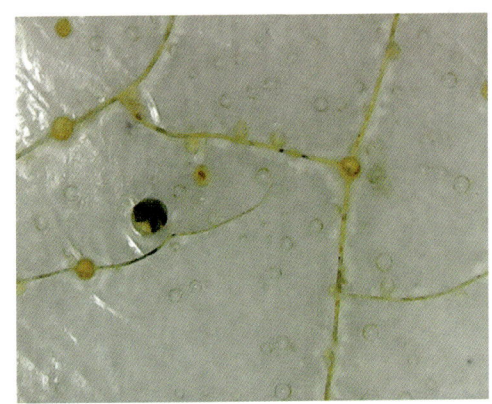

图1.4.6b 青白瓷凸印花执壶釉面显微（放大50倍）

1. 与卵白釉甜白釉比较，青白瓷纹饰比较清晰，是为"影青釉"的起因。
2. 与无化妆土卵白釉、甜白釉比较，青白瓷气泡较少，但是比化妆土白瓷多。
3. 青白瓷烧制温度较高，瓷化程度较高，釉面硬度较高，耐自然老化能力较强。
4. 因为釉厚，青白瓷通常有开片纹。
5. 青白瓷自然老化以二次开片[1]和气泡变色、固体化、脱釉为主要形式。
6. 有很多青白瓷碗底烧成黑褐色，是碗底圈足内空间被含铁量较高的垫饼充满，因为无釉保护，出窑前后被二次氧化成黑褐色，如同酱釉一般。市场上专门利用这一点造假，特意加重碗底含铁量使青白瓷这一现象更加明显。

青白瓷在宋、元、明、清几代都曾经被大量烧制，如图1.4.7a和1.4.7b。

图1.3.7a 明代青白瓷杯托造型和刻花精致至极，令人叹为观止

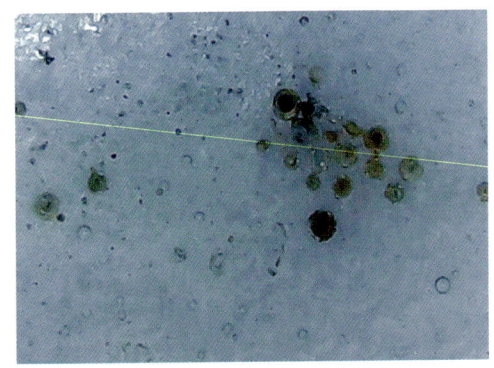

图1.4.7b 明代青白瓷杯托显微观察（放大50倍），二次氧化通过突出釉面的气泡进行

---

[1] 蔡礼君《青瓷釉色成因及相关的鉴定原理》，《收藏家》2016年第8期。

青白瓷从创烧到清中期，有一个明显的发展规律，那就是硅铝比越来越低，也就是三氧化二铝含量越来越高，胚体耐烧程度越来越高。事实上的确是烧成温度越来越高，导致釉层透明度就越来越高。釉类型是标准的石灰碱釉，釉层较厚，与析晶层一起保证了釉层莹润度。

第五节　黑釉瓷

黑釉瓷器出现于东汉中晚期，但当时的釉色为深褐色，并且有蜡泪痕，釉层厚度不均匀。早期烧制黑釉最成功的首推东晋时期浙江德清窑，所烧黑釉釉面滋润、光亮，色黑如漆。唐代黑釉较为盛行，宋代则是黑釉的高峰时期。宋、明、清御窑所烧黑釉器做工精细，多在纯净的黑釉上施以各种低温釉上彩，黑釉则成为各种美丽釉上彩的衬托。

图 1.5.1a　宋定窑黑釉莲花纹花口鸡首嘴净水瓶。

一、北宋黑釉瓷

明代曹昭在《格古要论》[1] 中有记载："有紫定色紫，黑定色黑如漆，土俱白，其价高于白定。"图 1.5.1a 所示为黑釉莲花纹净水瓶。说明如下：

1. 黑釉是在还原气氛中，三氧化二铁还原成氧化亚铁和四氧化三铁形成的。北宋黑釉除了含铁量很高（6%左右），助熔剂特征接近于石灰碱釉，所以釉层比较厚，本器物釉厚接近 1 毫米，因为堆积效应，釉显黑色；

2. 析晶层针状钙长石丰富，伴随着历史久远，生长到了釉面，因为晶体的漫反射作用，降低了釉面的黑度，釉面上可以看到似雪花状结晶，如图 1.5.1b。

3. 宋代黑釉与清代黑釉不同点在于宋黑釉不含钴，是宋黑釉不够黑的另外一个原因。

4. 二次氧化使本来比较黑的釉面，逐渐成棕黑，如图 1.5.1a。

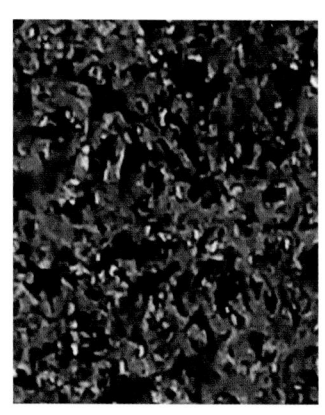

图 1.5.1b　上述净水瓶析晶层钙长石生长到了釉面

---

[1] 曹昭《格古要论》，明洪武二十年刻印（1387），清乾隆时收入《四库全书》。

二、吉州窑黑釉瓷

吉州窑始于晚唐，兴于五代、北宋，极盛于南宋，而衰于元末。距今已有1100多年的历史。吉州窑是中国古代黑釉瓷生产中心之一，所产瓷器种类繁多，已发现的器形有120余种。据《东昌志》记载：永和镇至五代时，"民聚其地，耕且陶焉"。到宋时，瓷业兴旺，辟坊巷街三市，锦绣铺有几千户，百尺层楼万余家，连殿峻宇，呈现出民物繁庶，舟车辐辏的繁荣景象，永和镇也成为"天下三镇"之一。世界各地的很多博物馆和收藏家都藏有吉州窑的名贵产品。1975年，在东京博物馆举办日本出土的中国陶瓷展览，吉州窑的兔毫斑、鹧鸪斑和玳瑁斑成为传世珍品，日本国珍藏的剪纸贴花盏被誉为国宝。1976年，在新安海域发现一艘开往朝鲜、日本的中国元代沉船，从沉船中打捞出1.5万余件中国的古陶瓷，不少属于吉州窑烧制。韩国中央博物馆陈列的42件吉州窑瓷器被视为稀世珍品。英国博物馆所藏的吉州窑产木叶天目盏则被列为国宝。

图1.5.2 吉州窑鹧鸪斑双系执壶，器顶有蛤蜊光

中国宋代日本人来浙江天目购买吉州窑黑瓷，后来人们就称黑釉瓷为"天目"。这一名词在国际上的陶瓷界已经通用，如英语中亦有"Teoku"这一名称，日本语中叫"天目"（てんもく），其分类有：耀变天目、鹧鸪天目、蟹眼天目、玳瑁天目、虎皮天目、木叶天目、油滴天目、兔毫天目等。

其实，上述吉州窑天目的品种是用黑色地釉上的花斑来分类的。但是这些花斑全都是人为撒、滴、画、抹上去的装饰釉斑。这与钧窑瓷器的窑变相差很远，尽管专家们总是说那是"窑变"。所有种类的天目斑都是由黑、黄、白三种釉组成，差别在于黄斑和白斑釉的装饰方法不同。例如图1.5.2鹧鸪斑双系执壶用的是甩点；图1.5.3双耳尊用的是涂画；图1.5.4剪纸碗内贴剪纸后刷白釉"兔毫"，干后去剪纸；图1.5.5内剪纸外泼点鹧鸪斑；图1.5.6黑釉之上贴树叶，然后罩透明釉；等等。

图1.5.3 吉州窑白釉画的装饰斑

第一章 中国古陶瓷历史和相关鉴定

图1.5.4 吉州窑剪纸天目

图1.5.5 吉州窑内剪纸外鹧鸪斑

图1.5.6 木叶纹茶盏

图1.5.7 吉州窑剔花天目，可见剔花刀痕。另外，肩部出现蛤蜊光

吉州窑的一种重要品种是天目剔花。瓷器烧好之后，按照图样剔出黑釉露胎。胎上的花纹采用赭石色描画，然后覆烧之。仿品多采用施釉前在胎上勾出纹饰轮廓，轮廓内不施釉，烧制后当然看不到剔花痕迹。图1.5.7可见刀剔釉留下的刀痕。

三、建窑黑釉瓷

建窑在今福建省建阳市水吉镇的芦花坪一带，因宋时属建州建安县（今建瓯），故

25

名建窑（历史上也有人称建安窑）。该窑是建州文化中的一部分，始于晚唐，盛于宋，而衰于元，至清代而终。其烧制的黑釉瓷闻名中外。宋代建窑原是江南地区的民窑，北宋晚期由于"斗茶"的特殊需要，烧制了专供宫廷用的黑盏，部分茶盏底部刻印有"供御"或"进"字样。这种瓷器与吉州窑黑瓷都被称为天目釉。日本和韩国的茶道都非常重视建窑茶盏，在日本收藏的"曜变天目"茶盏，就是宋代建窑出品的，至今我国还不能复制。建窑茶盏的胎体厚实，色呈浅黑或紫黑。器型以碗、盏为主，还有油滴灯台存世。

1."油滴天目"

"油滴天目"是建窑最为著名的黑釉瓷。图1.5.8和1.5.9就是日本收藏的中国宋代建窑的油滴天目。"油滴"是怎样产生的呢？与吉州窑天目完全不同的是：吉州窑的"油滴""兔毫"主要是依靠乳浊剂五氧化二磷，在黑色釉面上形成的釉上彩乳浊图案；而建窑的"油滴""兔毫"则是依靠富集的氧化铁析晶形成的。研究表明：

（1）"油滴"磷含量特别低，也就不会产生乳浊薄膜。

图1.5.8 日本收藏的我国宋代建盏"曜变天目"，有蛤蜊光

（2）气泡起到了推波助澜的重要作用：气泡生成和长大把釉中的氧化铁挤压到其周边，形成了气泡周围的氧化铁富集区。当气泡在压力平衡下向釉面移动时，也把富集的氧化铁带到了釉面。大量的气泡在釉面破裂时，留下了富集的氧化铁，形成了局部的圆形。（极少的大气泡还会形成圆圈形富集区，如图1.5.8。）

（3）当窑温冷却下来时，过饱和的氧化铁就以结晶方式表现出来。

（4）"油滴"的银白色是结晶体对白光漫反射形成的。

图1.5.9 日本收藏的我国宋代建盏"油滴天目"

（5）棕色或红色的"油滴"是在氧化气氛中形成的，是丰富的三氧化二铁的化学色为主的颜色。只要年代足够久远，白色油滴也会被二次氧化成棕黄色或红色，如图1.5.9。

（6）年代久远还可以出现如"曜变天目"那样的蛤蜊光，如图1.5.10显微所示。

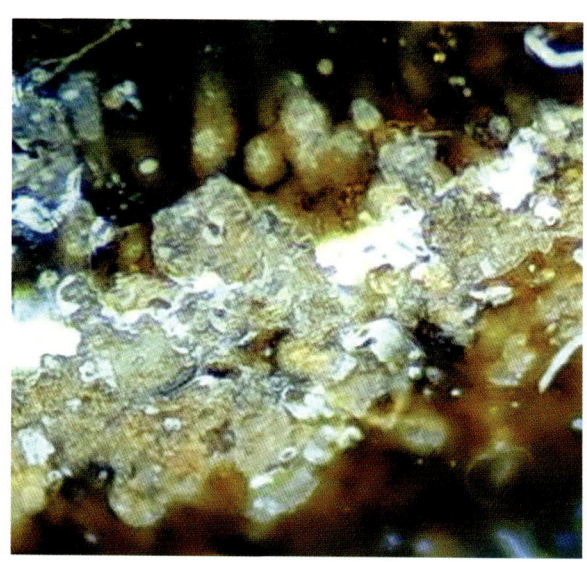 

图 1.5.10 建窑灯台银白色油滴被二次氧化成浅棕黄色，并且出现蛤蜊光（放大 300 倍）

第六节　元青花

元代在江西景德镇设"浮梁瓷局"统理窑务。元代陶瓷对烧制原料进行了重大的改革，出现了瓷石加高岭土的二元配方。这一时期成功烧制出了经典的元青花、釉里红以及枢府瓷，尤其是元青花的烧制成功，在中国陶瓷史上具有划时代意义。

"元青花"的名称，始于一位美国学者约翰·亚历山大·波普。20 世纪 20 年代，旅英华裔吴赉熙带着一对罕见的青花云龙象耳瓶来到北京琉璃厂，请当时古玩行的古陶瓷著名的眼学鉴定鼻祖长眼。这对瓷瓶原供奉于北京智化寺，其中一件的颈部有六十二字铭文："信州路玉山县顺城乡德教里荆塘社奉圣弟子张文进，喜舍香炉花瓶一副，祈保阖家清吉子女平安。至正十一年四月良辰谨记，星源祖殿胡净一元帅打供。"遗憾的是，这对珍贵的文物却被当时"眼学权威"认为是赝品而拒之门外。中国人在自己的家门口失去了首先认识元青花的机会。最后这对象耳瓶被英国的一位中国古陶瓷收藏家大维德爵士（Sir.Percival David）收藏。这对云龙象耳瓶出现在伦敦，首先引起了英国大英博物馆的中国古陶瓷学者霍布森（R.L.Hobson）的注意和认可，他于 1929 年在"东方艺术"杂志上发表了《明以前的青花瓷》（*Blue and White Before Ming*）一文，介绍了这对带有元至正十一年（公元 1351 年）纪事款的青花云龙纹象耳瓶。1952 年美国佛利尔艺术馆(Freer Gallery of Art)的中国古陶瓷学者波谱博士（Dr.J.A.Pope）发

图1.6.1 大英博物馆展台上的元青花象耳龙纹盘口大瓶

图1.6.2 故宫藏风穿莲元青花盖执壶

图1.6.3 故宫藏云头菊花龙纹元青花梅瓶

表了《14世纪青花瓷器：伊斯坦布尔托布卡普宫所藏一组中国瓷器》(Fourteenth Century Blue-and-White: A Group of Chinese Porcelain in the Topukapu Sarayi Muzesi, Istanbul)，1956年又发表了《阿德比耳寺收藏的中国瓷器》(Chinese Porcelain from Ardebil Shrine)。他以大维德收藏的这对瓶为参考，对土耳其和伊朗两家博物馆收藏的上万件中国瓷器，进行了科学的数理统计，最后判定出中国元代存在青花瓷生产的历史。从此，元青花受到全世界中国古陶瓷学者的重视和公认。而我国20世纪70年代末才认可了"元青花"。

一、元青花釉色千差万别

元青花的时代特征是胎采用了"二元配方"，官窑颜料采用了进口的"苏麻离青"，纹饰"粗犷洒脱"。但是，从国内多次的元青花展览来看，元青花发色却并非如专家描述的有那样"鲜艳"的"时代特征"。明代永乐、宣德青花也采用"苏麻离青"，也在景德镇生产，而且青料研磨加工比元代更细，发色更蓝。怎么可能永乐、宣德青花不如元青花鲜艳了呢？因为釉料配方的不同、釉料助熔剂的不同、烧成温度的不同、析晶层的厚度不同、透明釉里杂质含量的不同、窑内外二次氧化以及保存环境和自然老化的程度的巨大差异，我们现在看到的元青花颜色其实是五花八门的。

1. 元青花发色与白地釉色的差异

图1.6.2、1.6.3、1.6.4、1.6.8，属于颜色比较鲜艳和纯净的一类元青花。即便如此，比起近现代鲜艳的青花发色来说，还是差得很远。图1.6.5青花发色属于黑灰色，而图1.6.6和图1.6.9青花发色则是青紫，很可能属于国产的低铁高锰青花颜料。图1.6.7中可以明显看到釉面的开片、污染、白地釉变黄的自然老化特征，青花发色与白地釉色"背道而驰"。从相同器形的土耳其与故宫八棱梅瓶元青花藏品比较起来，前者青花发色鲜艳而后者却

图 1.6.4 故宫藏栀子边饰缠枝牡丹纹元青花大罐

图 1.6.5 故宫藏栀子边饰缠枝莲龙纹元青花大罐

图 1.6.6 故宫藏卷草边饰孔雀穿牡丹纹元青花大罐

图 1.6.7 故宫藏缠枝莲云龙纹元青花大罐局部

透露出紫灰。更有甚者,前者颈口白地釉为绿色而后者则是近白色。从发色上来说,二者毫无共同之处。

2. 烧制工艺和二次氧化对颜色的影响

钴蓝是 $CoO \cdot Al_2O_3$ 的颜色。与氧化铁相似,氧化钴有三氧化二钴、四氧化三钴、一氧化钴三种。即便是直接采用富含一氧化钴的颜料作釉下彩,在窑中开始阶段的氧化气氛中仍要将其氧化成三氧化二钴变成黑色,然后再还原成一氧化钴变成蓝色。如果还原气氛不够充分,那么无论是进口的苏麻离青还是国产的钴料都不可能蓝艳而是黑青色的三氧化二钴。

图1.6.8 土耳其托布卡普宫藏云头纹八棱元青花

图1.6.9 故宫藏云头凤鹿穿莲海水纹八棱元青花

二次氧化包括两种：一种是在出窑前通风冷却，窑温还很高时就把还原成功的一氧化钴重新氧化成三氧化二钴，由蓝变黑（釉里红则是由红变黑）；另一种则是在常温下经过漫长的岁月，伴随着复杂的自然老化和潮湿环境，才缓慢进行的二次氧化。这里的最大区别就在于高温和常温。图1.6.2、1.6.3、1.6.4中元青花是地窖保存完好的器物，没有明显的老化痕迹，颜色鲜艳如初；图1.6.5、1.6.6、1.6.7、1.6.11中元青花是自然老化严重的器物，或是窑内或是窑外，二次氧化显现了三氧化二钴的黑色特征，化学分析证明了这一点。

3. 青料氧化钴纯度和施料厚度对发色的影响

对于青花发色来说，相同的工艺和二次氧化环境，含氧化钴的纯度越高颜色就越鲜艳；而相同纯度和相同的工艺和二次氧化环境的青料，施料厚度越厚，发色越蓝。白地釉色则受到透明釉杂质、析晶层厚度、二次氧化的程度影响，差别很大。

有的眼学专家硬是要人为地给元青花强加上进口青料发色"鲜艳"和白地釉色"灰蓝"的"时代特征"（尽管也分为进口青料与国产青料有不同的釉色），动不动就说发色对不对，釉色对不对，暴露出牵强附会、简单化和"削足适履"的主观主义鉴定思想，不仅给元青花造假作伪提供了依据，而且让不明真相的收藏大众吃尽了苦头受尽了欺骗，并且还严重地扰乱了文物市场。

二、元青花的特征

1. 胎料里氧化铝含量提高

因为出口要求,元代瓷器的一个突出特点是一些器形比宋时粗放和巨大。器形要大,就必须以胎骨强度高来支持,以避免烧制过程中烧塌或烧变形。胎骨强度高的前提是胎骨材料耐高温。三氧化二铝耐高温,当时的麻仓土(麻仓山与高岭山相距不远,胎土成分相同)、高岭土里含有比较高的三氧化二铝,所以瓷土加高岭土后(也就是所谓"二元配方"),高温下强度大为提高。

2. 进口青料的元青花发色更蓝一些

与唐青花、宋青花比较,官窑元青花引进了"苏麻离青"颜料。关于苏麻离青,一种说法是来自波斯语"苏来曼"的译音。这种钴料的产地在波斯卡山夸姆萨村,村民们认为是一名叫苏来曼的人发现了这种钴料,故以其名字来命名此料。另一种说法是,苏麻离青是英文smalt的译音,意为一种蓝玻璃。

钴矿颜料有两种:一种是在地壳中形成的蓝色矿石,富含一氧化钴,这就是苏麻离青;另一种是钴矿,富含三氧化二钴,是黑褐色,只有在很好的还原气氛中才能烧成鲜艳的一氧化钴。元代官窑采用前者,民窑采用后者,前者含钴量高于后者,所以发色更蓝一些。

3. 一些苏麻离青颜料器物纹饰有晕散问题

元青花以及后来的永乐、宣德青花均曾经出现过青料晕散问题,如图1.6.10所示。

晕散的原因:进口苏麻离青颜料是玻璃状态,硬度高、研磨困难、颗粒度大,需要在颜料里添加更多的助熔剂,以便粗颗粒青料也能够完全熔化而发色。这样一来,在釉层尚未熔融之前,青料就先行熔化了。在釉层熔化时,提前熔化

图1.6.10 进口苏麻离青颜料的晕散:正面云龙纹和侧面莲花纹的晕散

的苏麻离青颜料在胎釉之间水平方向和垂直方向都要产生扩散而形成"晕散"现象。

应该指出,不是凡苏麻离青颜料都有晕散问题。如果青料里助熔剂浓度不高而釉层烧成温度较高。青料与釉层一起,甚至于滞后釉层熔化时,就没有晕散。

图 1.6.11 青料颗粒熔化不足形成的元青花"串珠"现象

4. 元青花的"串珠"

当青料里施加的助熔剂不足，烧成温度又不能确保青料完全和充分熔化时，青料就会呈珠状，聚而不散，形成"点晕"，点晕易连接而成"串珠"形状，如图1.6.11。所以"串珠"是青料研磨粗糙而单纯依靠助熔剂来熔化颗粒造成的。

5. 一部分苏料青花器物重彩斑上釉面下陷

颜料重彩斑助熔剂浓度高于周围而先行熔化时，受"共溶体"和助熔剂扩散的影响，其上的局部釉层也先行熔化，并且被周围尚待熔化的釉层空隙所吸收；当整个釉层熔化时，重彩上的釉层已经变得又稀又薄了。稀薄的局部釉层对气泡的约束能力降低，在压力平衡驱使下气泡迅速膨胀变大到破裂而形成"缩釉"。其结果就是重彩局部釉薄且表面低于周围的釉面，给人以釉层下陷的直觉。有人称之为"天坑"，如图1.6.12。

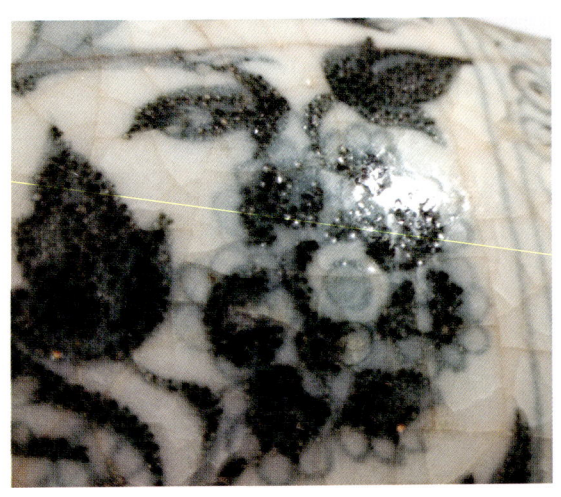

图 1.6.12 元青花的重彩下陷

6. 元青花的黑斑

如果助熔剂过多，尚在还原气氛时青料已经熔化，气隙就被填封。到了还原气氛时还原剂一氧化碳已经不能深入青料中产生还原反应而生成蓝色氧化亚钴，保留了三氧化二钴的黑色，产生了"黑斑"。

7. 元青花的"铁锈斑"和"网状纹"

苏麻离青属于高铁低锰型钴料，青料重彩局部铁离子浓度远高于淡彩部分，甚至于高出 8 倍。铁离子过饱和将导致重彩局部出现析晶的"铁锈斑"，析晶多似网状，如图 1.6.13。

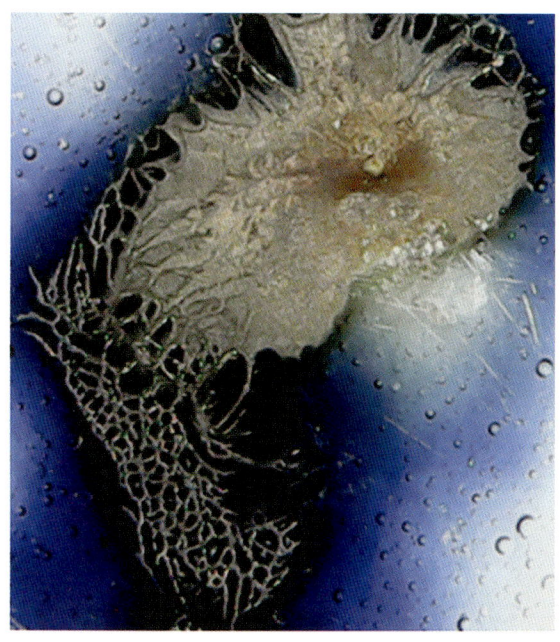

图 1.6.13 小梅瓶重彩斑上的"铁锈斑"和"网状纹"（放大 50 倍）

8. 纹饰里气泡比较大

前述提到了重彩釉薄气泡容易膨胀变大直至破裂。相同的道理，纹饰之上的局部釉层也有类似的情况发生，只是不如重彩斑点那么明显和严重。纹饰面积比重彩面积大得多，彩层也薄很多，气泡破碎少"缩釉"轻，所以气泡大的特征更加突出！如图 1.6.14 和 1.6.15。

图 1.6.14 元青花纹饰里的气泡比外面的大得多

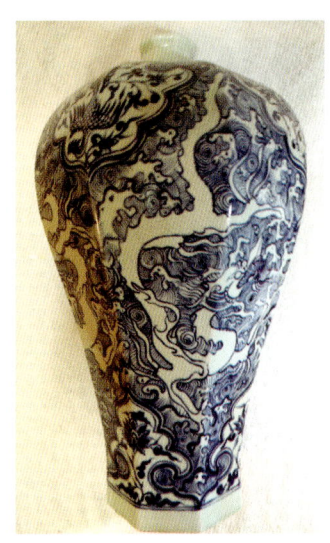

图 1.6.15 元青花梅瓶纹饰里的气泡比外面的要大得多

三、元青花鉴定

在我国眼学鼻祖把一对珍贵的象耳云龙纹盘口瓶元青花判为赝品的半个世纪之后，我国却开始了旷日持久的"元青花"造假运动，到了2006年达到了高潮。据粗略统计，景德镇元青花造假数量达到了百万之多，致使元青花在社会中的真品率不到千分之一。可惜的是，很多公办博物馆也不分青红皂白地收藏所谓"元青花"，尤其是国家博物馆居然认景德镇注浆胎"凤首元青花梅瓶"做旧赝品为"国内孤品""世界第二"。另有各种拍卖公司大肆拍卖赝品，动辄就是几十万甚至于几百万成交。权威专家鉴定"元青花"

的几条标准竟然是现代仿品特征：胎质细腻、洁白；青花发色浓艳、纯净、透明。专家们不经任何技术检测就主观地断言青料是"苏麻离青"。更有甚者，毫不顾及历史，把"胎细色纯"的现代特征强加到元末明初青花特征身上。而元末明初景德镇青花工艺因战乱而不精，还原气氛不足，二次氧化严重，青花发色灰暗，与胎细色纯完全不搭界，如图1.6.16和1.6.17。专家也不问这样的历史，居然视之为"元末明初青花"，并将其推崇为"镇馆之宝"。官方如此鉴定和收藏，社会岂有不错不乱之理？

图1.6.16 故宫藏元末元青花大罐，胎粗色暗

另外，不能以馆藏现存数量多少作为鉴定真伪的依据。例如史料记载，雍正时期仅斗彩一年生产就达2.5万件。可是故宫藏清代所有的斗彩瓷器也不到2万件。又据国外有关档案统计，1774年一年销往英国的瓷器就有40余万件，1750～1781年的32年间仅销往瑞典的瓷器就达110多万件。联合国教科文组织调查证明，馆藏文物仅为民藏文物的1/10。鉴定要实事求是，绝不应该再戴上"数量"这副"有色眼镜"。

我们在前述的"元青花的特征"中详尽地介绍和讨论了元青花存在的八条特征，与产生这些特征的原理，提供给收藏大众、文博人员、鉴定师们在鉴定元青花时作为参考。期待专家们走出误区，客观冷静地认识元青花，不要再肆意误导电视观众和博物馆文保人员了。

图1.6.17 首都博物馆藏明初青花大罐，胎不白、色不纯

第七节　明代瓷器

中国古陶瓷到了明代进入一个新的发展时期，烧制出许多稀世珍品，如永乐、宣德的青花、霁红釉、霁蓝釉、洒蓝釉、成化的斗彩、万历五彩等。虽然唐、宋时期已经出现青花瓷，但是从青花瓷器全部历史来看，元青花、洪武青花、永乐宣德青花，仍然属于青花瓷器发展的前期。当时的画工利用因进口青料硬度高粉碎难要加助熔剂而产生的散晕，采用传统的没骨技法，在青花瓷上画出水墨的意境。伊斯兰教文化的输入丰富了

明代瓷器器形、纹饰。成化、正德年间为青花瓷发展的中期，当时改用国产平等青，表现更为细致，手法更为精练。宣德、万历年间发展出了五彩、成化斗彩、色地青花等各式彩瓷，也成为后世彩瓷发展的基础。日本伊万里古瓷也是根据中国彩瓷发展出来的。从明代开始，窑址日趋集中于景德镇，无论官窑或民窑都偏向于发展彩绘瓷器，器身上开始出现款识，如年代、堂号、人名等，这给后世的研究提供了更多的佐证。

古陶瓷的胎、釉、形、纹饰、款识，积淀了丰富的历史、文化、艺术、宗教、信仰等。而胎釉特征又反映了古陶瓷历史和工艺的变迁，给古陶瓷考古和鉴定留下了研究空间。

一、明代瓷器胎质问题

1. 氧化铝含量波动

研究表明，景德镇瓷器中，从宋代到现代胎体壁薄品质好的瓷器，三氧化二铝含量一般都在17%以上，最高达到34%。例如在宋中期、明永乐宣德和嘉靖早期、清早中（康、雍、乾）期，这些时期瓷器氧化铝含量较高，生产的瓷器胎体薄，透明度高，变形少，胎质致密；而嘉靖后期到万历早期，瓷土资源枯竭，以至于万历皇帝下令封土，民窑不可使用麻仓山土，建立了"官土"制。所以明代的这个瓷土枯竭期生产的瓷器壁厚，圈足矮，变形，以至于成了"玉璧底"，胎质粗松。这才是真正的"时代特征"。从这种意义上来说，明朝整个280余年，胎体没有统一的"时代特征"。图1.7.1至图1.7.9反

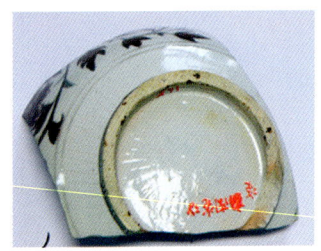

图1.7.1 洪武款釉里红标本，圈底胎质粗糙

图1.7.2 洪武盖执壶，圈底胎质较粗糙

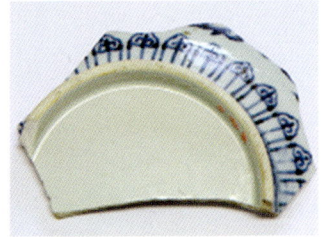

图1.7.3 宣德青花标本，胎质变致密

图1.7.4 宣德款菱口折边大碗，胎质坚致细腻

图1.7.5 成化款青花标本，胎质极为致密

图1.7.6 成化款青花高足杯，器壁细薄可透光

图 1.7.8 万历款青花洗，胎质粗，壁厚

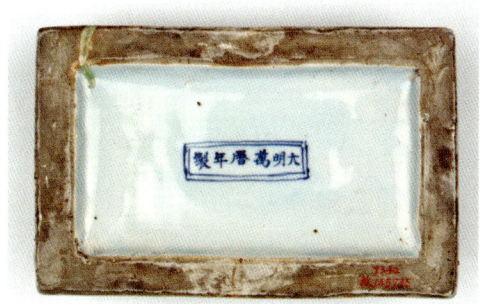

图 1.7.7 嘉靖后期到万历前期胎质粗糙，壁厚

图 1.7.9 嘉靖后期出现的"玉璧底"

映了明代瓷器胎质的波动变化。对于如图 1.7.9 嘉靖后期出现的"玉璧底"，"一锤定音"专家说万历瓷器变形放不正是因为产量高不注意质量造成的，显然是没有历史根据的。

2. 所谓"明代胎体肉红色"

大量的著作和鉴定似乎都找到了公认的明代胎体特征："明代胎体迎光透视，都显肉红色，而清代及民国仿品则为青白色。如以洁白细润著称于世的成化胎体，迎光透视显牙白或粉白色，具有如脂似乳的莹润光泽。"[1]

首先，如果胎体含三氧化二铝比较低，耐受高温的能力就会差，玻璃化程度必然下降，透明性就会很差，透光不可能看到胎的颜色。其次，胎釉之间隔着析晶层，只有析晶层很薄时才能看到胎。如果析晶层里含有三氧化二铁的杂质，那么析晶层白里就会叠加进肉红色。这不仅仅是明代一部分胎体特征，所有的析晶层含有氧化铁杂质的瓷器都有这样的特征。如图 1.7.10 和 1.7.11。

---

[1] 耿宝昌《明清瓷器鉴定》，紫禁城出版社 1993 年版。

 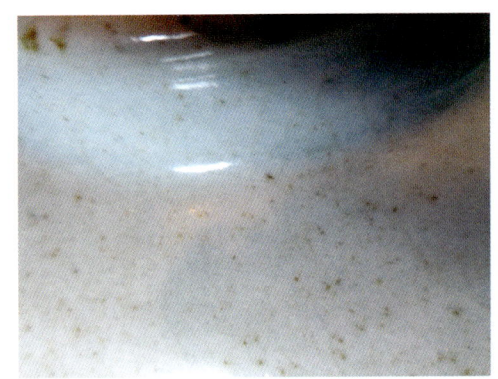

图 1.7.10 元代青花瓷透光显肉红色　　　　图 1.7.11 宋代青白瓷透光显肉红色

所谓瓷器胎体透光显肉红色,并非明代独有现象,更不是鉴定明代瓷器的根据。不仅如此,上述文献那段描述里后面的"迎光透视显牙白"与"肉红色"就自相矛盾,因为牙白是"淡黄色白"或"米黄色白"。现在市场上故意加氧化铁做出"肉红"的仿品比比皆是,类似这样的似是而非的鉴定标准在当今鉴宝电视节目里也比比皆是,希望收藏大众保持高度警惕!

3. 所谓的"亮青釉"

鉴宝专家们普遍地按照专著《明清瓷器鉴定》给明清青花瓷器总结的"亮青釉""硬亮青釉"的"时代特征"进行"鉴定"。其实《明清瓷器鉴定》作者自己在讲到明代青花时,也列举了大量的明代青花瓷"釉色灰暗"。而"白亮"的青花釉色在元青花早已出现,现代青花则基本上都是"亮青釉"。关于这个问题我们将在以后章节详细讨论。

二、黄地青花

在世界文明史上,几乎所有伟大文明的诞生都是与融合外来文化分不开的。自东汉末年,佛教开始传入中国,佛教文化也就伴随渗透到中国古陶瓷的纹饰之中,例如莲花纹、八宝纹、宝相花、忍冬纹,等等。青花瓷是中国古陶瓷文化融汇伊斯兰教文化元素的结果。中国传统文化崇尚黄色、红色,伊斯兰文化崇尚蓝色。

明代瓷器上的中国文化与伊斯兰文化开始深度融合,蓝黄融合就不可避免!釉上彩黄色做地,体现了中国传统文化作为基础,外来文化融入其中的深刻历史含义,黄地青花是其典范和经典。

黄地青花瓷器有如下特点:

1. 通体黄地,彰显中国皇家黄色文化传统。

2. 青花在黄地衬托下，更加显得清晰、明快。

3. 青花在下黄地在上，既是施彩工艺方法，又是黄蓝文化融合的顺序。

4. 图1.7.12所示的黄地青花盘具有典型的高温釉下彩、低温釉上彩工艺特征。其工艺过程是：（1）先烧高温的青花瓷；（2）在青花瓷上保留青花纹饰，在白地上描填低温黄釉而且略微压边与青花衔接；（3）第二次进窑低温烧烤成功。

5. 低温釉属于铅釉。我国古陶瓷历史中铅釉的发明比石灰高温釉要晚一千年之久。在中国古代，铅釉主要用途只限于墓葬冥器、祭祀器、欣赏器以及建筑琉璃瓦。没有应用于日常生活，应该是与铅釉有毒有关。铅釉最多的颜色是黄色，例如唐三彩以黄色为主，琉璃瓦以黄色为主，除了上述中国历来崇尚黄色原因外，还因为铅助熔剂氧化铅本身就是黄色！

图1.7.12a 成化款黄地青花折枝花果盘正反面

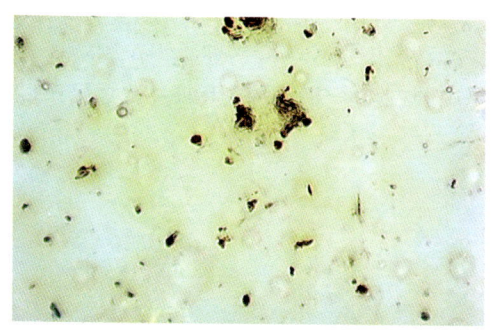 

图1.7.12b 黄地釉上膜脱皮后被侵蚀的褐色斑　　图1.7.12c 黄地青花盘黄地与青花衔接带开片

6. 铅釉化学和物理性质是：(1) 化学稳定性不好，易于被酸碱盐侵蚀；(2) 助熔能力很强，所以釉中很少发现未熔颗粒；(3) 硬度很低，表面容易被机械损伤；(4) 黏稠度小，流动性好，没有或几乎没有气泡。烧成温度在850℃～900℃。

由上述6 (1) 知，黄地被侵蚀后形成图1.7.12b那样的褐色斑。由上述4 (2) 知道黄地与青花衔接是黄地在上，并且其边沿覆盖了青花的边沿（压边），显示出深绿色，如图1.7.12c中白色线是二者的分界线，是黄地高出青花约0.5厘米侧面对显微镜照明的反射。因为黄地与青花的热膨胀系数不同，造成了黄地与青花重叠部分出现了明显的开片纹，显示出自然老化特征。

图1.7.13 馆藏成化青花盘的糊米底

图1.7.14 景德镇出土的成化黄地青花盘的糊米底

三、关于火石红与糊米底

图1.7.12a右图、图1.7.13和1.7.14展示了器物的糊米底，这是成化盘的一个突出特征。

1. 火石红：胎料含铁元素开始是以氧化铁方式存在，当窑内进入还原气氛时，氧化铁（Fe_2O_3）被还原成氧化亚铁（FeO）显青灰色。当出窑前后窑内外氧气充足时，得不到釉层保护的胎底氧化亚铁必然会重新被氧化成红色的氧化铁，这就是所谓"火石红"。当垫烧砂土料富含铁元素时，胎底发生的化学反应也会在垫烧砂土上发生。垫砂粘贴在器物底面和圈足上时，两种火石红叠加在一起，形成凹凸不平的火石红，为后来的"糊米底"创造了条件。

2. 糊米底：凹凸不平的火石红如果暴露在有水分的环境中，凸出部分特别容易产生出结构水，经历漫长岁月后矿化成水合羟基氧化铁[FeO(OH)·nH$_2$O]隐晶体（假晶体，有晶体的各向异性），如同褐铁矿。

"糊米底"的黑褐斑块和斑点的化学成分就是这样的水合羟基氧化铁。显然，这样的矿化过程，需要经历漫长的历史演变。因此，糊米底就成了器物存世久远的一个特征。在显微镜（放大 200 倍）下可见。

图 1.7.16a 显微白色斑块是矿化后隐晶体对白光的漫反射效果。图 1.7.16b 没有隐晶体，即不是糊米底。

图 1.7.15 天然的褐铁矿外观

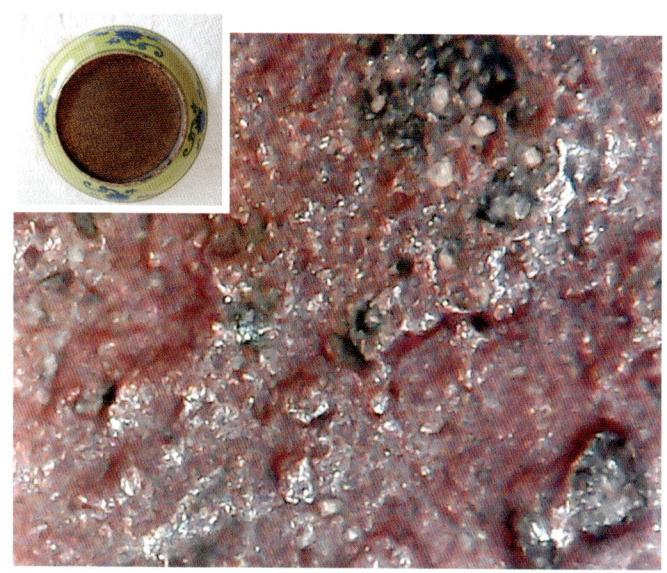

图 1.7.16a 成化款黄地青花大盘糊米底显微

图 1.7.16b 假糊米底的"元青花"盘显微（放大 200 倍）

四、明五彩

五彩是泛指,不一定就是五种颜色。五彩瓷器虽然创烧于明早期,但是其基础却是来源于唐三彩、宋加彩和金代的红绿彩。元代是否存在五彩尚有争论。明初五彩的突出特征是蓝彩使用了釉下青花,如图1.7.19宣德款的松竹梅兰蕉石纹五彩玉壶春瓶。到了万历年间,五彩瓷蓬勃发展。

因为釉上彩易于自然老化,老化方式包括:绿彩开片,釉上膜脱皮并且污染和二次氧化,如图 1.7.17。因为矾红彩很薄且易于脱落,其下的铅釉很容易被二次氧化成二氧化铅(PbO_2)而发黑,如图1.7.18。

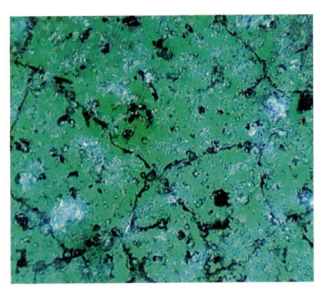

图1.7.17 天启五彩绿彩釉开片和脱皮后二次氧化老化特征

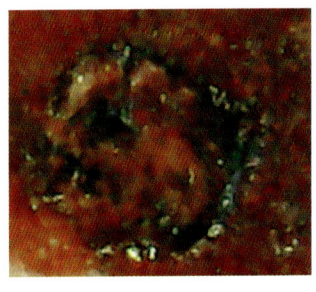

图1.7.18 嘉靖早期五彩矾红彩棕黑色的老化特征

图1.7.19 宣德款松竹梅兰蕉石纹五彩玉壶春瓶

图1.7.20 万历款云龙蕉叶纹八方葫芦瓶

五、成化斗彩

据历史文献记载,斗彩始于明宣德,在当时属于五彩瓷器的一个品种,但实物罕见。成化时期的斗彩最受推崇,明清有关文献中也称之为成化"窑彩"或"青花间装五色"。传世成化斗彩瓷器图案绘画简练,内容主要是花鸟、人物。它的工艺是先用青花在瓷胎上勾勒出所绘图案的轮廓线，挂釉高温烧成后再在釉上按图案的不同部位，根据所需填入不同的釉上彩，一般是 3～5 种，最后入彩炉低温烧成。成化斗彩可以分为点彩、覆彩、染彩、填彩等几种。成化斗彩除个别的大碗外，多数造型小巧别致，有盅式杯、鸡缸杯、小把杯等。

1. 鸡缸杯问题。民间知道的成化斗彩最为著名的莫过于所谓"鸡缸杯"了。其实这件拍卖 2.3 亿元人民币的鸡缸杯，在 1949 年的香港，曾经被认为是赝品，以不到 600 港币被收藏的。只是因为后来的所谓"传承有序"，今天才炒作成了宝贝。

图 1.7.21 拍卖师手上 2.3 亿元的鸡缸杯

图 1.7.22 故宫藏的成化鸡缸杯

从上述两张图片对比来看，无论是胎质还是纹饰，无论是器形还是款书，前者都远逊色于后者，根本无法同日而语。当初前者被认为是赝品也就不足为怪了。

2. 被认为是成化斗彩孤品的"三秋杯"也存在颇多的争议。

(1) 无论是中国文学中还是专业美术中都没有"姹紫"；(2) 后来说是差紫，是"错烧"，是缺乏工艺根据的；(3) "三秋杯"达不到基本的斗彩工艺要求；(4) 似有作伪之嫌。

我们将在后面章节里详细讨论这件藏品的真伪。

3. 真正的成化斗彩瓷器有如下三个特点。

(1) 小件器物，例如酒杯（鸡缸杯）、小盅、小碗，胎壁细薄白润，透明度达到了迎光可以看到背面的纹饰，手指压住甚至于可以看到指纹，如图 1.7.23。

(2) 纹饰细致入微，一丝不苟。如上所述，凡是勾勒草率、施彩随意者不是赝品就是民窑所为（此为"三秋杯"争论的原因）。

(3) 成化至今已有五百余年，釉上彩自然老化不可避免，表现在：第一，釉上绿彩

古陶瓷鉴定的科学依据

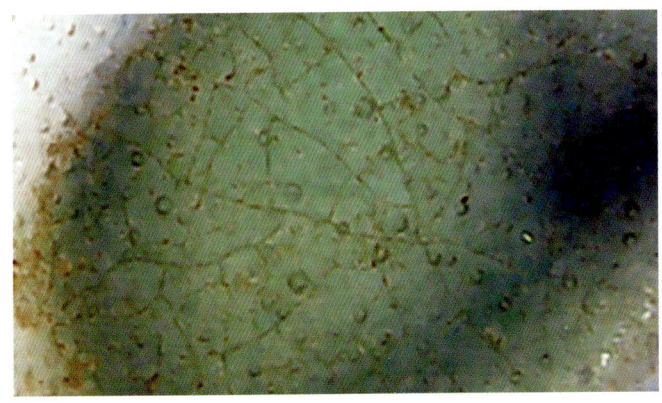

图 1.7.23 成化款桃枝蝴蝶卧足小碗（放大 50 倍）

一定会有网状开片，如图 1.7.23；第二，所有的釉上彩表面都会受到风化侵蚀而失去光滑，天价鸡缸杯买家说表面光滑，倘若如此，那这只鸡缸杯真伪就成了问题；第三，釉上彩风化表面失去光滑后对白光的漫反射，显微镜下可以看到颜色"泛白"斑块和化学侵蚀的斑点，如图 1.7.24。图中，背光可透见纹饰，碗底可见"蛤蜊光"。

图 1.7.24 成化款松柳忍冬纹婴戏图高足杯的显微"泛白"，碗底现蛤蜊光（放大 50 倍）

六、哥釉青花

明宣德时期御器厂仿烧哥釉瓷器时，底部用青花书写款识，可谓此品种的始创。哥釉青花于明代晚期较为常见，但烧制的器皿比较粗糙。万历朝的器物，纹片釉釉面通常为黄色，青花呈色多为蓝中闪灰，一般多用褐色等彩料堆绘出松鼠、花蝶、蟠螭等图案。清康熙朝制品的纹片釉开片呈米色或灰色，青花则青翠明快，色泽浓艳。哥釉青花品种底款通常采用阴文的"豆腐干款"后朝写前朝款，例如"成化年制"。

第一章 中国古陶瓷历史和相关鉴定

图1.7.25a "成化年制"豆腐干款，万历哥釉青花荸荠瓶

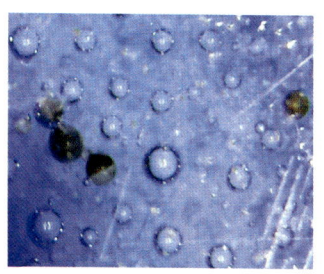

图1.7.25b 青花显微（放大200倍）

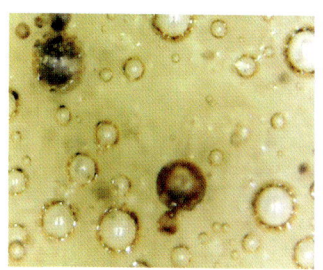

图1.7.25c 颈上部黄釉地显微（放大280倍）

这样的器物烧制工艺极其复杂，集"哥釉工艺""酱釉工艺""黄釉工艺""青花工艺""堆塑工艺""印花工艺""甜白釉工艺"于一身。按照烧制温度从高到低分别解释如下。

1. 青花。为了不至于与稍低温度的"哥釉工艺""酱釉工艺"混淆，青花纹饰部分的胎高出地釉约1~2毫米，在胎饰上称为贴花。图1.7.25a"成化年制"豆腐干款，万历哥釉青花荸荠瓶这一层还原工艺的烧成温度1300℃左右，玻璃化程度较高。采用国产青料，蓝中闪灰，在还原气氛中烧成。其显微如图1.7.25b。

2. 黄釉。为色釉且在氧化气氛中烧成，温度约为1270℃~1300℃，玻璃化程度较好。着色剂系氧化铁，含量2%左右或以上。因为烧制工艺气氛不同，不能与青花一起烧，而且温度不能与青花相同。否则青花将被二次氧化。其显微如图1.7.25c。

3. 哥釉。哥釉温度不能超过1270℃，否则得不到分相釉，也就没有"物理色"[1,2,3]。其显微如图1.7.25d。

4. 甜白釉。这里的所谓"白釉"指的是荸荠瓶腹部青花的"空白地"。与青花一起烧制也可以得到白地釉，但是这里采用了明永乐起烧制"甜白釉"的工艺，也就是增加釉层厚度，降低烧制温度，形成分相釉且保护气泡，以获得漫反射的甜白效果。[4] 烧制温度应该比哥釉更低，否则会出现散射而不是漫反射分相釉。显微如图1.7.25e。

5. 酱釉。酱釉含氧化铁量6%左右，与黑釉差不多。但是酱釉是在偏氧化气氛烧成的，所以不够黑。酱釉烧

---

1 李伟东、李家治等《杭州凤凰山麓老虎洞窑出土瓷片的研究》，2009年古陶瓷学术讨论会论文集。

2 蔡礼君《青瓷釉色成因及相关的鉴定原理》，《收藏家》2016年第8期。

3 李家治、张志刚等《杭州凤凰山麓老虎洞窑出土瓷片的工艺研究》，《建筑材料学报》2000年12月。

4 张福康《中国古陶瓷的科学》，上海人民美术出版社2000年版。

图 1.7.25d 颈下部哥釉地显微（放大 50 倍）

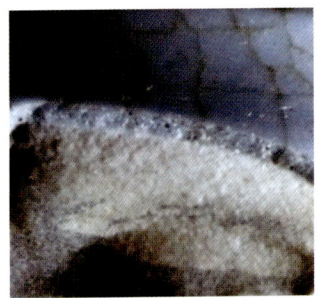

图 1.7.25g 断面照片

图 1.7.25h 断面显微（放大 50 倍）

图 1.7.25e 腹部甜白釉地显微（放大 100 倍）

图 1.7.25f 上模印回字纹，中堆塑蟠螭龙，下模印海水纹，三部分酱釉的显微均呈现氧化铁网状或雪花状结晶斑（放大 60 倍）

成温度只有 1250℃ 左右，可以与"白釉工艺"一起进行，与"哥釉工艺"一起进行时，工艺气氛不容易兼容。显微如图 1.7.25f，釉面氧化铁析晶很严重，晶体漫反射结果是无亮度。

综上所述，该器物需要至少三次进窑烧制，其复杂程度可见一斑。判断此器物属于万历年烧制的根据有三条：(1) 胎壁较厚，达 6 毫米；足壁更厚，到 12 毫米。符合万历早期胎料含氧化铝较低的特征。清康熙瓷器含氧化铝达 20% 或以上，不可能有这样厚的胎壁。(2) 破口断面可见胎质不够致密，符合万历瓷器特征而不符合康熙时期胎质致密的特征，如图 1.7.25h 和 1.7.25g。这样的粗胎只能在嘉靖后期到万历早期才会出现。[1] 上述照片和显微图片中从下往上依次是胎、析晶层、釉层、釉面。胎质符合万历早期比较粗糙的特征。(3) 纹饰粗狂也是"粗大明"风格。(4) 有专家说粗胎可能是民窑所为，但是如此复杂的工艺，民窑是难以企及的。

---

[1] 蔡礼君《中国古陶瓷胎质相关因素与辨识》，《文物鉴定与鉴赏》2016 年第 7 期。

第八节　清代青花

一、康熙青花瓷

1. 康熙时期的"五彩青花"

所谓"五彩青花"来自于"墨分五彩",就是中国水墨画的分水画法:可以把青花深浅分成五个层次来显示立体感。这是康熙青花开创的新的纹饰艺术。如图1.8.1、1.8.2、1.8.3、1.8.5、1.8.7、1.8.8。

2. 康熙时期的"翠毛蓝"

康熙青料的提纯技术出现了飞跃,发色鲜艳程度大幅度提高,出现了一些青花的"翠毛蓝",也就是发色鲜艳程度如孔雀开屏的翠蓝羽毛。如图1.8.1、1.8.4、1.8.5、1.8.7。

3. 没有所谓"硬亮青釉"

我们给出的7幅图片中分三种白地釉色:图1.8.2、1.8.4、1.8.5属于白色;图1.8.1、1.8.7、1.8.8属于淡青色;图1.8.3、1.8.6属于淡灰色。不存在什么"硬亮青釉"。后面将展开说明。

4. 康熙青花也存在自然老化问题

图1.8.7和1.8.8提供了气泡变色的案例。所以,除了宏观观察康熙青花的外在特征,还需要微观观察釉面自然老化的表现。

图1.8.1 康熙山水人物凤尾瓶

图1.8.2 康熙山水人物棒槌瓶

图 1.8.3 康熙款凤穿莲双底"青花五彩"凤尾瓶

图 1.8.4 康熙海水龙纹彩观音瓶

图 1.8.5 康熙山水人物盖杯

图 1.8.6 康熙青花釉里红雪里访友图笔筒

图 1.8.9 如意纹和花瓣花心的重彩点染表现出晕散

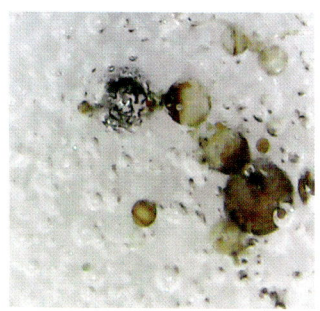

图 1.8.7 康熙款青花釉里红山水人物锥把瓶（放大 200 倍）

图 1.8.8 康熙款青花山水人物纹马蹄盖尊（放大 200 倍）

图 1.8.10 云头的重彩点染表现出立体感

二、雍正青花瓷重彩点染

康熙青花采用"五彩青花"的方法来渲染纹饰的立体感，雍正青花则进一步发明和采用重彩点染的方法来渲染纹饰的立体感，并且模仿宣德青花的晕散效果，如图1.8.9和1.8.10。

1. 雍正青花采用了重彩点染纹饰技巧，使雍正青花显得更加严谨；

2. 雍正青花器形纹饰庄重大方，一丝不苟，不惜工本；

3. 雍正青花也有自然老化气泡变色、破碎和麻坑式化学腐蚀斑问题，鉴定时应该辅以电子显微镜手段分析自然老化程度；

4. 雍正青花也没有"亮青釉"或"硬亮青釉"的规律，白净、淡青、淡黄都有。

三、乾隆青花

清乾隆一朝六十年，是清代封建社会发展的鼎盛时期，瓷器生产取得了空前的繁荣，

古陶瓷鉴定的科学依据

图1.8.11 雍正款青花折枝花果纹观音瓶　　图1.8.12 雍正款青花缠枝忍冬纹三羊尊　　图1.8.13 雍正款青花缠枝牡丹纹大梅瓶　　图1.8.14 雍正款青花石榴纹橄榄瓶

  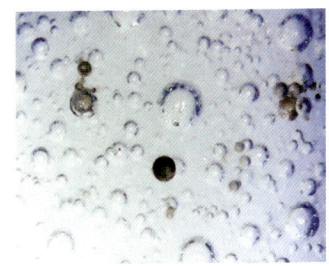

图1.8.15 雍正款青花缠枝牡丹大梅瓶显微，釉面气泡变色老化痕迹（放大100倍）　　图1.8.16 雍正款青花缠枝花天球瓶显微，釉面白地气泡变色老化痕迹（放大100倍）　　图1.8.17 雍正款缠枝花卉如意纹灯笼瓶显微，气泡破碎老化痕迹（放大100倍）

青花瓷也达到了登峰造极的程度。《古铜瓷器考》一书称赞当时的制瓷业"有陶以来，未有今日之美备"。制瓷业集我国历朝名窑之大成，制作了许多精巧无比的瓷器，不仅官窑成就显著，民营窑场也兴旺发达。此时，景德镇御窑厂规模庞大，在督陶官唐英的管理下，烧出的瓷器无论是工艺技巧还是装饰艺术都已达到了炉火纯青、出神入化的地步。清代许之衡在《饮流斋说瓷》中形容当时瓷器"至乾隆，精巧之至，几于鬼斧神工"。青花瓷仍是当时景德镇瓷器的主流产品，官窑青花和民窑青花的烧造量都很大。乾隆时国内陶瓷市场广大，据文献记载，清代早中期内销情形为"利通十数省，四方商贾、贩瓷者萃集于斯"。景德镇外销瓷自康熙中期开始兴盛，至乾隆时最盛。中国瓷器销往世界各地，而其中的优质瓷主要运往欧洲和美洲。据国外有关档案统计，乾隆三十九年（1774 年）销往英国的瓷器约 40 万件；乾隆十五年至四十六年（1750～1781 年）的 32 年间销往瑞典的瓷器达 110 万件。

图 1.8.18 乾隆青花凤穿莲开光象耳尊　　图 1.8.19 乾隆青花莲瓣八宝纹牺耳抱月瓶

乾隆青花和青花釉里红特点：

（1）继承了雍正青花优良传统，不仅青花重彩点染，釉里红也采用相同的技法；

（2）纹饰更加繁缛；

（3）大器型越来越多；

（4）发展了青花粉彩瓷器品种；

（5）没有"亮青釉""硬亮青釉"规律和特征，白、淡青、淡灰等都有；

（6）青花釉里红红色趋于淡雅，如图 1.8.20、21 和 22 依次为淡橘红、淡紫红。

图 1.8.20 乾隆款莲瓣八宝纹牺耳抱月瓶"糯米底"和老化痕迹（上面彩斑为蛤蜊光）（放大 60 倍）

古陶瓷鉴定的科学依据

图1.8.21 首都博物馆藏乾隆青花釉里红火龙纹天球瓶

图1.8.22 故宫藏乾隆青花釉里红凤穿莲壮罐

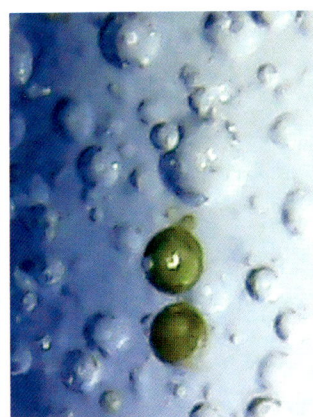

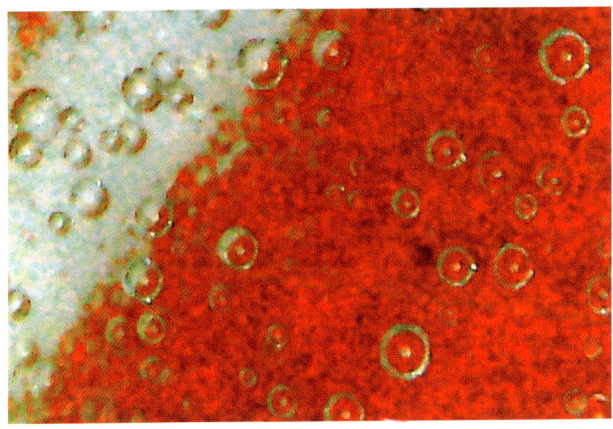

图1.8.23 乾隆款青花釉里红缠枝莲牺耳鹿头尊，青花和釉里红均有气泡变色，气泡有再结晶（放大100倍）

(7) 胎质细白如"糯米"，接近现代胎质水平。如图1.8.20所示。

(8) 虽少但也有老化痕迹。

四、清代青花特征与专家们的错误鉴定

1. 与早中期的元青花、明青花不同，清三代青花无论是胎料、釉料、颜料处理还是纹饰画工，都精益求精，力求完美。康熙时期创造了"青花五彩"；雍正时期创造了重彩点染；乾隆时期纹饰繁缛华丽。这些特征均标志着清三代的中国青花瓷进入了成熟期。

2. 既然明代不存在什么"亮青釉"的时代特征（提出亮青釉的专著里却经常以釉色昏暗来描述很多明代青花），清代青花就更没有所谓的"硬亮青釉"了。[1]

---

[1] 耿宝昌《明清瓷器鉴定》，紫禁城出版社1993年版。

3. 问题在于著作[1]中在提到明清瓷器胎质、胎釉结合、釉色、釉层等一系列古陶瓷概念时，都完全忽略了胎釉之间存在析晶层这个极其重要的客观事实和透明釉的物理和化学本质，使得《明清瓷器鉴定》的胎釉部分乱了方寸。以这样的理论来砸瓷的电视节目也同样无法自圆其说，其结果是与初衷背道而驰，来了个"去真存伪"。正是这样的违背中国古陶瓷客观事实和基本的科学常识的鉴定原则搞乱了中国古陶瓷的鉴定和市场。[2]

4. 清代青花与明代青花比较，青料的提纯得到了显著的提高。不仅发色鲜艳程度大幅度提高，例如出现了所谓"翠毛蓝"，而且青料加工细腻，青花纹饰笔触均匀，不再有重彩堆积问题，因而不再有重彩釉面下陷问题。那种仍然以青花下陷为真的鉴定标准无异于"刻舟求剑"。尤其是计算机喷墨打印的现代青花瓷有青花下陷特征，专家们正中仿品圈套。

5. 透明釉里杂质也显著减少，白地不再那么灰那么暗了。至于白地的白度还是千差万别，不能笼统地认为清代白地一定比明代和元代更白。而所谓"粉白"釉比"浆白"釉更硬之说，尤其是真品釉硬仿品釉软的说法，完全是没有根据的。第一，没有去实际地测量釉面硬度；第二，玻璃釉的硬度与烧成的温度、厚度以及风化和自然老化的程度有关；第三，只看亮度不能断定硬度，铅釉非常亮但是却非常软就是一个实例。根据釉面自然老化后硬度必然降低的原理，恰恰应该是真品釉软而仿品釉硬才对。这又是专家鉴定本末倒置的一个生动案例。

6. 所谓胎釉结合紧密为真、疏松为假的鉴定原则是完全站不住脚的。这不仅是因为胎釉之间隔着析晶层，而且因为年代越久胎釉结合越疏松。也就是真品古陶瓷才会胎釉结合疏松。专家的鉴定原则不仅是错误的，而且真伪颠倒。[3]

7. 所谓康熙青花、雍正青花口沿处施白问题，也是没有根据的。如何证明施白了？施了什么白？至于口沿白，那是器口釉层薄、如同铜红釉的"灯草口"，口沿处只留下了无色透明的釉上膜所致。而白色则是析晶层的颜色，如图1.8.24。很多的鉴定专家，既不

图1.8.24 釉里红断面右端口沿釉薄，只剩下透明的釉上膜和白色的析晶层，没有所谓"施白"

研究古陶瓷的科学道理，也不去使用证据来证明猜想，只是想当然地杜撰出一个鉴定结论，这是我国古陶瓷鉴定混乱的根本原因。

---

[1] 耿宝昌《明清瓷器鉴定》，紫禁城出版社1993年版。
[2] 蔡礼君《中国古陶瓷胎质相关因素与辨识》，《文物鉴定与鉴赏》2016年第7期。
[3] 蔡礼君《中国古陶瓷胎质相关因素与辨识》，《文物鉴定与鉴赏》2016年第7期。

第九节 清代彩瓷

严格地说，青花和青花釉里红也属于彩色瓷。但是我们通常所说古陶瓷的彩瓷则是指高温的"釉中彩"和低温的釉上彩，例如铜红釉、豆青釉、酱釉、黑釉、釉上彩的三彩、五彩和斗彩（包括了釉下青花）、珐琅彩、粉彩、浅绛彩，等等。清光绪年间（1907、1908年），湖南瓷业学堂研制出黑、蓝、红、褐、绿五种高温釉下彩颜料，醴陵从此烧制出著名的釉下五彩瓷。这不在本节讨论范围内。

一、豆青釉

豆青釉属于颜色釉，青釉派生釉色之一。豆青釉起源于宋代的龙泉窑。豆青和东青原属一类，以后才各具特色。明以前微近黄色，至清代则近绿色和浅湖蓝色。清乾隆时期豆青釉印花胎饰达到了美轮美奂的程度，具有很高的艺术价值。

1. 观察印花、胎饰、颜色

图1.9.1所示豆青釉橄榄瓶颜色浅淡，但是阴纹饰的积厚效应显示了粉绿色。这一点似青白瓷，"影青釉"的起因也在于此。早期的龙泉窑也有这个特点。中期的龙泉窑开始采用石灰碱釉并且略微降低烧成温度，就产生了分相釉的物理色粉青釉。图1.9.5可以看出，龙泉窑釉面漫

图1.9.1 乾隆款印花"双龙戏珠"豆青釉橄榄瓶显微特征

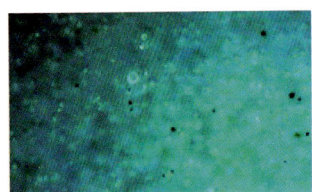

图1.9.2 乾隆款印花莲瓣如意纹豆青釉洗口尊显微特征

图1.9.3 乾隆款蟠螭羊首耳饕餮纹豆青釉尊

图1.9.4 乾隆款象耳窃曲纹豆青釉盘口尊

反射"泛白"使青色"粉化"。后期龙泉窑又提高了烧成温度，成为化学色的梅子青釉。

2. 豆青釉的显微

介乎于龙泉窑的中后期之间，物理色与化学色盖皆有之。既非那么粉也非那么青。如图1.9.1和图1.9.2。后者的物理色更甚。图1.9.3和1.9.4色调可见一斑。

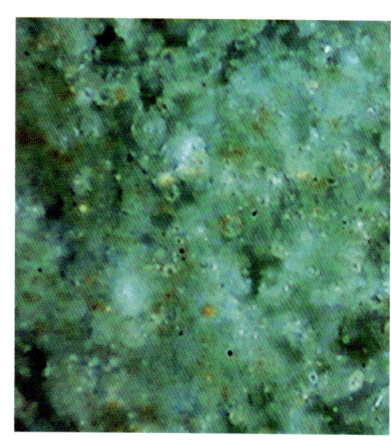

图1.9.5 粉青龙泉窑的釉面显微

二、雍正斗彩

1. 填彩精准。雍正一朝虽然只有短短的13年，陶瓷技术比康熙却有着明显的提高。图案规整秀丽，工艺精益求精，制瓷技术达到了历史上的一个高峰。此时的景德镇御窑厂每年要进贡"一万六七千件"，生产则要达"二万五千件"之多。现藏于故宫的雍正斗彩，虽然至今近三百年，但是看起来，还是造型规整，线条优美，釉色匀净，色彩灿烂。此时的斗彩继续沿用填彩技法，与从前比较，填彩准确，工整细腻，不越边线。

图1.9.6 雍正款仿成化鸡缸杯，毫不逊色

2. 采用粉彩。雍正斗彩的另一个贡献，是把粉彩运用到斗彩的装饰之中。此种填彩摒弃了传统五彩的填彩工艺，采用康熙晚期出现的粉彩。粉彩是一种含有"玻璃白"的彩料，"玻璃白"可以使各色彩料呈现出一种深浅不一、层次分明的多种色阶。通过"玻璃白"的渲染，可以得到"一色多变"，因而大大地增加了色彩种类、浓淡，使色彩柔和，并且产生立体感。这种青花与粉彩合绘的饰彩方法，较之前代的斗彩瓷器更加清逸、淡雅。

3. 仿成化斗彩。雍正斗彩瓷器还不惜工本地模仿、仿制成化的斗彩瓷器。在故宫藏品中，除个别品种外，这些仿古瓷器都能与成化斗彩瓷器相对证。清代雍正档案中多次记载了雍正官窑仿造和配齐成化斗彩的史实。这些补配的罐盖与原器无论是色彩还是形状都十分接近。

  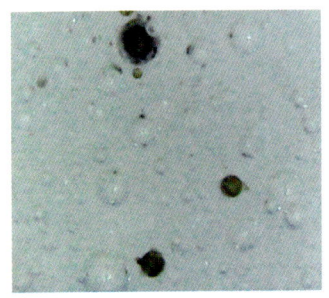

图 1.9.7 雍正斗彩填粉彩如意耳蒜头瓶　　图 1.9.8a 雍正款斗彩填粉彩莲荷纹碗　　图 1.9.8b 青花白地的气泡变色自然老化

雍正斗彩仿成化斗彩鸡缸杯、天字罐、洞石花蝶罐等几近乱真。

图 1.9.8a 雍正款斗彩填粉彩莲荷纹碗，胎质细腻、壁薄不到 2 毫米，以至于可以透光显示背面纹饰。图 1.9.8b 青花白地的气泡变色自然老化，证明器物存世久远。

釉上彩属于铅釉彩，时间长久后，氧化铅会被氧化成二氧化铅而成黑色，是所谓"泛铅"，也是判断器物存世是否久远的参考。[1]

三、五彩

1. 康熙五彩

康熙五彩瓷改变了明代嘉靖、万历时只重彩而不重形的粗率画风。《陶雅》中对康熙民窑五彩的评价是："康熙彩画手精妙，官窑人物以耕织图为最佳，其余龙凤、番莲之属，规矩准绳，必恭敬止，或反不如客货之奇诡者。盖客货所画多系怪兽老树，用笔敢于恣肆。"当后人以雍正粉彩与其比较时，雍正粉彩显得细腻而柔软，康熙五彩则显得刚劲有力，因此被称为"硬彩"，也被称为"古彩"。《陶雅》载："康窑蓝、绿皆浓厚，故曰硬彩。雍窑则浅淡而美观，有粉故也，其无粉者亦羼以他之淡汁，在诸色中推为妙品。"

康熙中期的瓷器彩绘深受明末清初名画家影响，构图舒展，意境深远。瓷器纹饰受社会文化影响，如康熙三十年之后开科举、扬汉化，瓷器装饰上书写诗文辞赋，有"独占鳌头""米芾拜石"等内容的画面。另外，五彩器中还有描写战争的场面，如俗称"刀马人"的戏剧故事和清装人物骑射的图案，这与当时康熙帝吸取明亡教训、倡导习文尚武的政治背景有关。

康熙五彩的红彩比明代五彩用得少，画面色彩沉稳，热烈而不浮躁。康熙五彩突出

---

[1] 蔡礼君《中国古陶瓷釉的相关因素和鉴定方法》，《文物鉴定与鉴赏》2016 年第 10 期。

了瓷绘艺术，但又保持了瓷器纹饰特征。在瓷绘构图上吸收了中国画的一些章法，无论是勾线填彩，还是没骨小写意，都可以感受到中国画的影响。康熙五彩已打破了前代五彩勾线平涂的模式，吸收了西洋绘画的透视画法，在色彩处理上也注意了深浅、明暗，使画面具有层次感、立体感。《陶雅》云："康熙五彩能力最大，纵横变化层出而未穷也。""人物衣褶最为生动，树则老干槎芽，花则风枝婀娜。"这些评论从不同的角度概括了康熙五彩装饰的艺术特征。

2. 雍正五彩

粉彩是雍正当时的主流，其制作方法、审美取向势必影响五彩。与康熙五彩比较，雍正五彩一是数量减少，二是在色彩趋于淡雅，图案装饰也从繁复变为疏朗，笔意由遒劲趋向纤弱，从而取得清新静谧的效果。

雍正皇帝对官窑瓷器的造型、纹饰、品种等都亲自审定御批，这在《清宫内务府造办处档案·雍正记事杂录》中有记载。如："雍正七年八月初七日，郎中海望持出菊花瓣式宜兴壶一件，奉旨：作木样交给年希尧，照此款仿钧窑将霁红、霁青釉色烧造。"还有，唐英从雍正六年任督陶官一直到乾隆二十一年，督理景德镇御窑厂达27年之久，对雍正、乾隆时期制瓷业鼎盛起到了重要作用。雍正六年戊申八月，唐英"奉差江西"，协助年希尧"监视陶务"。

他曾与烧瓷窑工一起劳动，同吃同住共三年，刻苦钻研陶务，从开始的不懂陶事，最后"虽不敢谓陶之微奥确信深知，然既习且久，其于制造之器皿条目，款釉尺寸、工匠钱粮暨夫赏勤劝惰之大略，不无一得之愚"。他大力培育新品种，并进行摹古，他所督造的瓷器除了清雅秀美的粉彩瓷器，最让人称赞的莫过于雍正的斗彩及青花和单色釉瓷器。

从传世品看，雍正五彩数量骤减，但是风格变成如成化五彩那样的淡雅，线条趋向纤柔。雍正五彩有红、黄、绿、蓝、紫、黑、金等色。典型器有故宫收藏的仕女婴戏尊，如图1.9.10。图1.9.11雍正款矾红描金火麒麟蒜头瓶，造型周正大方，器形线条流畅；纹饰一丝不苟，庄重严谨。

雍正五彩白地如玉，是雍正五彩的风格，没有什么"亮青釉""硬亮青釉"。这不仅是因为釉料淘洗干净，含铁量极低，而且是因为采用了"甜白釉"工艺：烧制温度不能太高，1200℃左右，既躲开小颗粒散射（例如变成天青色那样的情况），又躲开生烧的误区；既产生了分相釉，又能够保护细小气泡不会逸出。这与助熔剂、乳浊剂、施釉厚度、烧制温度等都有着密切关系。从照片就能看出来，器物白地莹润如玉的评价应该是恰如其分的。

图1.9.9 康熙五彩花鸟花盆　　图1.9.10 雍正五彩仕女婴戏图尊　　图1.9.11 雍正款矾红描金火麒麟蒜头瓶

3. 五彩的衰落

自从道光二十年鸦片战争爆发以后,清代政治发生了巨大变化,中国逐渐沦为半殖民地半封建社会,瓷业的发展,随同国势之日衰,逐渐走下坡路。这正如《陶雅》所载:"中叶以后,深厚固不如康熙,美丽也不及雍正。惟以不惜工本之故,犹足以容与中流。嘉、道以降,画工彩料直愈趋愈下……"清末五彩已风骚不再。

图1.9.12 康熙款红地开光牡丹纹珐琅彩碗

四、珐琅彩瓷
1. 珐琅彩瓷的由来

珐琅彩瓷器是中国瓷器生产工艺发展到顶峰时期的表现。珐琅彩瓷器在康熙晚期出现,是康熙帝直接授意下将从欧洲传入的金属胎画珐琅技法移植到瓷胎上而创烧的釉上彩瓷新品种,称之为瓷胎画珐琅。以雍正、乾隆时期的产量最大,乾隆以后即少有制作。其制作过程是由宫廷画师出具样稿,由皇宫内"造办处"选取景德镇御窑厂烧制上好的素瓷(无纹饰透明釉瓷器),再经"如意馆"画师打稿、绘画、填彩等之后,然后将其放入宫内彩炉低温烘烧,得到具有极强立体感和艺术表现力的旷世之作。珐琅彩瓷器的制作工艺非常考究,成本高,产量低,属于

1.9.13 康熙款黄地兰花山石纹珐琅彩碗

专供皇室玩赏的艺术珍品。

2. 珐琅彩的历史

珐琅为外来语音译名，15世纪中叶画珐琅技法起源于法国。到17世纪初，法国工匠发明了画珐琅的新方法，其中以法国中西部里摩居的画珐琅工艺品最为著名。即在一种较软的玻璃料内加上不同的金属氧化物作为呈色剂，并用油调和成珐琅料。以这种珐琅料装饰器物，能取得如油画般的色泽和立体效果。17世纪晚期一批画珐琅工艺品由法国等国的使节和传教士带到中国进入宫廷。其优美的造型、绚丽的色彩，吸引了康熙帝。于是下令在宫中创烧珐琅彩瓷器，并于康熙五十九年（1720）创烧成功。《清宫内务府造办处档案》中记录画珐琅有铜胎画珐琅、玻璃胎画珐琅、瓷胎画珐琅、金胎画珐琅、紫砂胎画珐琅。瓷胎画珐琅即指珐琅彩瓷器。

珐琅彩清代后期（道光到光绪）仍有少量烧制，但烧造场所已不在清宫中而移至景德镇。民国时期有不少仿制品。初期珐琅彩是在素瓷上先作色地，后画纹饰，有花无鸟是一特征。后期则是先画纹饰后填色地。到了雍正时期，就以素瓷的白地画珐琅。

目前世界上存世的清代宫廷珐琅彩瓷器约500件左右，其中400件左右原藏贮于北京紫禁城内乾清宫端凝殿内。乾隆三年九月开始对这批珐琅彩瓷器配制楠木匣，定级并书写名称于匣盖上贮藏保管。此后历朝皇帝鲜有动用。这400余件瓷器随古物南迁，辗转至台湾。现珐琅彩瓷器大部分藏于台北故宫博物院。北京故宫博物院仅收藏约数十件。这些为数不多的珐琅彩瓷器因散陈于各殿，没有跟随文物南迁遂得以保留。

还有些属于原古物陈列所所藏，以及没收溥仪带出宫的文物。同时北京故宫博物院在解放后也征集了一些康熙、雍正、乾隆时期的珐琅彩器皿。虽然数量不及台北故宫，但珐琅彩瓷器的品质可谓件件精彩。有少量收藏于上海博物馆、天津博物馆、首都博物馆、大英博物馆、纽约大都会博物馆、法国吉美博物馆等。此外还有其他零散收藏。民间收藏的官窑珐琅彩瓷器不多见，大多属于晚清景德镇烧制，或为民国仿品。

珐琅彩瓷器继承了历史上中国陶瓷的各种优点，从拉坯、成型、用料，到施釉、绘画、烧制等，都采用了最成熟的工艺。珐琅彩在所有瓷器中出身最为高贵，一直有着"一件珐琅彩，十件官瓷器"之说。在珐琅彩诞生之前，明、清两代的宫廷用瓷，全部由景德镇烧造后运至北京。唯有珐琅彩，是在景德镇先挑选最为优质的素器，运到清朝的宫廷造办处，再由宫廷画师绘画后进行第二次烧造。所以说，精美的珐琅彩瓷的创造和发展与康熙、雍正、乾隆三位皇帝对瓷器的独特爱好有着直接关系。珐琅彩在古时被称作"古月轩"瓷器，深受珐琅彩瓷爱好者们推崇，拍卖价格也是节节攀升。

乾隆之前珐琅彩瓷器基本上都是宫廷皇家或皇帝赠予大臣们用来把玩的小器物。到了雍正后期，特别是乾隆时期出现了类似图1.9.16和1.9.17那样的较大器物，是专门

图 1.9.14 雍正款黄地梅花诗句书法纹珐琅彩碗

图 1.9.16 乾隆款粉红山水图珐琅彩棒槌瓶

图 1.9.17 乾隆款珐琅彩开光题诗山水图花口尊

图 1.9.15 雍正款白地牡丹花诗句书法纹珐琅彩橄榄瓶

图 1.9.18 雍正款胭脂水盘

用来陈设和观赏的。说珐琅彩没有较大器物,也是不符合事实的。

3. 珐琅彩的化学成分

(1) 珐琅彩与粉彩都采用"玻璃白"来调色。玻璃白也叫"砷白",其组成包括:青铅、石末、玻璃粉、牙硝和白信石。白信石高含 As_2O_3,是强乳浊剂。(2) 珐琅彩助熔剂里,除了氧化铅和氧化钾外,还有氧化硼(B_2O_3)。《南窑笔记》做了详细记录。掐丝珐琅采用硼砂,用于降低珐琅彩烧制温度,增强掐丝与珐琅之间的亲和力。而粉彩则没有氧化硼加入,这是区分珐琅彩与粉彩的一项指标。(3) 珐琅彩的胭脂红与粉红(胭脂水)彩含有 0.5%~0.6% 的黄金,如图 1.9.18。黄彩不是铁黄而是锑黄,兼有乳浊作用,如图 1.9.19。绿彩也加 2% 左右的氧化锑,不仅为调色,而且抗绿彩的老化开裂。当时锑、黄与胭脂红是进口彩料。锑黄与铁黄对比,宏观微观都有明显差别,锑黄色泽更均匀,更耐老化。

4. 珐琅彩的自然老化

珐琅彩烧制温度 800℃～850℃，与五彩和斗彩相同，其自然老化形式包括：

（1）局部有细微开片纹和缩釉污染，如图 1.9.20。

（2）小件器物把玩容易生成物理包浆，形成薄膜干涉，产生"蛤蜊光"，例如图 1.9.21。

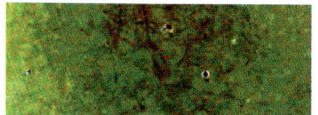

图 1.9.19 雍正款锦黄珐琅彩葫芦瓶（放大 50 倍）

图 1.9.21 道光款《西厢记》压手杯的蛤蜊光

图 1.9.20 乾隆款八仙过海葫芦瓶珐琅彩的细微开片并被污染（放大 150 倍）

五、粉彩

1. 粉彩是在珐琅彩的影响下诞生的彩瓷品种。之所以叫作"粉彩"，是因为充分地利用了"玻璃白"作为"粉"来调节颜料的浓淡深浅，即在素瓷轮廓内先铺垫一层玻璃白，再在玻璃白上堆填色料，色彩的"粉"化特征十分明显。由于玻璃白对彩料的粉化和乳浊作用，使彩绘颜色粉润柔和，画面细腻，形象生动，富有立体感。清康熙朝是粉彩的首创期，彩绘相对简单、粗糙。到了雍正时期，伴随着"洋彩"的国产化，粉彩制作趋于精良和细腻。乾隆时又创色地锦地粉彩，使粉彩装饰更加华贵。

2. 雍正粉彩的精美与乾隆粉彩的创新

《陶雅》中称赞"粉彩以雍正朝最美，前无古人，后无来者，鲜艳夺目"。雍正粉彩瓷的呈色丰富多彩，色泽明亮柔和，粉质感强，清雅秀美。在一件器物上用色可以多达二十多种，不亚于珐琅彩。局部还以珐琅彩的油料调色技法，讲究彩料的层次变化，突出画面的阴阳浓淡，富有强烈的立体感。如图1.9.22。

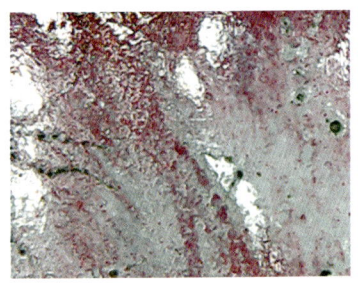  

图1.9.22 雍正款牵牛花小蒜头瓶，左侧是珐琅彩红花，白色为显微镜LED反光斑，右侧粉彩没有反光（放大60倍）

图1.9.23 雍正款白地八桃大天球瓶　　图1.9.24 雍正款白地牡丹纹盘口橄榄瓶　　图1.9.25 乾隆轧道蓝地花卉开光山水图拐耳转颈瓶

由上述三件雍正时期的粉彩瓷，不难理解为什么人们如此地推崇雍正粉彩瓷器了。乾隆朝除了白地绘粉彩外，还有色地、锦地粉彩或色地锦地开光中绘粉彩等品种。色地之上通常绘制粉彩或金彩花卉，再加开光粉彩，如图1.9.25。乾隆朝粉彩的创新品种是在黄、绿、红、粉、蓝等色地上用极细的工具轧出缠枝凤尾、忍冬或缠枝蔓草等延绵不断的纹饰，称为轧道地。例如图1.9.25、1.9.26、1.9.27。如果与开光一起使用，则称轧道开光。这一工艺的出现，将粉彩推上了繁缛的顶峰，一直延续到民国。另外，乾隆朝还有部分在粉彩瓷器的内壁及底足内施松石绿彩，俗称"绿里绿底"，一直流行到清末、民国。

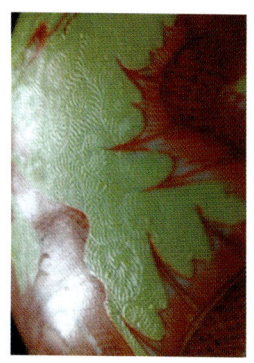

图 1.9.26 乾隆款胭脂红凤尾纹轧道细部　　图 1.9.27 乾隆款轧道黄地龙纹纹盖梅瓶

图 1.9.27 中，轧道地花纹与地上粉彩纹饰一起产生了蛤蜊光，证明轧道与其上的粉彩颜料结合极为紧密，以至于烧制时产生了统一的"釉上膜"，才有可能产生统一的薄膜干涉。图 1.9.28 和 1.9.29 八桃、九桃天球瓶与百鹿尊一样，几乎是妇孺皆知的有名的乾隆粉彩瓷器。光绪年间仿品皆多，但是风韵远不如当年了。

3. 粉彩的自然老化

著名的"大雅斋"五羊图器底松石绿二次开片老化如图 1.9.30。图 1.9.31 多穆壶绿地呈现釉上膜风化"泛白"和腐蚀斑，矾红彩二次氧化出二氧化铅黑色"泛铅"。图 1.9.32 洗口瓶除了黑褐色的腐蚀斑，还有高温釉气泡上的低温彩釉"崩釉"现象。即低温彩釉覆盖高温釉素瓷釉面后，凸出釉面的高温气泡上的低温釉层非常薄。因为厚度变化和鼓起变形，气泡凸出釉面的边沿一圈必然会产生应力集中，当风化使釉上膜变薄时，应力集中的一圈就会崩开。如该图旁边显微所示。

六、浅绛彩

浅绛彩瓷是清末时景德镇创烧的釉上彩新品种。从同治、光绪到民国初约 50 年之间，浅绛彩瓷是中国的书、画艺术在瓷器上表现的又一个典范。"浅绛"是起源于元代中国画的概念，原指以水墨勾画轮廓并略加皴擦，以淡

图 1.9.28 乾隆款霁蓝金纹地开光三果图灯笼瓶

图 1.9.29 乾隆霁蓝釉描金开光粉彩地鎏金蟠螭龙耳百鹿尊

图1.9.30 大雅斋款粉彩五羊图大梅瓶底松石绿底显微，开片比较严重（放大50倍）

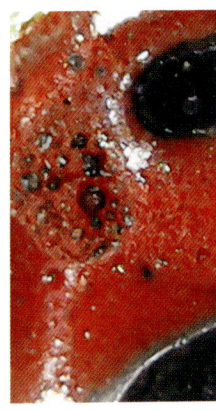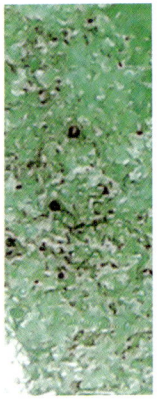

图1.9.31 乾隆款绿地多穆壶绿地与矾红彩老化情况（放大60倍）

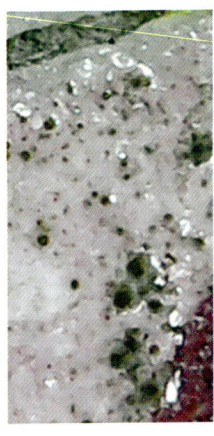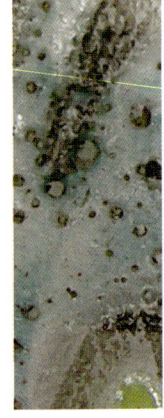

图1.9.32 乾隆款锦地开光祝寿图洗口瓶显微，稍厚一点的彩层发生素瓷气泡上的"崩釉"现象（放大60倍）

赭、花青为主渲染而成的山水画。代表人物为黄公望。而浅绛彩瓷系特指晚清至民国初流行的一种以浓淡相间的墨彩在素瓷上绘出纹饰，再染以淡赭和水绿、草绿、淡蓝及紫色等，经低温烧成的一种特有的低温彩釉瓷器。

浅绛彩特点：

1. 浅绛彩基本上不用玻璃白，它是将淡矾红、水绿等彩色直接画上瓷胎。所以，浅绛彩彩层极薄，没有像粉彩那样有彩层的突出感。

2. 浅绛彩水墨画风格更浓，笔触流畅，运笔速度快。显微镜下观察到笔速慢、无笔锋且抖动描摹者为仿品。图1.9.33和34对比，34为仿品。

3. 与粉彩比较，浅绛彩更易磨损脱彩，愈显浅绛彩的清淡。如图1.9.35。

4. 因为浅绛彩墨与彩很薄，素瓷釉面过于光滑时不仅挂色困难，而且容易浓淡不均匀（不像国画宣纸那样能够及时吸墨）。为方便挂墨存彩，浅绛彩素瓷通常烧成"波浪釉"，也就是烧成温度低一些，使素瓷釉面似熔非熔，不够平整光滑。如图1.9.36所示。

5. 波浪釉由较低温度烧成，但是助熔剂类型仍然属于石灰釉，所以釉上膜比普通高温釉的釉上膜更薄，时间长久后很容易达到薄膜干涉条件而产生蛤蜊光，如图1.9.37。

6. 浅绛彩瓷板画恰如国画，非画家不能为之，或非一般的画工所能为。

七、清代的黄地彩

在介绍明代黄地青花时，我们提到了黄地代表了我国封建社会所特有的"皇帝"色彩。例如黄地青花只供皇家使用。到了清代，黄地瓷器仍然备受推崇，见图1.9.38～1.9.40。

八、炉钧釉

炉钧为景德镇在清雍正年间仿钧窑而

图1.9.33 浅绛彩笔触流畅，运笔速度快（放大50倍）

图1.9.34 笔速慢、描摹痕迹明显，为仿品特征（放大50倍）

图1.9.35 珠山八友毕渊明浅绛彩"声震山岳"棒槌瓶色彩清淡

图1.9.36 采用"波浪釉"工艺，有利于素瓷釉面挂墨挂彩

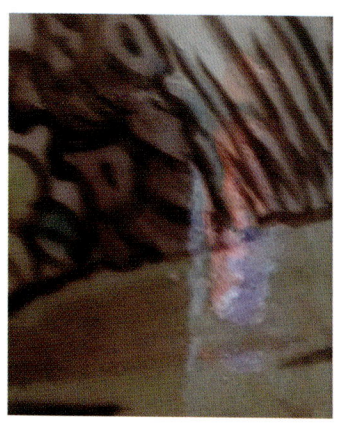

图1.9.37 "声震山岳"棒槌瓶表面产生的蛤蜊光

图 1.9.38 康熙款黄地绿彩龙纹碗

图 1.9.40a 雍正款黄地青花石榴尊

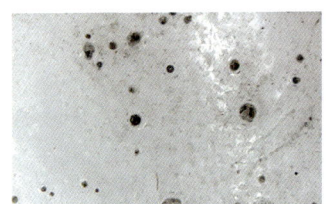

图 1.9.40a 器口内壁显微蛤蜊光和老化痕迹（放大100倍）

图 1.9.40c 器底蛤蜊光

图 1.9.39 乾隆款黄地青花梅瓶

图 1.9.41 乾隆款红斑流淌炉钧釉长颈瓶

烧出的一种低温釉。烧制的方法是先以高温烧成瓷胎，挂釉后在低温炉中第二次烧成，故称"炉钧"。《南窑笔记》记载："炉钧一种，乃炉中所烧，颜色流淌中有红点者为佳，青点次之。"《景德镇陶录》亦载："炉钧釉，色如东窑、宜兴挂釉之间，而花纹流淌变化过之。"雍正年间炉钧的特点是：釉流淌明显，流动处呈现紫红。乾隆时流动如初，如图1.9.41。也有非流动者，颜色泛兰，如图1.9.42。到嘉庆时已无流淌，如图1.9.43。道光后是用紫笔画上去的一个个比小米粒略大的圈圈。

炉钧釉不是如专家所说的是"窑变釉"，而是粉彩几色混合（但是不调和）施釉，当彩釉熔化后产生流淌。

九、掐丝珐琅

珐琅又称"搪瓷"。它是用石英、长石、硝石和碳酸钠等加上铅和硼砂烧制成，涂在铜或银或铁质的器物上。如搪瓷、景泰蓝等均为珐琅制品。掐丝珐琅是用细扁铜丝做线条，在金属制的胎上捏出各种图案花纹，再将五彩珐

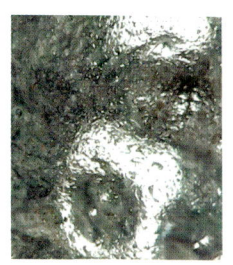

图1.9.42 乾隆款炉钧釉地鳍耳尊　　　　图1.9.43 嘉庆无款炉钧釉小罐

琅点填在花纹内，经烧制、磨平镀金而成。

1. 铜胎掐丝珐琅

景泰蓝又称"铜胎掐丝珐琅"。因使用的珐琅多以蓝色为主，故而得名"景泰蓝"。历史上对于中国掐丝珐琅工艺的源起时间并无明确记载，但是多数中外学者、美术史家都主张掐丝珐琅工艺是在元代从阿拉伯地区传入中国的。明代宣德年间是中国景泰蓝制作工艺真正的起点，到了景泰年间达到辉煌阶段，"景泰蓝"一词也从此诞生。

清代初期的景泰蓝工艺已闻名天下，大量出口国外，成为海外贵族家庭中的摆饰品。这时期的景泰蓝品种丰富，制作工艺精湛，在原料上不再沿袭明代使用青铜做胎骨，而是采用延展性能较强的纯铜作材料，应用了新的制胎、掐丝技术。清代景泰蓝比明代的铜丝更细薄均匀，掐丝技艺更成熟，纹饰更灵活精巧。器物的应用范围要更宽，除了明代常制作的宫廷寺庙祭器，还出现了鼻烟壶、屏风、香炉、围屏、桌椅、茶几、筷子、碗具等。

图1.9.44 乾隆款铜胎掐丝珐琅碗

景泰蓝的自然老化与珐琅彩相似。图1.9.44中的红、黄彩釉都布满了老化瘢痕。

2. 铁胎掐丝珐琅

铁胎掐丝珐琅的特点是掐丝的丝是铁丝，在磨平之后镀铜或金。如图1.9.45a，掐丝上金彩脱落之后，暴露出磋磨的痕迹。图1.9.45b则显示金彩没有完全脱落局部的斑驳情况。

3. 真伪掐丝珐琅

与珐琅彩非常相似的是"瓷胎掐丝珐琅"。其实，瓷胎掐丝珐琅的掐丝技术比铜胎更难，因此存世藏品很少。市场上我们经常见到的是另外一种"画"的"假掐丝珐琅"，如图1.9.46所示。

由显微图片可见，所谓的"掐丝"并非金属丝而是人工或用电脑在瓷胎上画出来的，既没有掐丝痕迹也没有金属丝宽度相等的特征。真的掐丝有四个特点，如图1.9.47所示。

（1）宽度基本相等。掐丝的宽度只受金属丝本身宽度的变化、弯曲挤压的变化，以及磋磨时挤压和留下的毛刺影响，宽度变化不到五分之一。

（2）掐丝首尾清晰，掐丝与珐琅彩之间有细微的边界衔接痕迹。

（3）紧挨的掐丝事先已经被焊接在一起，便于掐丝安装。

（4）留有磋磨和金彩脱落痕迹。

图1.9.45a 无款铁胎掐丝珐琅

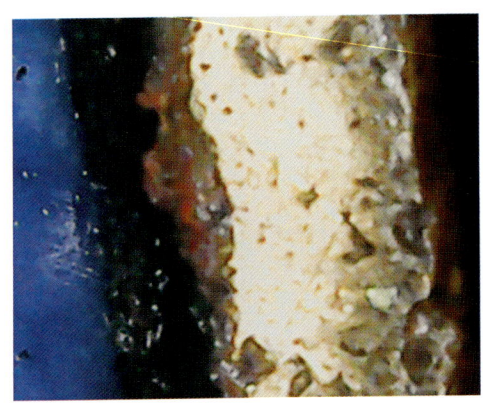

图1.9.45b 铁丝镀金年代久远金彩脱落情况

第一章　中国古陶瓷历史和相关鉴定

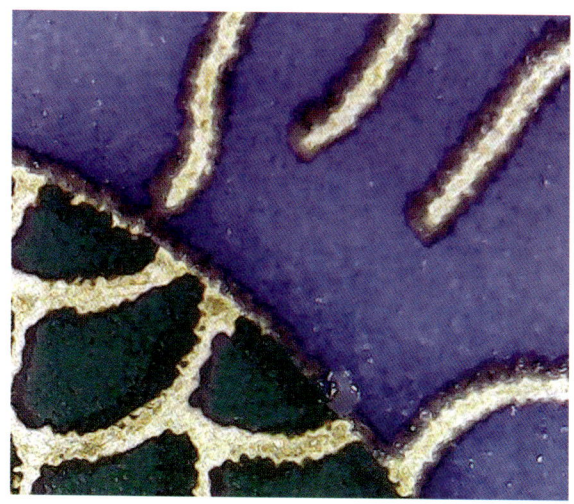 

图 1.9.46　假掐丝珐琅

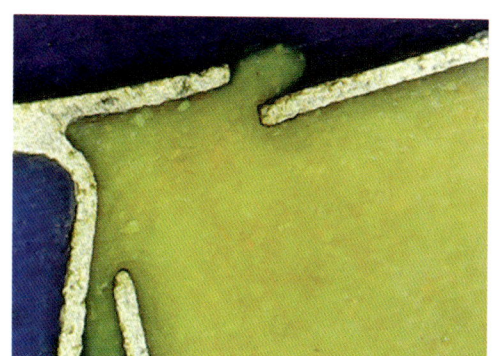 

图 1.9.47　真掐丝珐琅

69

第二章 古陶瓷的化学常识与鉴定

我们人类赖以生存的地球,尤其是地表,是由什么物质构成的呢?根据地质科学家们计算和统计,地壳的主要化学元素和它们的比例分别是:氧48%、硅26.3%、铝7.7%、铁4.8%、钙3.5%、钠2.7%、钾2.5%、镁2.00%、氢0.8%,其他不到0.8%。排列在前面八位的氧、硅、铝、铁、钙、钠、钾、镁占据了地壳化学成分的97.5%。而古陶瓷的化学成分主要是由这八种化学元素组成的,无论是胎还是釉。

地壳主要的形态是岩石和矿藏构成的矿石,以及由矿石风化形成的黏土(包括土壤)。我们的祖先发明和制造陶瓷器的历史,就是从认识黏土开始的。黏土的化学成分与地壳成分相似,其存在方式是硅、铝、铁、钙、钠、钾、镁等的氧化物,以及这些氧化物构成的长石、云母、石英等多种含水硅酸盐矿物质,而土壤还含有少量的有机物腐殖质。

我们的祖先开始利用黏土和水制作生活器皿,盛谷物和食品。后来发现器皿遇火烧制后,器皿不再遇水垮塌,可以来盛水了。当专门设置窑口来烧制器皿时,发现了器皿表面可以生成发亮而不透水的釉,从此真正地揭开了中国古陶瓷辉煌灿烂的历史篇章。

第一节 胎的历史演变规律

第一章曾经介绍了氧化铝含量的历史性波动,古陶瓷胎的历史演变,也是这样历史性波动的演变。

一、古陶瓷胎的结构与氧化铝的重要性

1. 胎的结构

胎的结构在烧制前后是不一样的。烧前是颗粒状结晶态的矿物质和水,烧成后是无

水的三种"相"构成的。"相"是什么呢？相是物质存在的形态。同样是固体，可以有玻璃相和晶体相两种形态。"玻璃相"是均匀的各向同性，与液态相似；"晶体相"是非均匀的各向异性。胎料完全熔化之后就失去晶体相，凝固后仍然不是晶体相的部分，就称为固态"玻璃相"。没有变成玻璃相的固体还是结晶相。粗略来说，无论是晶体相还是玻璃相，都是固体相。与固体相对应的是液体相和气体相。胎烧成后的三种相就成了玻璃相、结晶相、气体相。气体相是胎里存在的气隙和气孔（釉里则是气泡）。

2. 玻璃相的作用

胎里的玻璃相起到了胎成型的支撑作用。没有玻璃相对晶体相的黏结，陶瓷器就没有人类需要的形状和强度，就不存在陶瓷器。胎料里的三氧化二铝耐火性能好，熔点为2050℃，而二氧化硅熔点只有1670℃～1710℃。烧制古陶瓷的温度越高，胎里玻璃相比例就越高。当玻璃相还是液态时，胎体里的空隙就会被液态玻璃填充，黏结晶相就越好，胎质就越致密。反之胎质就会疏松。这叫作"骨架"作用。

3. 氧化铝对古陶瓷的影响

胎料里三氧化二铝含量的多寡，决定着古陶瓷的造型和器物的大小。这里所说的造型，指的是古陶瓷的壁厚、圈足的高低、圈足壁的厚度以及器形体积的大小。因为氧化铝含量低时，古陶瓷不耐烧，体积大的会被烧塌或者烧歪烧变形。如图2.1.1所示的如意耳扁瓶，烧歪了，器形偏离垂直线10°多。为什么元青花有大器？是因为景德镇元青花采用了高氧化铝含量的麻仓土（成分和性状同高岭土），器物大也不怕烧塌烧变形。

如图2.1.2的黄地杯：壁厚不到1毫米、器口薄到0.4毫米，像鸡蛋壳，重量只有50克，风吹即跑，但是器形却十分周正。这是因为当时景德镇官窑瓷器胎含氧化铝在25%或以上。

图2.1.1 烧歪的如意耳扁瓶

图2.1.2 成化款黄地留白薄壁杯

我们都听说胎料里加高岭土瓷器质量就会好。这是因为高岭土中三氧化二铝比例高，可以提高烧制温度，产生的玻璃相多，填充和黏结作用强。景德镇人形象地称高岭土为瓷器的"骨头"，瓷石则为瓷器的"肉"，这就是所谓二元配方。在二元配方产生之前，中国古陶瓷的胎料来源就是"瓷石"。实际上南宋以前使用的瓷石的氧化铝含量也有20%左右，传统上统称为瓷泥，两种原料的主要成分一般是由石英、白云母组成，并含有少量长石、方解石等。高岭土与瓷石最大的区别是高岭土比瓷石的氧化铝含量多20%以上。氧化铝是控制胎体耐火度和热稳定性的主要成分。

中国古陶瓷胎料的基本成分是二氧化硅和三氧化二铝，改变的是成分比例，主要是二氧化硅与三氧化二铝比例的变化。古人当然不知道这些化学成分是什么，但是他们发现了不同的胎土有不同的特性。例如，景德镇的麻仓土和高岭土就有耐烧且使古陶瓷不被烧塌、烧变形的特性。

如图2.1.3，高岭土（麻仓土亦然）矿石化学式是：$Al_2O_3 \cdot 2SiO_2 \cdot 2H_2O$。其中$Al_2O_3$叫作氧化铝，$SiO_2$叫作氧化硅，$H_2O$叫作结构水。其理论化学组成为46.54%的$SiO_2$，39.5%的$Al_2O_3$，13.96%的$H_2O$。所谓"结构水"就是呈$H^+$、$(OH)^-$、$(H_3O)^+$等形式参加矿物晶体的离子。麻仓土或高岭土在元代也叫石末、瓷石或瓷土。

图2.1.3 高岭土矿石

如图2.1.4，瓷石属于矿石，粉碎后也叫瓷土。其主要的化学组成为：73%以上的SiO_2，20%以下的Al_2O_3，5%左右的K_2O和Na_2O，不到1%的CaO和MgO（说明含有天然的助熔剂），其余是杂质和结构水。黏土属于混合物，主要用于制陶，是瓷石风化后混合有机物和其他杂质的结果。

由此可见，景德镇人把高岭土说成是"胎骨"、把瓷黏土说成是"胎肉"的关键点就在于胎料含氧化铝的多寡。

图2.1.4 瓷石

二、胎料里氧化铝含量的历史演变

从宋代到现代，胎体较薄和品质好的瓷器，氧化铝含量一般都在17%以上。例如在宋中期、明永乐宣德和嘉靖早期、清早中期（康、雍、乾时期），这些时期生产的瓷器胎体薄，透明度高，变形少，胎质细密；而景德镇元末明初和嘉靖后期到万历早期的瓷器胎壁普遍较厚，器足高度低，甚至出现了"玉璧足"，胎质疏松。这是因为氧化铝含量过低，最低时胎体内氧化铝含量只有 7%。

氧化铝含量高的胎体并非只限于某一朝代，元、明、清都有使用氧化铝含量高的瓷器。关于景德镇元代制瓷用土，《陶记》一书有记载："进坑石泥制之精巧，湖田、岭背、界田所产已为次矣。"书中所列这些地名均为瓷石产地，从这些记载中我们可以知道至少在蒋祈撰写《陶记》时景德镇仍然主要使用当地出产的瓷石作为主要制瓷原料，并且说明除了"进坑"一地出产的瓷石品质较好外，多数产区的瓷石品质已经下降为次品。《陶记》中虽然没有提到"麻仓土"，但是"精巧"二字可知其含氧化铝应该是比较高的。明嘉靖《江西省大志》记载"石末出湖田"，旁夹行小字批注"和官土造龙缸取其坚"。从这句话可以看出被称为"湖田石末"的瓷石仍然是制作瓷器的主要原料，"和官土"来提高氧化铝含量可"取其坚"，就能造大器物"龙缸"了。

明末清初开始使用各地的高岭土，古籍记载作为制胎主要原料瓷土以祁门高岭土质最好。根据近代生产瓷器用土，可以看出各种瓷器需要使用不同产地的瓷土。例如：江西星子土，主要用于制胎；西港土产于浮梁黄坛乡，主要用于制普通瓷；祁门土产于安徽祁门县，其中东路产的质地最好，可作为优质瓷的坯料，其他路产的只能做一般瓷器的坯料；寿溪土产于浮梁寿溪坞，多用作白瓷（卵白、甜白）和大器的坯料；贵溪土产于江西贵溪县，耐火度较高；三宝蓬土产于竟成乡三宝蓬，有黑云母斑点，用于制大件产品；余干土产于余干县，耐火度较高，主要用于普通瓷器制作；乐平土产于乐平县礼林村等处，多用于二白和脱胎等瓷器的坯料；临川土呈粉红色，俗称滑石子，是制作高白瓷器，例如甜白釉瓷器的优质原料。

由上可知，在元代中期，景德镇才开始使用麻仓土。麻仓土与高岭土没有太大差别。麻仓土或高岭土是为了提高胎料中氧化铝的含量而添加，添加高岭土比例没有定数，最高不超过 48%。如果瓷石含有较高氧化铝，例如高于 17%，一元配方可以等同于二元配方。

我国从五代、宋代到近代使用过多种瓷土生产瓷器。胎体的原料配方大致可以反映出它的历史年代。大体可分为三代：一代是五代、宋代及元代的部分一元配方；二代是元、明、清三朝的二元配方，但高岭土掺入较少；三代包括明官窑和清代瓷土高岭土掺入量较高者。从万历中期到乾隆时期，高岭土的使用量逐渐增大，黄金时期的康、雍、乾三朝，瓷胎中高岭土加入量极大，特别是雍正官窑器白度极高，氧化铝含量高达30%，烧成温度可达到 1300 度或以上，胎体物理性能基本达到现代硬质瓷的水平。科研证明，清早期民窑产品的品质也有很大提高，甚至于明晚期民窑产品优于官窑，清前期则是官民并精。乾隆以后高岭土资源开始枯竭。道光年间官府下令封山，此后开始使用星子、大洲、李黄等高岭土。同治后期重开高岭山土，在明代采掘遗址一带重新发现了优质黏土,称为明砂高岭。也有稍逊的称为东港高岭。

概括一下,有如下认识:(1) 宋、元、明三朝都曾使用过同一类瓷土;(2) 高岭土添加量不断改变具有时代特色;(3) 胎土原则上说有规律可循。

图 2.1.5 万历早期的五彩瓷壁厚且变形

图 2.1.6 宋早期磁州窑梅瓶的"玉璧足"

图 2.1.7 宋早期吉州窑胎质非常疏松,圈足厚达 12 毫米

图 2.1.8 宋早期钧窑胎质疏松,器壁厚达 10 毫米

图 2.1.9 宋中期青白瓷胎质致密,花口杯壁薄,仅 1 毫米

图 2.1.10 元青花麻包底工艺菱花口盘,壁薄,仅 1.5 毫米

如图 2.1.6,宋早期胎料含氧化铝较低(当时磁州窑胎料氧化铝含量只有 7%),16.5 厘米高的梅瓶就采用了玉璧底(近平底),胎质疏松。图 2.1.6 和图 2.1.7 表明,宋早期吉州窑、钧窑胎质疏松,因为当时的胎氧化铝含量 12% 以下。如图 2.1.9,宋中期青白瓷氧化铝含量 17% 以上。元代景德镇瓷器氧化铝含量达 20% 以上,图 2.1.10 菱口元青花盘壁厚只有 1.5 毫米,采用麻布包大盘底面至侧壁,但是不变形。

图 2.1.11 表明,明初瓷器氧化铝含量下降,胎质又变得疏松,不得不采用厚器壁

图 2.1.11 洪武釉里红执壶，圈足壁厚 10 毫米（有蛤蜊光）

图 2.1.12 宣德铜红釉大碗，圈足壁厚 4 毫米

图 2.1.13 乾隆款灯笼尊，高 23.4 厘米，壁仅厚 2 毫米

图 2.1.14 馆藏雍正瓷标本，壁薄，仅 2~3 毫米

和厚圈足壁结构，但还是烧变形了。图 2.1.12 表明，明永乐、宣德到成化，器壁和足壁又变薄，说明氧化铝含量提高了。而图 2.1.5 表明，到了嘉靖后期万历前期，器壁、足壁又开始变厚，变形严重，当时的胎料氧化铝低于 10%。

到了清三代，氧化铝含量提高到 20% 以上，器壁又开始变薄，胎质也变得致密，如图 2.1.13、图 2.1.14。

当然，胎质致密度还与胎料的颗粒度和加工工艺有关[1]，后续将加以说明。但是，胎质致密度主要的原因是氧化铝的含量，氧化铝含量越高，烧成温度就可以越高，玻璃相填充气隙越充分，瓷化程度越高，胎里气隙就越少，胎质越致密。

---

1 蔡礼君《中国古陶瓷胎质相关因素与辨识》，《文物鉴定与鉴赏》2016 年第 7 期。

第二节　胎质疏松与否不是鉴定标准

显然，氧化铝含量高的胎料并非只限于某一朝代，元、明、清都有氧化铝含量高的瓷器，反之亦然。含氧化铝高意味着胎质致密度高。现代化学成分检测手段充分，可以保证氧化铝含量足够高，胎质足够致密。

1. 是否胎质疏松的标准不妥

长期以来，以胎质疏松或致密来判断真伪的准则，[1] 是不符合我国古陶瓷历史和实际的。例如"电视砸瓷节目"里把"胎质疏松""胎质松软""胎质松腻""胎质粗松""胎质粗杂""胎质杂软"当作赝品，形成了胎质鉴定的准则，并且将这样的陶瓷砸掉。这显然是无知和荒谬的。无独有偶，相同的鉴定原则也被著名的拍卖公司沿用：看到"胎质疏松"即以"不开门"拒之门外，哪怕是国家一级文物。看到"胎质致密"就信以为真，哪怕是刚生产的仿品。

2. 看真品图片却判为"一眼假"

如下是发送给知名拍卖公司且被鉴定为"一眼假"的图片（图 2.2.1～2.2.10）。

图 2.2.1　故宫藏龙泉窑印花盘口瓶底足

图 2.2.2　故宫藏宣德款八方烛台底

图 2.2.3　故宫藏成化款斗彩高足杯

图 2.2.4　故宫藏霁蓝地三彩人物纹罐

图 2.2.5　故宫藏万历款五彩盖盒

图 2.2.6　故宫藏霁蓝留白龙纹盘

1　耿宝昌《明清瓷器鉴定》，紫禁城出版社1993年版。

图 2.2.7 故宫藏青花五彩罐底

图 2.2.8 故宫藏瓜棱釉里红石榴尊

图 2.2.9 故宫藏康熙款青花花盆

图 2.2.10 故宫藏嘉靖款五彩鱼藻纹盖罐

这些是因为底足"胎质疏松"而被拒之门外的,此处只列出底足图片。

我们可以做这样的"理想试验":如果我们从故宫里拿出这些古陶瓷文物,送到"砸瓷节目"里,是不是会以相同的理由而被砸毁呢?其实故宫里类似这样足底的古陶瓷,可以说是成千上万。如果以"胎质疏松"的标准去砸毁的话,那岂不是成了一场文物浩劫?

当年眼学泰斗认定一对元代象耳云龙纹盘口青花瓶为赝品而将其拒之门外,80年后的当今"青出于蓝而胜于蓝",更多的珍贵文物被"一眼假",哪怕是破坏文物也在所不惜。

3. 越久远的古陶瓷,越倾向于胎质疏松

前述的景德镇"麻仓土"和"高岭土"都经历了盈亏历史,瓷器的氧化铝含量伴

随了三次历史性波动。但是，胎质致密与否，除了与氧化铝含量多寡有关外，还与胎料加工的颗粒粗细程度有关。胎料的粉碎和淘洗越好，胎料颗粒越细越均匀，胎料空隙越少，填充用的液态玻璃相需要就越少，在足够高的温度配合下，烧成后越致密。根据科学技术发展的客观规律来分析，胎料加工和淘洗的技术只能是越来越先进，胎料的颗粒也越来越细。其他因素，例如温度的可控性越来越好，瓷器的烧结和瓷化程度就越好，胎质的致密度也就会越来越高。此外，还有陈腐和练泥工艺、制胎修胎工艺等，工艺越先进就越会胎质致密。尽管这个过程不可能是一帆风顺和直线发展的。对于胎质来说，这样复杂的一个发展过程，是波浪式、螺旋式前进，但是总的趋势是胎质越来越致密。当今球磨机的应用以及氧化铝定量技术的使用，使胎质细腻白净。

图 2.2.11 故宫藏唐代越窑标本，胎质松软如土（放大40倍）

图 2.2.12 故宫藏宋钧窑标本，胎质松软如土（放大40倍）

尽管各朝各代都存在胎质紧密和胎质疏松的瓷器，但是历史事实是：越久远的古陶瓷，越倾向于胎质疏松；真品与仿品比较，真品更倾向于胎质疏松而仿品更趋向于胎质致密。现代仿品氧化铝含量可以控制，现代球磨机研磨的胎料可以轻易地达到200～250目（约75～58微米），就像是面粉一般，不愁胎质不致密。说胎质细腻洁白为真品的鉴定标准，是本末倒置。

图 2.2.13 清凉寺出土的宋汝窑瓷器残片，胎质很疏松

由图 2.2.11～14，以及前述的清中期图 2.1.14 和 15，可以看到胎质波浪式发展，以及越来越趋向于胎质致密的特点。反过来，越久远的古陶瓷越趋于胎疏松。因此，以"胎质疏松"为由来砸瓷，砸到真古陶瓷的概率远比砸到伪古陶瓷的概率高得多。事实证明，以胎质疏松为标准来判断仿品的原则是反古陶瓷历史的。"去伪存真"实为"去真存伪"。

景德镇古陶瓷造假点最多达万余家，采用球磨机的有近百家（他们也出售自己研磨的胎料）。非机

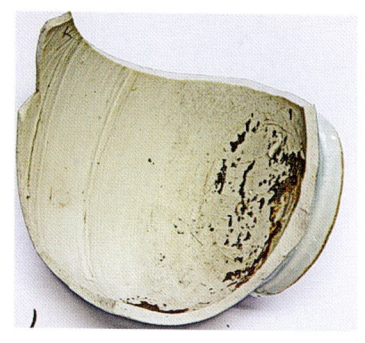

图 2.2.14 故宫藏南宋末青白瓷，胎质开始紧密

械加工胎料的造假网点也不少，这就造成了胎质有粗有细、细多粗少的情况，至于白度，可以说越细越白，除非杂质太多。因为细腻的胎质对光线的漫反射越强烈，反映出来的光学特性就越白。有的造假点在胎料里加调色剂，以掩盖过白的胎质。显然，把胎质坚实、细白、坚白，作为"存真"的标准，其结果其实是"存伪"。

第三节　露胎形貌的"表里不一"

在"砸瓷节目"里，那些冠以"胎质疏松"而被砸的器物，砸碎后我们可以看到破碎的断面，其实大部分都是胎质紧密细白的。也就是"表里不一"[1]。这种表里相悖的情况还可以从相反的一例来说明：当该节目主持人说"胎底坚硬做作"而砸开器物时，却对持宝人说："你看看这些碎片，胎质疏松到什么程度！"（这个被砸的瓷器很可能又是真品）。

在文献[2]里，列举了足底形貌与胎质相悖的原因，简而言之，包括：化妆土原因、修足原因、做旧原因、使用和搬运摩擦原因、析晶层原因、污染原因、露胎二次氧化原因。所以简单地看足底形貌，不足以判断胎质致密还是疏松。如"砸瓷节目"那样，只看外表，不去分析和研究这些外表形貌产生的具体原因，就武断地下结论，实在是令人错愕。

1. 因为化妆土、制胎修胎影响，不能简单地看足底断胎质

下面两图对比可以看出，图2.3.1与图2.3.2古陶瓷胎的表面现象与胎内实际情况还是有重大区别的。没有施化妆土的古陶瓷也存在相同的问题：因为古陶瓷拉坯修胎时坯表面水分比胎里水分多，形成一层泥浆（修过的胎底也是如此）。与化妆土不同的仅仅是没有专门的化妆土料，但是修胎表面的泥浆同样可以弥补胎粗的缺点，尽管弥补的厚度很小。光滑的外表下，有可能掩盖了疏松的特征，表里不一。

   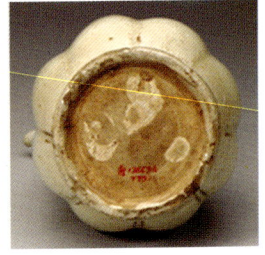

　　图2.3.1　施化妆土后看器身细腻，看底却较粗糙　　　　图2.3.2　施化妆土后看器身细腻，看胎底则粗糙不堪

1　蔡礼君《中国古陶瓷胎质相关因素与辨识》，《文物鉴定与鉴赏》2016年第7期。
2　蔡礼君《中国古陶瓷胎质相关因素与辨识》，《文物鉴定与鉴赏》2016年第7期。

2. 露胎底经历了二次氧化、水合和羟基化，遮盖了胎质的本来面目

我们已经介绍过，二次氧化分窑内和窑外两种，露胎底无釉保护，二次氧化不可避免。如果接触水分，二次氧化后接着是水合和羟基化。[1,2] 二次氧化的结果是胎里和垫具上的被还原成青色的氧化亚铁又被重新氧化成 Fe_2O_3，然后水合和羟基化成棕黑色的 $FeO(OH) \cdot nH_2O$，如图 2.3.3。而图 2.3.4 则主要是二次氧化的 Fe_2O_3 的颜色。看起来得不出胎质致密的结论，而其实这样的雍正官窑，胎质肯定是致密的。如果不是故宫的珍贵藏品，很难有人相信这是雍正的官窑器。

图 2.3.3 明成化青花盘露胎底掩盖了成化胎质特征

3. 垫烧粘砂的影响

古陶瓷垫烧的圈足会粘贴上垫具表面的细沙，烧成后显得不够平整和粗糙，而底部碰不到垫具，甚至于挂釉的底面则显得平整致密，如图 2.3.5。当然，如果整个底部都接触垫砂，那整个底部都会显得粗糙不堪了，如图 2.3.6。

图 2.3.4 雍正紫金釉穿带瓶露胎底掩盖了雍正胎质

4. 露胎形貌不能代表胎质特征可以从太多的带底残片中看出来，露胎形貌与断面胎质，完全是南辕北辙

如图 2.3.7，将标本清洗干净后，从断面上看到的胎质可谓细腻洁白至极，可是再看圈足形貌就是天壤之别

图 2.3.7 露胎圈足与胎质特征相悖

图 2.3.5 青花小梅瓶圈足垫烧后粗糙

---

1 蔡妙珍、邢承华《土壤氧化铁的活化与环境意义》，《浙江大学学报》2004 年 8 月第 27 卷第 3 期。
2 蔡礼君《中国古陶瓷釉的相关因素和鉴定方法》，《文物鉴定与鉴赏》2016 年第 10 期。

图 2.3.6 青花鸡心尊底垫烧后粗糙不堪

了。外表与内在是不可以等量齐观的。露胎形貌与胎质特征可以相悖。

君不见那台曾经刺激大众眼球的电视节目中,那些看底称胎质疏松而被悍然砸碎的器物,碎片断面却是胎质细白的电视现场吗?

5. 析晶层的存在[1,2,3]阻碍了我们通过透明釉观察胎质

图2.3.8至2.3.10可以从微观和宏观两方面观察到析晶层。

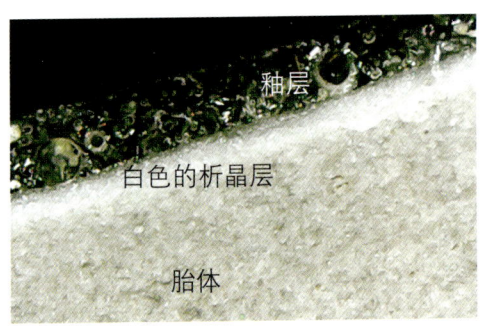

图2.3.8 故宫标本的断面显微图像(放大40倍)

图2.3.9 标本胎外白色析晶层掩盖了胎质疏松

图2.3.10 清凉寺出土的汝瓷标本,胎色不是香灰色

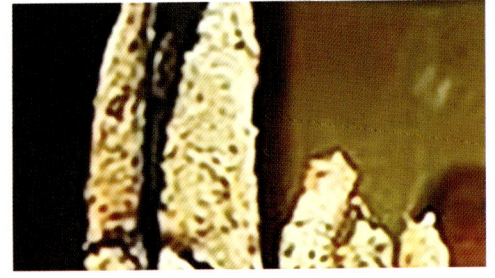

图2.3.11 香灰色

(1) 析晶层结晶对白光的漫反射,表现为白色。成壳的析晶层不透明,因此不可能透过釉层看到胎质状况。若问电视和拍卖专家透过釉看到的是什么,他们说是胎。这显然是不知道胎釉之间有析晶层存在所致。清凉寺出土的北宋汝窑瓷器,外表的香灰色代表不了实际的深棕色胎。显然,由于析晶层的存在,给传统"眼学"制造了巨大障碍。"眼学"所描述的胎和釉与中国古陶瓷实际完全是南辕北辙。

---

1 张福康《中国古陶瓷的科学》,上海人民美术出版社2000年版。

2 凌雪、冯敏等《邢窑、定窑和巩窑白瓷显微结构的对比分析》,《电子显微学报》2004年第2期。

3 蔡礼君《中国古陶瓷胎质相关因素与辨识》,《文物鉴定与鉴赏》2016年第7期。

析晶层与胎完全不同：其一是颜色，其二是空隙，其三是粒度。析晶层几乎没有空隙，且晶粒细腻到非高倍显微不能分辨的程度。目鉴把析晶层当作胎或釉是目前古陶瓷鉴定混乱的一个重要原因。后续将进一步说明析晶层问题。

（2）古陶瓷鉴定中有一种说法："胎釉结合紧密是真，胎釉结合疏松是伪。"例如，《明清瓷器鉴定》下册第一章写道："顺治、康熙两朝，釉面平整细腻，胎釉结合紧密。"[1] 第二章第二节又写："釉料配制纯净，釉面与胎体紧密结合为一体。无论白釉、粉白釉或硬亮青釉，都能在细硬的胎体上显示出足够的硬度，并有紧密的光亮感。"当谈到赝品时就称之其"胎釉结合不紧密"或者"胎釉结合疏松"。就是说胎釉结合紧密与否是一条鉴定古陶瓷的金科玉律。

除了少数的薄釉和氧化钙含量极低的胎釉，显微观察不到析晶层外，大多数瓷器胎釉之间隔着一层能够观察到的析晶层。胎釉之间是通过析晶层来结合的。所谓"釉都能在细硬的胎体上显示出足够的硬度"之说，其实是釉和析晶层之间的关系。"细硬的胎"实际是"细硬的析晶层"，析晶层之细硬表现在只有采用千倍显微才能分辨的晶粒，以及气隙比胎少得多，甚至于没有气隙。这一析晶层与胎混淆的事实颠覆了传统目鉴的标准和对胎釉的判断。电视鉴宝专家鉴定说的"釉漂在胎上的为假，釉渗入胎的为真"，"上漂釉为假，下沉釉为真"是这样传统目鉴标准的体现（现在有一种喷墨打印的"下陷釉"，恰恰是仿品）。使用这些脱离事实的胎釉概念来鉴定古陶瓷，其混乱程度可想而知。

砸瓷电视节目，以"去伪存真"为口号，砸"伪"的理由之一就是"胎釉结合疏松"，相反，奖"真"的理由之一就是"胎釉结合紧密"。

对于显微观察不到析晶层的瓷器来说，现代陶瓷工艺温度可控，机械化球磨机研磨的瓷料细腻，瓷化程度比较高，导致新瓷器胎釉结合是紧密的。也就是"伪"才真正是"胎釉结合紧密"；相反，瓷器历时越久，胎釉结合就会越疏松。根本原因是胎釉的热膨胀系数不相等：胎膨胀系数 $8 \sim 9 \times 10^{-6}$（膨胀系数伴随着环境温度变化而变化，温度越高膨胀系数越大，本数据的温度变化范围是 $25°C \sim 300°C$），釉膨胀系数在相同的温度范围内为 $4 \sim 6 \times 10^{-6}$。对于古陶瓷来说，不可避免的日复一日、年复一年的胎釉不同的热胀冷缩，必然导致胎釉之间疏松。也就是说"真"才会有"胎釉结合疏松"。而现代瓷器为了高成品率，可以控制胎釉成分，使膨胀系数差别尽可能减小。

对于大多数存在析晶层的瓷器来说，因为胎与析晶层、析晶层与釉之间的热膨胀系数差别都很大，与上述分析相似，"胎釉结合疏松"不是发生在釉层与析晶层之间，就是发生在析晶层与胎之间，或者二者同时发生。我们对故宫藏陶瓷标本的显微观察证明

---

[1] 耿宝昌《明清瓷器鉴定》，紫禁城出版社1993年版。

了这一点，如下图2.3.13、2.3.14所示。也就是说，古陶瓷年代越久，"胎釉结合"越疏松，以至于釉层脱落。"真"才会"胎釉结合疏松"。

显然，以"胎釉结合疏松"理由砸掉的是"真"，奖励的基本上是"伪"。成了事实上的"去真存伪"。砸瓷的悲剧，其实仍然在上演。

(3) 新瓷器也有析晶层，不管是薄还是厚。因为近现代瓷器胎质细白，与析晶层相同的漫反射光学效果，使得肉眼和普通体视显微镜难以分辨胎与析晶层的分界线，会误认为没有析晶层。但是使用偏振光显微镜来观察就可以弥补肉眼和体视显微镜的缺陷。

6."胎质疏松"的外表有时候被视为"熟胎"、具有老瓷器特征也有问题

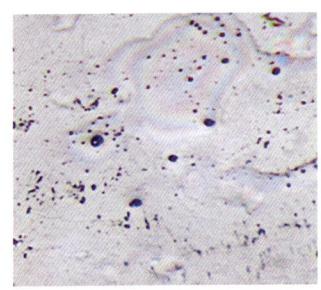

图2.3.12 洪武瓷的釉层从胎上脱落（放大50倍）

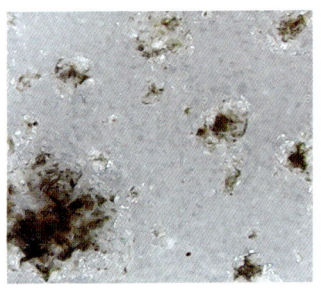

图2.3.13 宣德瓷的釉层从析晶层上脱落（放大100倍）

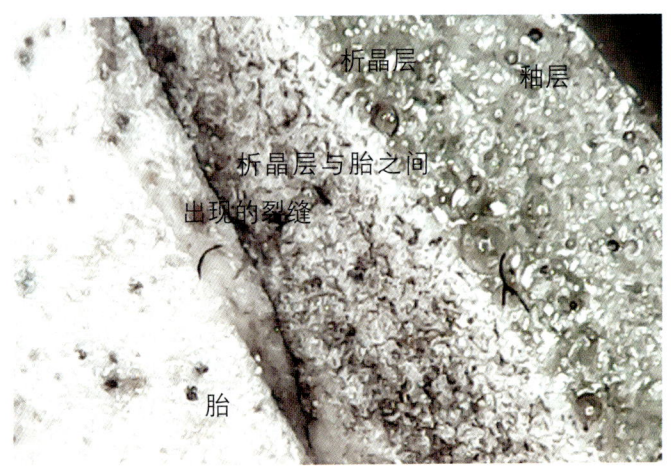

图2.3.14 郊坛下出土官窑标本断面显微

图2.3.15 做旧的所谓"熟胎"，伪装得"惟妙惟肖"

一些仿品专门做旧，以便让目鉴人"一眼"看到"老气"。自称自己一眼识别真伪的专家或权威为什么屡屡"打眼"？诸如北魏陶俑事件、马来西亚魏华侨献宝事件、故宫收藏做旧磁州窑花口瓶事件、国博认注浆胎做旧凤首元青花梅瓶为国宝事件、冀宝斋事件、电视砸瓷事件等，均被做旧所迷惑。而缺乏古陶瓷胎料和工艺知识，只寄于简单的经验则是其根源。社会收藏领域流传着"熟胎""老胎"之说，所指露胎底形貌"老化"，显得陈旧，被视为真品。其

实不然，做旧的胎足令人防不胜防！图 2.3.15 与图 2.3.16 "仿品"可见一斑。

而保存得好的古陶瓷看起来光亮如新，圈足细腻，这样的古陶瓷却容易被电视和拍卖专家以"一眼新"、没有"老气"、没有"韵味"而判定是"仿品"。

图 2.3.16 故宫藏露胎圈足细腻如新的古陶瓷，全部采用专业的釉面无反光照明技术拍摄

第四节　识别新旧胎和胎的详解

既然胎质致密与否不是判断古陶瓷新旧的标准，而简单地看露胎底和器物外表又难以判断胎质特征，那是不是就不能通过露胎底形貌和器物外表判断新旧胎呢？当然不是。

一、识别新旧胎需要具备的知识

1. 了解胎料所含氧化铝演变的历史，了解三个高峰、三个低谷的具体年代。
2. 南方、北方各窑口胎料的氧化铝含量差异。
3. 胎料加工工艺的演变历史。
4. 胎质特征与胎料化学成分、加工工艺、制坯修坯工艺、保存环境等因素的相关关系。
5. 仿品做旧的方法、注浆胎工艺及特点。

例一：隆庆年属于嘉靖后万历前的时期(1567～1572)，该时期经化验的瓷器氧化铝含量低于 10%。正是因为氧化铝含量大幅度降低，景德镇隆庆瓷器胎壁普遍较厚，器足高度大大降低，以接近"玉璧足"来支撑器物不被烧坏和变形。胎质也疏松。如果不是如此，居然造出图 2.4.1 那样的精细薄壁的圈足，那就应该高度警惕了！

相反的是：图 2.4.2 所示的瓜棱罐，有着明显的厚壁、矮足、粗胎等隆庆特征的器物，却被电视专家冠以"胎质疏松、变形"的罪名就轻易地给砸了！所谓专家缺乏古陶瓷知识到如此地步实在是令人感慨不已，因无知而毁坏文物也叫人扼腕叹息。这样的事

图 2.4.1 隆庆款五彩龙纹盘细腻的圈足图

2.4.2 被砸的隆庆款五彩瓜棱罐矮粗的圈足

例不胜枚举。

例二：磁州窑胎料特征。宋代磁州窑的胎体使用的是当地一种瓷土，含氧化铝低，淘炼不细，颗粒粗，常有未烧透的孔隙和铁质斑点，胎色呈灰或褐色。胎料成分主要有青土、白碱、缸土、笼土、黄土（黑药土）、紫木节、紫砂土、耐火黏土、水冶长石等。图 2.4.3 中，因化妆土不及足底，所以可以方便地观察胎底来识别。因为胎质疏松、空隙多，所以真品器物拿在手里感觉比较轻，敲击声音不清亮（经计算，空隙最多的古陶瓷，空隙比例可以达到近 30%）。因为含氧化铝较低，圈足较矮，甚至于成"玉璧底"。

而近现仿品则相反，氧化铝含量较高，普遍是呈灰白色，胎质坚硬、偏重、偏密，声音清脆，圈足较高。尽管有"表里不一"问题存在，但是圈足和壁厚形态却可以暴露出"庐山真面目"。

图 2.4.3 所示的磁州窑小梅瓶化妆土没有覆盖胎底，暴露出胎质疏松和圈足极矮，足底可见螺旋纹。图 2.4.4 仿磁州窑的足底虽然抹有化妆土，但是化妆土太薄，无釉处还是可以看到胎质的致密，宋早期不可能有这样的细胎，尽管圈足底做旧。另外，圈足很高，不符合氧化铝低的磁州窑特征。

例三：造假。图 2.4.5 显示了无掩饰的胎质细腻，反而采用玉璧底。这里可看出：与"电视鉴宝专家"相同，制假者也缺乏古陶瓷历史和常识。胎质致密的瓶类器物

图 2.4.3 磁州窑小梅瓶圈足矮到与底平

图 2.4.4 仿磁州窑的圈足较高

图 2.4.5 细腻的"玉璧底"瓶类青花瓷

不需要矮足的玉璧底。造假者把笔筒为了底部平稳美观而采用的玉璧底移到这里来了。

例四：注浆胎。如图2.4.6所示，雍正款岁寒三友斗彩小荸荠瓶壁厚1.8毫米，重0.4公斤；"宋世宗"款小六棱双耳长颈瓶壁厚0.8毫米，重0.2公斤。后者的壁过薄，宋世宗年代的工艺技术是不可能做成如此薄壁的瓷器的。根据壁厚相等是注浆胎特点的判断依据，也可以认定"宋世宗"款小六棱双耳长颈瓶是注浆胎的现代仿品。

图2.4.6 雍正款岁寒三友斗彩小荸荠瓶与"宋世宗"款小六棱双耳长颈瓶

对高仿做旧赝品的识别更需要掌握好上述的五条知识，要在高倍显微镜下观察做旧留下来的痕迹，并且与真品自然老化痕迹相比较。就像美国大学利用显微技术识破马来西亚魏华侨做旧作伪一样，可以让赝品无处逃遁。我们将在另外的章节里展示做旧和自然老化痕迹的微观图片，与读者和收藏大众分享。

二、胎的化学成分详解

前面特别强调了胎料里氧化铝含量多寡对胎质的影响，说明氧化铝在古陶瓷胎里的关键性作用。但是，胎的化学成分以及各种成分的作用远不止于此。本节我们要更详细地说明关于胎的化学构成及其与烧制工艺的关系。

一位著名的考古专家在对"碗礁一号"的瓷器考古时，因为看到了康熙民窑瓷器碎片的断面细白如图2.4.7，就说"这些瓷器是高岭土制造的，说明康熙时期景德镇高岭土官民共用"，果真如此吗？

图2.4.7 "碗礁一号"康熙民窑瓷器碎片断面细白

1. 高岭土的由来

现代国际上通用的高岭土学名"Kaolin"，来源于中国景德镇东北50公里的鹅湖滩乡的高岭村。该村的山上瓷土外表以洁白、细腻而闻名于世，为制大件瓷器不可或缺的原料。于是当地瓷工遂沿用村名"高岭"为其名称，以便与他处所产瓷土区别。后又引

87

申之，凡与高岭地方所产的高岭土有相同产状和用途者，皆称高岭，如星子高岭、抚州高岭等。

(1) "景德镇"的由来。早在宋景德年以前景德镇就使用了类似高岭土的瓷土来制造瓷器，当时景德镇叫作"昌南镇"，因为这里制瓷有名才在景德元年（1004）被宋真宗命名为"景德镇"（一位著名专家居然说"景德镇是中华人民共和国成立后的名称，凡是写有景德镇三个字的都是新瓷"，令人啼笑皆非）。

(2) 高岭土的开采史实与专家的杜撰。万历时，高岭山居民何召一最早开始对高岭山优质原料开采销售，但规模不大。明万历皇家因被报告"麻仓老坑土膏已竭"，万历三十二年皇帝下令封山，民窑不得开采使用，建立了所谓"官土"制度，一直持续到清乾隆年间。高岭土在万历中期开始大规模开采，开始时称这种高岭土为"麻仓土"。其实，"麻仓土"元代中期已经开始使用，产地位于高岭山东北数里的麻仓山。考古发掘在此处找到矿洞遗址和大片尾砂堆积。当时为什么称高岭土为"麻仓土"？原因可能是麻仓土开采早、声誉高，发现高岭土与麻仓土相似。"麻仓土"这一名称最早见于《江西省大志·陶书》沙土条："麻仓官土……淘净泥50斤，晒得40斤。"又记"湖田石末"时夹行小字批注为"和官土造龙缸取其坚"。从《江西大志》对麻仓土的形态、加工方法、出土率及其使用功能看，可以确定麻仓土就是高岭土。据乾隆时《浮梁县志》记载，御器厂使用的瓷土出自新正部麻仓山，曰千户坑、龙坑坞、高路陂、低路陂四处高岭土矿井，品质为上也称官土，只供官窑而民间不得使用，说明"官土"到了乾隆时期都没有开放"官民同用"。这位考古专家的康熙年官民共用之说，应该属于杜撰和虚构。

(3) "高岭土"的泛名化和专家的神化。高岭土不只是景德镇一处，景德镇高岭土也不是最好的。作为制胎原料的主要成分高岭土全国各地均有分布，但品质差距很大。就普遍情况说南方各地的高岭土比北方的高岭土品质更好一些。古代时江西、福建的品质最好，表现为杂质少，白度高。对江西地区来说，抚州地区高岭土品质最好。所以"高岭土"已非高岭山的土，而是泛指同类型瓷土，即所谓"泛名化"。专家们喜欢把古陶瓷问题神化，说他看了瓷器就能够分辨是麻仓土还是高岭土烧制的，既然麻仓土也属于高岭土，该如何区分？一位权威在央视上自称瓷器一摆在那里，他就立即看出真伪和"产地"，"天方夜谭"而已。

1712年，法国传教士昂特柯莱，在他的《中国瓷器的制造》一书中，直接用高岭村的名称来称呼中国制瓷的黏土，并转译为"kaoling"，后德国学者李希霍芬（Richthofen）按音译成"Kaolin"，介绍到欧美矿物学界，经过100多年广泛采用后，遂成世界通用名词。

2. 高岭土的品质因素

各地的高岭土本身还会因地层不同而不同。例如，清早期使用的祁门瓷土就以"开窑采取有黑花，有鹿角菜型"为上等瓷土。其色纯质细适于制作脱胎、甜白、青花、圆琢细器。这种土矿的断面上可见氧化锰杂质形成的黑色花纹和云母细粒，属于土矿中间层范围。上下层矿石则没有此种花纹。这种中间层土矿耐火度较好，含铁量低，白度和透明度都较高，是制作精细器物的主要原料。

图2.4.8 故宫藏清凉寺出土的汝窑标本

不仅如此，加工方式，甚至季节对品质都会产生影响。夏季雨水多，水力推动的碓臼速度快、力度大，春土匀细；反之，春出的土就逊色。因此瓷器质量就不同。

烧制温度对品质也有显著影响。例如汝窑虽然釉色迷人，但是胎质粗松，是因为1200℃左右的烧成温度所致。一些瓷器生烧是汝窑工艺的一个特点。专家们全然不顾及这些科学细节，笼统地说什么"胎质疏松"就是仿品，实在是令人无语。见图2.4.8所示的疏松胎汝窑标本。

也就是说，即使同一地区的瓷土由于矿床层不同、加工方法不同、烧制温度不同，瓷土的品质也会不同。远非专家想象得那么简单。

3. 肉眼不可能分辨出瓷器是否高岭土制造

瓷石加高岭土就是二元配方，但如果一元配方瓷土氧化铝含量较高，一元配方和二元配方没有多少差别。添加高岭土就是添加天然氧化铝，目的是使烧成温度提高。氧化铝含量高的瓷土并非只限于某一时代，元、明、清都有氧化铝含量高的瓷土。

据考证，瓷土料需要七种以上的配料。复杂的配方及多种原因，导致各个年代都有不同胎质的瓷器，例如景德镇落马湖窑址同一历史地层出土的枢府瓷标本的胎体，胎体的白度和疏密度也不同。事实证明，许多人公认的"使用麻仓土制造的元代官窑瓷器"的胎质也很不相同。同样类似胎质的瓷器在其他时期也曾存在。也就是说，从胎体不同的疏密程度和白度，根本无法凭肉眼看出是什么瓷土制造的，更没有科学依据证明这些瓷器是不是景德镇的高岭土制作的。

凭肉眼我们只能看到胎体的颜色、质地、疏密，但是根本看不出它们氧化铝的含量，更不可能看出它的原料来自哪一个瓷土产地。有一大批专家神乎其神地说某件瓷器是某地瓷土制作的，纯属误导，因为目测根本没有这样的可能性，是违背客观事实的。所以，简单地把胎料归结为何时使用麻仓土或高岭土、使用高岭土的瓷器就会如何如何，乃是当今古陶瓷鉴定混乱的一个重要原因。

4. 科学鉴定的准则

从宋到近代，随着瓷土的丰富到枯竭，再丰富，再枯竭，经历了三次大的变化，自然而然地使得我国古陶瓷也经历了宋中期、明早中期、清早中期几个高峰，和宋早期、元末明初、明中后期、清晚期几个低谷。高峰期时的胎体白度高，胎体普遍较薄，胎质细密，特别是碗盘类的圈足最为典型。在明早期和清早期足高而薄而后逐渐降低加厚，到了隆庆时期甚至变成了玉璧底，很有规律，这才是科学鉴定应该使用的准则。专家们置这些客观的历史事实和规律于不顾，硬是要主观地杜撰出一套反历史和反客观的鉴定标准，中国的古陶瓷界焉能不乱？

5. 高岭土不能单独制造瓷器

高岭土分子式 $Al_2O_3 \cdot 2SiO_2 \cdot 2H_2O$，纯高岭土含氧化铝 39.5%，氧化硅 46.54%，水 13.96%。如果单独用高岭土制造瓷器，加热到 1500℃ 也不能烧结成瓷器。这是为什么呢？

那我们就先介绍什么是"烧结"。胎料加工完毕并且拉坯修胎成形后，先烘干后通过窑内高温加热成为一种致密体。这样的致密体是由多种晶体、玻璃体和气隙（也叫晶体相、玻璃相、气体相）组成。烧结的结指的是胎里玻璃相充斥了大部分空隙，并且把颗粒的晶体相黏结起来成为渗水率低于 0.3% 的瓷器。这样一个高温烧制过程就叫作烧结，也叫作瓷化过程。单独的高岭土里没有或者很少有能够形成玻璃相的"助熔剂"，所以 1500℃ 了也不能产生足够的玻璃相把晶体相黏结起来，即不能烧结成瓷器。专家们动不动就说某某瓷器是用高岭土制造的，当然是缺乏基本的瓷器烧结知识的表现。那位考古专家"高岭土制造""官民共用"说之荒谬可见一斑。

元代以前景德镇制瓷一直使用一元配方，即采用瓷石制造瓷器。瓷石原名为磁石，是南方窑口最主要的制瓷原料，主要含石英和绢云母。由于它是石质，必须用水碓粉碎。瓷石里含有助熔剂 K_2O、Na_2O、CaO、MgO（碱金属和碱土金属氧化物）是天然配制好的制瓷原料，在 1200℃～1250℃ 的温度下可以单独烧成瓷器，这就是所谓的"一元配方"。元代以前景德镇制瓷使用的瓷石制造大件瓷器时，器物容易变形和烧塌。因为外贸需要制造大件瓷器，必须解决大件瓷器变形问题，这就产生了"二元配方"。

二元配方是除了瓷石外，又加进含氧化铝（Al_2O_3）不超过 40% 的高岭土，当时叫麻仓土。加进高岭土后，瓷胎可以耐受 1280℃～1350℃ 的高温而不变形。这就保证了大型器物的生产时不会变形和不会烧塌了。所以，景德镇人说瓷石是"肉"，高岭土是"骨"。这里的关键因素就是提高了氧化铝的含量。通常，瓷石在二元配方里占比 52%，高岭土占比不高于 48%。可以保证氧化铝含量最低不会低于 17%，大部分都在 20% 以上。如果没有瓷石只有高岭土就没有天然的助熔剂，当然就不可能烧结。

6. 其他的化学成分

古陶瓷胎料含量最大的成分是氧化硅（SiO_2），占比 70% 左右。与氧化铝加起来，占瓷胎比 90%～94%。这里面有一个硅铝比 SiO_2/Al_2O_3，高硅铝比烧成温度 1150℃～1250℃，低硅铝比烧成温度 1250℃～1350℃。古陶瓷胎料含有的助熔剂碱金属氧化物 K_2O 加上 Na_2O 占比 2%～5%，碱土金属氧化物 CaO 加上 MgO 占比 0.2%～2%。

7. 胎质细白不是一个因素造成的

除了氧化铝因素外，胎质细白的因素还有：胎料的颗粒度、胎料含杂质程度、烧制温度、助熔剂配制等。(1) 如果胎里含铁的杂质超过 1%，则胎色不会纯白；(2) 如果胎料里有粗硬矿物颗粒，例如瓷石中的石英砂、金红石、铁质矿等不能粉碎或淘洗清除，胎质颗粒度大且不均匀，胎质就既不细也不白。(3) 胎质白的原因是颗粒度小，对白光的漫反射强烈造成的。可以说细和白，是胎料精细加工的结果。[1] (4) 氧化铝含量高的直接好处是烧制温度可以提高，因而使较大石英颗粒进一步熔化变小，相当于颗粒度变小。(5) 在烧制过程中，助熔剂中氧化钙（CaO）可以帮助生成钙长石，钙长石也是白色析晶层的主要成分。无论是析晶层还是胎层，钙长石晶体越丰富，漫反射越强烈，胎质越白。

所以那位著名的考古专家，说胎细白就是高岭土制造的，显然是不懂装懂。

三、胎料的去水和瓷胎的羟基化

胎料在没有烧结之前有两种水，其一是气隙里和颗粒之间的水；其二是胎料的矿物里的结构水，包括结晶水和羟基水。第一种水可以通过晾干、烘干来清除。第二种水是地球岩浆冷却之后，经历漫长岁月的矿化作用而结合了外来的水，形成的矿物晶体分子的一部分。例如高岭土的分子式里的两个结晶水（方程式：$Al_2O_3·6SiO_2+2H_2O=Al_2O_3·2SiO_2·2H_2O+4SiO_2$），褐铁矿分子式里的羟基水和水合水，等等。结晶水要等到 350℃～500℃ 才能逐渐清除，羟基水的清除温度要更高一些。

瓷器烧成之后，一点水也没有了，就像地球岩浆刚刚冷却时一样。经历漫长岁月之后，瓷器胎将产生矿化而去结合外来之水，产生所谓羟基化和水合化。[2] 年代越久，结构水就越多。这样一来，结构水为我们鉴定古陶瓷提供了一种方法，那就是通过检测古陶瓷里的结构水的多寡，来判断古陶瓷存世的时间。检测方法包括多光谱法、拉曼激光检测法、红外光谱检测法，等等。

四、关于古陶瓷胎的结论

1. 古陶瓷胎是由晶体相、玻璃相和气隙的气体相构成的。

---

[1] 蔡礼君《中国古陶瓷胎质相关因素与辨识》，《文物鉴定与鉴赏》2016 年第 7 期。
[2] 蔡妙珍、邢承华《土壤氧化铁的活化与环境意义》，《浙江大学学报》2004 年 8 月第 27 卷第 3 期。

2. 烧成温度越高，玻璃相去填充气隙、黏结晶相、减少气体相效果越好，胎质越致密。

3. 胎料里氧化铝化学成分越高，胎的耐烧能力越好，烧成温度可以越高，胎质越容易致密；温度越高胎料颗粒熔化越多，粒度越小，胎质越致密越白。

4. 胎质致密程度还取决于胎料加工后的粒度，粒度越小，胎里气体相也越少，胎越容易熔化，胎质也越致密。

5. 古瓷器历史中，胎料氧化铝含量曾经经历过三个高峰期和三个低谷期。相应地，器形和器物大小、胎质品质也伴随着氧化铝的多寡而有所变化。这样的变化，为我们鉴定真伪和断代，提供了历史和科学依据。

6. 因为科学技术的不断进步，胎质品质是按照波浪形式向前发展和提高的。总的趋势是越久远的古陶瓷，胎质越趋于疏松，越新的瓷器胎质越趋于紧密。

7. 现代仿品多采用球磨机研磨的胎料，氧化铝含量也容易控制，加上专家们"胎质致密为真"的误导，仿品胎质致密是普遍现象。

8. 因为诸多的物理和化学原因，胎质的外表与内在往往是相悖的。

9. 传统眼学专家、电视鉴宝专家、拍卖公司鉴定专家等的鉴定原则"胎质紧密为真，胎质疏松为假""胎釉结合坚密为真，胎釉结合疏松为假"，是完全不符合中国古陶瓷的发展历史和基本的科学常识的。基本的鉴定标准甚至于是反科学反历史反客观现实的。这样本末倒置的鉴定，从根本上扰乱了文物界、收藏界、文博界，导致了文物市场的混乱，到了不得不悬崖勒马的地步了。

10. 因为不知道析晶层的客观存在，眼学专家们把析晶层当作胎来认识，完全颠倒了古陶瓷的本来面目，是鉴定混乱的另外一个重要原因。透明釉下，看到的不是胎而是析晶层，颠覆了传统眼学对胎和釉的全部鉴定原则。

11. 胎质色白与诸多因素有关：胎质颗粒度越小越均匀越白；杂质越少越白；生成钙长石越多越白。专家的瓷胎细白是高岭土制造的说法违背历史，违背实际，违背古陶瓷科学，违背工艺常识。

12. 古陶瓷产生结构水为我们鉴定古陶瓷提供了一种检测古陶瓷存世年代的方法。

第五节 釉的历史演变和化学成分

釉是陶瓷器表面的一种玻璃质层。其作用是使陶瓷表面光洁美丽、吸水性小、易于洗涤和保持洁净。釉的化学性质比较稳定，硬度比较大，又使瓷器经久耐用，具有耐酸、碱、盐侵蚀的能力。

我国古代陶瓷釉的种类很多，按照不同的特点，有着不同的分类方法。例如，按照釉的助熔剂，可以分为灰釉、石灰釉、石灰碱釉、长石釉、铅釉等；按照烧成温度，可以分为高温、中温和低温釉；按照烧成后的外表特征，可以分为透明釉、乳浊釉、颜色釉、有光釉、无光釉、结晶釉、玻璃釉、开片釉、窑变釉等。

无灰不成釉。元人（有研究为宋人）蒋祈在其《陶记》中记载："制之之法则石垩炼成杂以搓叶木柿火而毁之。"清人朱琰在《陶说》中记载："釉无灰不成。灰出乐平县（在景德镇东南70公里），以青白石与凤尾草制炼，用水淘细而成。"上面两处提到的石垩和青白石就是石灰石，古代景德镇制瓷工匠就是通过煅烧、消解、煨烧、淘洗这么一个过程，将钙的氧化物引入到瓷釉当中（主要是以碳酸钙和少量磷酸钙形式存在），来作为二氧化硅助熔剂。这就是我们称传统釉为石灰釉的原因。

与西方陶瓷釉不同，中国古陶瓷从未采用盐釉，也没有采用当代的长石釉，而是充分地采用了"灰釉"（也叫"钙釉"）以及低温的"铅釉"（也叫"铅彩釉"）。中国古陶瓷釉具有自己的特色。

显然，认识古陶瓷的釉就应该从认识釉的助熔剂开始。换一句话说，不懂得古陶瓷釉的助熔剂的化学成分和特性，就根本无从了解中国古陶瓷。

古陶瓷高温釉也叫作玻璃釉，但是古陶瓷釉远比玻璃复杂得多。真正的硅酸盐玻璃熔化温度在1670℃～1710℃，但是古陶瓷高温釉的熔化温度却只有1150℃～1360℃，罕见有1380℃～1400℃者。助熔剂的作用就是破坏氧化硅和氧化铝晶体结构键，使之尽快在温度不是特别高时，例如1280℃左右，就失去晶体架构而玻璃化。

中国古陶瓷高温釉最早来自窑灰，接下来的是草木灰和石灰。所以中国古陶瓷高温釉通常称之为灰釉。灰釉系列包括草木灰釉、石灰釉、石灰碱釉，因为氧化钙（CaO）是其主要成分，所以也把灰釉称之为"钙釉"。因为氧化镁（MgO）与氧化钙（CaO）作用相同而含量较少，故称为"钙釉"时，就把氧化镁纳入了氧化钙范畴。

古陶瓷低温中温釉是在650℃～1150℃之间熔化的釉，它们主要是应用于彩色釉或者釉彩。其中最主要的助熔剂就是铅的氧化物，其彩色釉或釉彩称之为"铅釉"，例如唐三彩、宋加彩、孔雀绿、法华彩、五彩、斗彩、珐琅彩、粉彩等。极少数采用高碱灰釉（也叫碱石灰釉），例如最早的孔雀绿和法华彩。

一、高温釉的历史演变

在我国古陶瓷高温釉发展历史上，作为釉的主要熔剂的（CaO+MgO）的含量有着明显的有规律的变化。商周时期一般不超过18%。汉至南北朝增加到18%～22%，一般在20%左右，最高到24%。唐至五代开始下降到20%以内。北宋降至16%，南宋又降低到不超过12%，一般在10%左右。元明则降低到7%以内。在整个古陶瓷历史中，釉里(CaO+MgO)的含量形成先低、后高、再低的变化规律。

为了提高釉层厚度，能够增加高温釉黏稠度的碱金属氧化物(K_2O+Na_2O)，被大比例增加，导致了石灰碱釉的产生。从唐代开始，中国古陶瓷有南青北白之分，北白属于石灰釉，而南青则属于石灰碱釉。从南宋开始，石灰碱釉基本上取代了灰釉和石灰釉。[1,2,3]

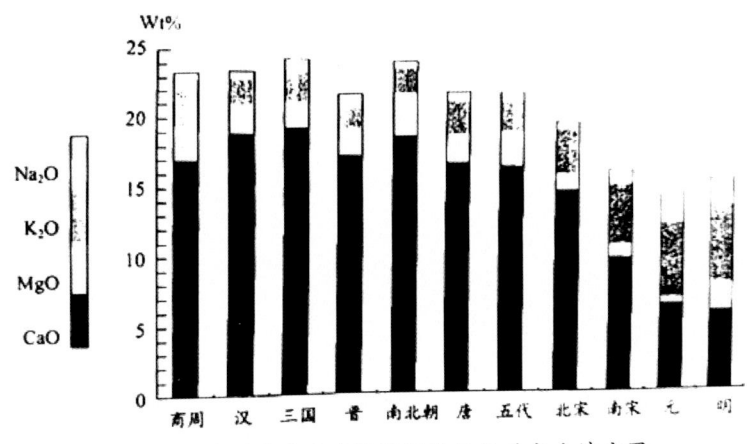

图 2.5.1 中国古陶瓷青瓷高温釉的化学成分演变图

由图2.5.1可知，高温釉的助熔剂里氧化钙、氧化镁比例由低到高再到低，然后越来越趋于减少。在我国商周时期，草木灰釉首先被发现而用于生产原始青瓷。因为技术还很低下，助熔剂中(CaO+MgO)含量不高。但是，比氧化钙助熔能力更强的碱金属氧化物(K_2O+Na_2O)含量却不低，在接近1200℃时就可以得到熔化的玻璃釉了。到了东汉和南北朝青瓷出现后，氧化钙含量才得以提高。为了在1200℃～1250℃之间增加釉层厚度，南宋官窑和哥釉开始大幅度降低碱土金属氧化物(CaO+MgO)和增加碱金属氧化物(K_2O+Na_2O)，借以生产出厚釉的"物理散射釉"[4,5,6]。元、明、清时期，较低的(CaO+MgO)和较高的(K_2O+Na_2O)石灰碱釉被广泛地推广到几乎所有的高温釉。

---

1 张福康《中国古陶瓷的科学》，上海人民美术出版社2000年版。
2 蔡礼君《中国古陶瓷釉的相关因素和鉴定方法》，《文物鉴定与鉴赏》2016年第10期。
3 李家治《浙江青瓷釉的形成和发展》，《硅酸盐学报》1983年第1期。
4 蔡礼君《青瓷釉色成因及相关的鉴定原理》，《收藏家》2016年第8期。
5 李家治、张志刚等《杭州凤凰山麓老虎洞窑出土瓷片的工艺研究》，《建筑材料学报》2000年12月。
6 李伟东、李家治等《杭州凤凰山麓老虎洞窑出土瓷片的研究》，2009年古陶瓷学术讨论会论文集。

二、中低温的"铅釉"成分

对于低温彩釉来说,不同的年代和不同种类有不同的配方,以绿釉为例列表如下:

中国古陶瓷历代绿釉化学成分参考表

种类	氧化铁	氧化钙	氧化钾	氧化铅	氧化硅	氧化铝	氧化铜
巩窑唐三彩绿釉	0.56	0.88	0.79	49.77	30.66	6.56	3.81
宋绿釉	1.41	2.24	0.47	54.64	32.26	4.83	2.80
磁州窑绿油	0.36	6.59	0.34	43.36	40.56	6.56	1.84
元代琉璃瓦绿釉	0.32	0.51	1.90	56.88	34.22	4.25	2.28
明代琉璃瓦绿釉	0.17	o.40	0.18	60.04	30.35	5.23	3.46
汉陶绿釉	0.81		0.94	65.45	29.91		2.60
雍正绿色粉彩	0.91		0.39	70.72	23.21		4.78

在"铅釉"中,主要成分就是氧化铅和氧化硅,氧化铜是绿色的着色剂。助熔剂氧化铅是由"铅粉"$2PbCO_3Pb(OH)_2$化学分解而来。铅粉是白色粉末,古人妇女用铅粉化妆,称之为铅华又称为铅白。但是氧化铅是黄色,称为铅黄,在陶瓷助熔剂里是由铅粉的氧化分解形成的:$2PbCO_3 \cdot Pb(OH)_2 + 1/2O_2 = 3PbO + 2CO_2 + 2H_2O$,所以氧化铅其本身就是黄色着色剂,如图 2.5.1。氧化铅 PbO 可以吸收空气中的二氧化碳生成四氧化三铅(Pb_3O_4)为红色,在特定环境中生成二氧化铅(PbO_2)是黑色,如图 2.5.2,称为"泛铅"。黄色或绿色琉璃瓦长时期暴露在空气中日晒雨淋,就会"泛铅"发黑,例如图 2.5.3。

长期以来,鉴宝专家们都说"泛铅"是白色,那是典型的颠倒黑白。"银釉"是白色,但那是羟基磷酸铅钙 $Pb(PO_4)_6(OH)_2+nCa$,只有在墓葬中遇到磷酸才能生成。

氧化铅的熔点为886℃,当与氧化硅混合后会生成低温共熔体,也称之为"低共熔混合体"。当氧化铅与氧化硅、氧化铝混合后,熔点降低到650℃,无氧化铝会降低到510℃。

中温的高碱釉,本部分后续说明。

图 2.5.2 黄色的氧化铅

图 2.5.3 黑色的二氧化铅

图 2.5.4 古建筑琉璃瓦铅釉的黑色"泛铅"

第六节 高温釉的工艺和二次氧化

古陶瓷因为有了釉，才保证了不透水的实用性；古陶瓷因为有了釉，才可以纹饰成美观的艺术品。釉是古陶瓷科学最主要部分，涉及釉的工艺学、化学、物理学、光学、结晶学、自然老化、美术、纹饰等繁纷复杂的内容。釉的烧制工艺是釉科学的基础和出发点。

高温釉的烧制通常要经历氧化反应和还原反应两个阶段。在烧制的炉窑内，工艺上要有前期的氧化气氛和后期的还原气氛。

一、化学过程

1. 氧化气氛

窑内空气供给充分，燃烧完全（完全燃烧，即不产生一氧化碳）时所产生的一种火焰气氛就叫作氧化气氛。也可以理解为氧气供应充分的气氛。其特征是无烟透明，燃烧产物中主要成分是二氧化碳及过剩的氧气，能使陶瓷产品充分氧化。按照燃烧产物中过剩氧含量的多少，又可区分为强氧化气氛和弱氧化气氛。前者过剩氧含量为 8%～10%；后者过剩氧含量为 2%～5%，氧化气氛的空气过剩系数都大于 1。

2. 氧化气氛典型的化学反应

碳燃料和胎釉中的有机物的燃烧：

$C+O_2 \to CO_2$（无烟过程）

$2Fe+3O_2 \to 2FeO_3$（铁的氧化俗称生锈）

$2Cu+O_2 \to 2CuO$（铜的氧化俗称铜锈）

$CoO+ O_2 \to Co_2O_3$（苏料称为蓝玻璃，氧化后变黑）

氧化反应可以理解为得到"氧"，也是被氧化物质的原子失去电子的过程。

3. 氧化气氛工艺的必要性

无论是胎还是釉都不可避免地混杂着有机物和硫化物，这些物质如果不把它们氧化燃烧掉的话，陶瓷没有办法保证质量和稳定性。还有，胎釉成形采用的是水，胎釉矿物材料里含有结构水。这些水分要在氧化气氛阶段烧除，才能真正实现烧结工艺。

4. 氧化气氛的温度与一些著名眼学鉴定专家的荒谬

（1）氧化气氛的温度。氧化气氛阶段要保证胎釉里全部有机物、硫化物、结构水完全去除，陶器要 700℃～1000℃，瓷器要 1100℃以上。"一锤定音"专家在央视上说柴窑的树脂滋润釉层使釉色莹润。所有柴窑使用的柴里树脂最高承受的温度只有不到 400℃（松香是树脂里燃点最高者，燃点为 390℃）。也就是说，无论是什么树脂都是在釉层远没有熔化之前，就已经燃烧殆尽了。何谈"滋润"？不仅如此，如果釉料里混有有机物的树脂，那正是氧化气氛中必须烧掉的！否则，釉层的质量无从保证。

（2）有机颜料不能作为瓷器颜料。还有一位领袖级眼学鉴定专家，多次在重要的电视鉴宝节目里提到："真品颜料是矿物颜料，仿品颜料使用化学颜料和植物颜料"。植物颜料属于有机物做成的颜料，而有机物是必须在氧化气氛中氧化燃烧掉的。燃烧掉的颜料还怎么绘制出釉下彩、釉中彩和釉上彩？不仅如此，有机颜料无论是合成的还是天然的，耐受高温的能力都很差。例如植物颜料，最高温度的耐受力不到220℃，合成颜料最高温度耐受力不到250℃。如果陶瓷采用所谓植物颜料，在氧化气氛的初级阶段，也就是刚刚起火阶段，就被氧化，就被燃烧成灰烬了。有机的化学颜料与植物颜料一样，因为不能耐受高温，均不能作为陶瓷颜料。

（3）低温烧不出青花。青花瓷釉属于高温釉，至少要在1200℃左右才开始熔融。"砸瓷节目"主持人向现场砸瓷领军专家提出为什么允许一件外观很难看的"民国"青花瓷"过关"时，这位领军专家说：因为这件青花烧成温度低，只有850℃～900℃。就是说，还在氧化气氛的工艺阶段就已经烧成青花瓷器了。（青花的蓝色是在还原气氛中形成的，而还原气氛的温度至少要在1100℃以上）且不说这样的温度青花釉还远没有熔融，此时的青花颜料还是黑色的氧化钴，何谈青花？这样的砸瓷领袖，只能给国家文物带来灾难！

5．还原气氛

在氧化气氛结束后的高温阶段，空气供给大幅度降低，燃烧变得不完全。这样的情况下产生的火焰气氛叫作还原气氛。也可以把还原气氛理解为缺氧的燃烧气氛。其特点是有烟、不透明、产生可燃气体一氧化碳和碳化氢等。这些气体可以从已经氧化了的金属氧化物里夺取氧原子。按照一氧化碳的浓度，还原气氛可以分为强还原和弱还原两种：强还原气氛的一氧化碳浓度是5%～7%，弱还原气氛的一氧化碳浓度是2%～4%。空气过剩系数小于1。过程中温度达到1100℃～1350℃。

6．还原气氛典型的化学反应

$2C+O_2 \rightarrow 2CO$

$Fe_2O_3+CO \rightarrow 2FeO+CO_2$（可以进一步还原成铁，青色）

$2CuO+CO \rightarrow Cu_2O+CO_2$（可以进一步还原成铜，红色）

$Co_2O_3+CO \rightarrow CoO+CO_2$（以铝酸钴的形式显示蓝色）

还原反应可以理解为失去"氧"，也是被还原物质的原子得到电子的过程。

7．还原气氛的必要性

在还原气氛中，青瓷还原成人们需要的"翠色"，白瓷和青白瓷可以去除氧化气氛时产生的各种杂色，钴料还原成蓝色，氧化铜还原成氧化亚铜（红色）。还原气氛的高温可以使胎瓷化（玻璃相填充气隙），还原气氛的高温使釉熔化成玻璃釉或者分相釉。

8. 氧化与还原反应的高温阶段，助熔剂配方成分的分解和氧化反应

$CaCO_3 = CaO + CO_2$（石灰石的分解）

$4KNO_3 = 2K_2O + 4NO_2 + O_2$（牙硝的分解）

9. 钙长石与灰硅石的合成

$CaO + Al_2O_3 + 2SiO_2 = CaO \cdot Al_2O_3 \cdot 2SiO_2$（钙长石是析晶层的主要成分，釉中钙长石与硅灰石一起，构成分相釉的新结晶颗粒成分）

$CaO + SiO_2 = CaO \cdot SiO_2$（灰硅石的合成）

10. 二次氧化

$4FeO + O_2 = 2Fe_2O_3$（青变红）

$2Cu_2O + O_2 = 4CuO$（红变黑）

$4CoO + O_2 = 2Co_2O_3$（蓝变黑）

二、釉下彩瓷的二次氧化

1. 窑内二次氧化

通常古陶瓷生产工艺中有先氧化（一次氧化）后还原的过程。二次氧化，就是胎釉和着色剂（颜料）的化学成分在经历了还原反应之后，又进行了第二次氧化。例如，进口的苏麻离青（称之为蓝玻璃）原本是显示蓝色的含有氧化亚钴（CoO）称为铝酸钴（$CoAl_2O_4$）的颜料，在一次氧化后变成黑色的氧化钴（Co_2O_3），然后再次还原成铝酸化的氧化亚钴。如果在窑内停火冷却时遇氧，就会二次氧化成氧化钴黑色。所有的青花颜料在窑内的二次氧化后，蓝色青花成深蓝或近似靛蓝色。例如暗深色的霁蓝，如图 2.6.1 和 2.6.2。窑内二次氧化与还原不足有相似性。洪武青花和釉里红都有发灰、发黑的现象，应该是两种现象的叠加，如图 2.6.3 和 2.6.4。

二次氧化分为窑内二次氧化和窑外二次氧化两种。窑内二次氧化是工艺中要尽量避免发生的，是工艺失误时（放进冷空气降温冷却）在几百乃至上千度高温下进行的，因此窑内二次氧化很容易在很短的时间内就完成了。因为釉熔化后氧气很难深入到釉层里，窑内二次氧化不可能彻底，更多的是不同程度的二次氧化，使颜料发色出现问题。如同图 2.6.1 ~ 2.6.4。

2. 窑外二次氧化

窑外二次氧化则正好相反，是在常温下、受到固化釉层保护的、极其缓慢进行的氧化反应。但是窑外二次氧化却是不可避免的一定要发生的现象。所以，窑外的二次氧化是古陶瓷自然老化的重要内容之一，也是鉴定古陶瓷有效的方法。窑外釉的二次氧化需要伴随釉的其他的自然老化现象而发生，也就是其他的自然老化为釉的二次氧化提供了

图 2.6.1 宣德款留白暗刻纹水丞暗深色的霁蓝釉

图 2.6.2 乾隆款描金云龙纹赏瓶暗靛蓝色霁蓝釉

图 2.6.3 洪武青花釉色发色灰暗

图 2.6.4 洪武釉里红发色灰暗

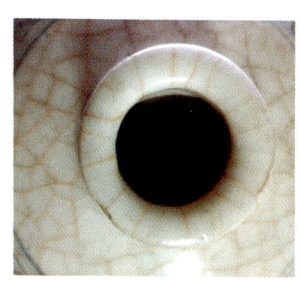

图 2.6.5 青花窑外的二次氧化变灰暗（上部有蛤蜊光斑）

图 2.6.6 空白地的窑外二次氧化变棕黄

条件。例如风化开片、气泡破损、釉面磨损、化学腐蚀等，为氧气进入和接触釉层里待氧化物质提供可能。水分也为二次氧化提供了媒介。具体体现在釉的着色剂、釉里杂质的窑外的氧化。如图 2.6.5 和 2.6.6。图 2.6.6 中，器顶空白地有明显的二次开片，在一次开片里充满了氧化铁（棕黄色）。这正是空气里氧借助于二次开片与釉层里的杂质铁和氧化亚铁充分接触后二次氧化的结果：$4Fe+3O_2= 2Fe_2O_3$，$FeO+O_2=2Fe_2O_3$，就是铁生锈了，铁锈是氧化铁的棕黄色。[1] 这样的现象可以在很多的久远的古陶瓷上发现。其结果也是造成釉面颜色混、暗。

---

1 蔡礼君《青瓷釉色成因及相关的鉴定原理》，《收藏家》2016 年第 8 期。

3. 两种二次氧化都会产生釉色"灰暗"问题

无论是还原气氛不足还是窑内窑外二次氧化，都会产生釉色的灰暗。关于这一点，著作中[1]有描述："康熙早期的青花器，在明末清初的过渡中，或多或少地还保留着明代的某些遗痕，例如：有的釉面肥厚，色泽泛青；青花发色深沉、灰暗，或者迷混。"接着写道："这些供器的共同特点是：胎体厚重，釉面青白，青花呈不同程度的灰暗色调。"这说明明、清时代，尤其是明代青花存在着釉色灰暗问题！或者说，至少二百八十年历史的明代至今六百五十年，有一些瓷器现在看起来釉色灰暗。

专家们不懂得这个道理，说发色灰暗就是赝品或仿品，而且看不懂的就砸。无知带来毁坏文物的"浩劫"。

4. 釉下彩颜料的扩散

釉下彩在烧制过程中会毫无例外地沿着垂直釉面方向向釉上扩散，直至釉面，如图 2.6.7 和 2.6.8。问题在于，釉下彩颜料垂直扩散到几乎整个釉层断面这个现象却是我们始料未及的。也就是说，固化好的釉层对釉下彩颜料的保护是脆弱的。釉层表面极薄的透明层（釉上膜）是熔化釉料形成的玻璃相表面张力形成的，温度越高釉层越薄，釉上膜也就越薄。釉下彩很容易在釉上膜被局部损坏后暴露在空气中，被空气中或水中的氧气二次氧化也就在情理之中了。尽管这种氧化是极其微弱和极其缓慢的。

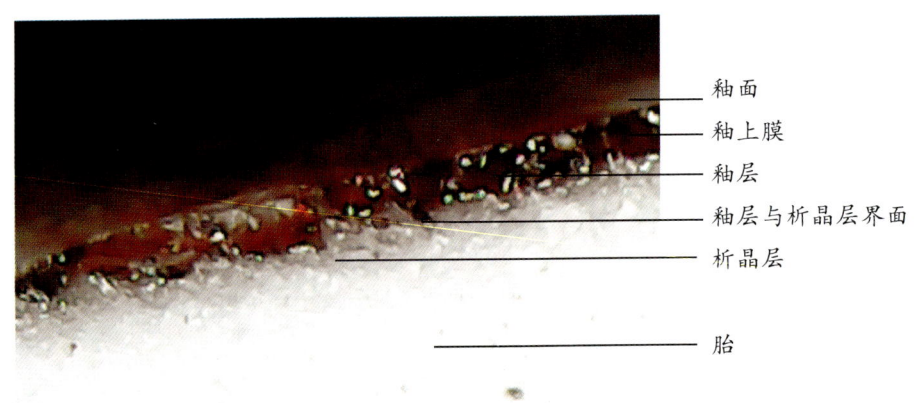

图 2.6.7 釉里红颜料在釉层里扩散的显微情况（放大 40 倍）

---

[1] 耿宝昌《明清瓷器鉴定》，紫禁城出版社 1993 年版。

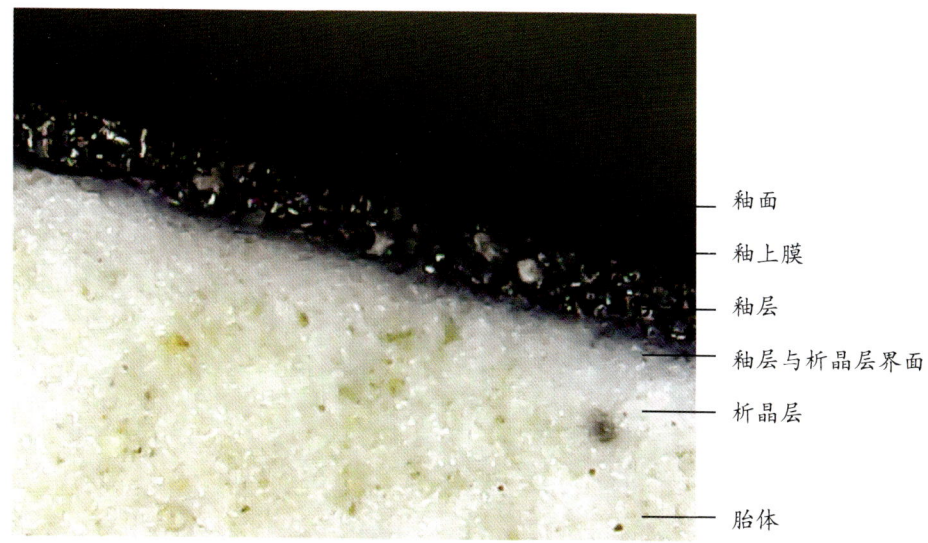

图 2.6.8 青花颜料在釉层里扩散的显微情况（放大 40 倍）

标注：釉面、釉上膜、釉层、釉层与析晶层界面、析晶层、胎体

图 2.6.9 法门寺地宫环境下轻微氧化的越窑瓷

三、青瓷、白瓷、青白瓷（青白釉）的二次氧化

在第一章介绍青瓷、白瓷、青白瓷时，我们均提到了二次氧化问题，在这里我们总结如下：

1. 早期青瓷的二次氧化的结果是"千峰翠色"的深绿色逐渐变成棕绿（灰色）和艾色

"千峰翠色"的翠色是在还原气氛中（$3C+2Fe_2O_3=3CO_2+4Fe$；$Fe_2O_3+CO=2FeO+CO_2$；$FeO+CO=Fe+CO_2$）形成的。也就是说，釉色里青色是 Fe 和 FeO 颜色，混有尚未完全还原的微量棕黄色的 Fe_2O_3，调和在白色析晶层之上的结果就成为唐诗中的"翠色"，如图 2.6.9 和 2.6.11。而二次氧化反应〔$4Fe+3O_2=2Fe_2O_3$；$FeO+O_2=2Fe_2O_3$（潮湿环境）〕则使得"翠色"变成了图 2.6.10 和 2.6.12 那样的灰色和艾色。

2. 早期的青瓷在出窑后，有一个漫长的二次氧化过程

在出窑后的相当长时期内，如果器物保存的环境不够好（大部分古陶瓷文物都是如此），那么年复

图 2.6.10 充分二次氧化的越窑瓷成棕绿（灰）色

图 2.6.11 黄堡镇埋藏于干土深层的耀州窑釉色

图 2.6.12 充分二次氧化的耀州窑碗成艾色

一年的热胀冷缩的风化,釉层开裂、胎釉(抑或是釉与析晶层、析晶层与胎)松动,器物遇水或遇潮,铁与氧化亚铁暴露在氧气和水汽之中,青色的铁和氧化亚铁必然要缓慢地氧化成棕黄色的三氧化二铁(也就是生锈或锈蚀),釉色从翠色逐渐地变成了棕绿色、浅棕绿色、浅棕色、棕黄色。如果保护得好,例如深埋在干土里,风化甚微,釉层保护了铁和氧化亚铁,二次氧化进行得就更加缓慢,以至于当初的翠色依稀可见。

3. 后期青瓷的二次氧化是氧气接触釉中的铁和氧化亚铁进行的

由分相釉的微粒散射形成的与颜料釉色无关和关系很小的乳浊釉(例如短波长散射的蓝色),二次氧化是通过开片、釉上膜破坏、疏松、水解、羟基化等形式,形成了氧气与釉里铁与氧化亚铁的接触。

二次开片是指开片纹宽度相差很大的不同时期产生的开片。开片纹的宽度是伴随着漫长的时间而越来越宽的,是自然风

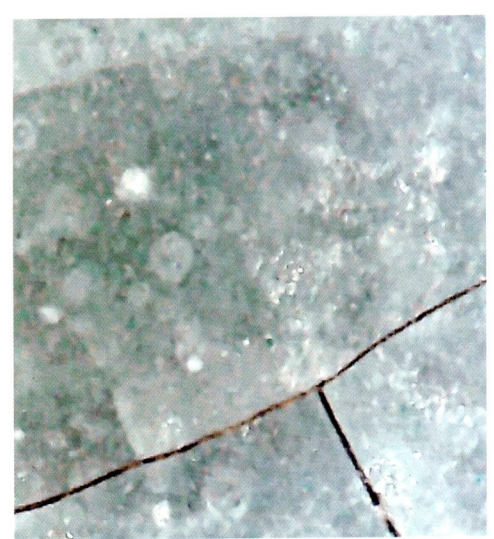

图 2.6.13 汝窑的三次开片(放大50倍)

化的结果。人为制造开片,不可能产生宽纹片,例如大于 0.1 毫米宽度的纹片;更不可能产生二次开片,因为宽度显著不同的二次开片是在一次开片经历漫长的反复的热胀冷缩拉宽纹片后,又发生的第二次开片。由此可知,在显微镜下分辨二次或多次开片纹的宽度是鉴定古陶瓷真伪的办法之一。图 2.6.13 表明:二次开片中,纹片宽度相差 4 倍(一次片纹宽 0.2 毫米,二次开片纹宽 0.1 毫米,三次开片 0.05 毫米)

四、白瓷的二次氧化

如北方的定窑、邢窑、巩窑所生产的白瓷,尽管胎上施有白色化妆土,釉里含氧化铁也只有 1% 左右,但是因为下列原因,二次氧化依然不可避免。

(1)胎氧化铝含量很高,大都 20%~30%,最高达到 38%,但是胎里助熔剂含量却很低,一般不超过 4%。高氧化铝和低助熔剂使胎里玻璃相少到不足以填充好胎的气隙,所以常有生烧。图 2.6.14 显示了宋定窑胎普遍的生烧现象(作者观察了故宫五所的全部定窑标本,无一不生烧)。生烧的胎釉结合不好,釉层不坚,硬度就不高。

图 2.6.14 故宫藏定窑标本,显示了严重的生烧现象

(2)白瓷施釉薄,但是烧制温度却较高,在 1280℃~1370℃范围,因此烧成的釉层就更薄,与化妆土厚度相当。一般为 0.2 毫米左右,釉层很容易损坏。

(3)化妆土增加了层次数量,也就降低了抗风化的能力。

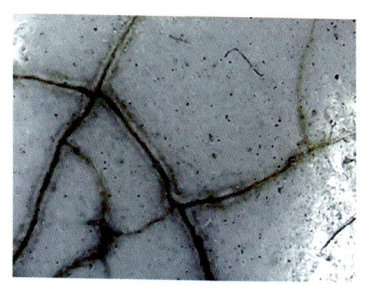

图 2.6.15 隋唐白瓷执壶釉面的风化开片

例 1:图 2.6.15 隋唐时期白釉瓜棱执壶,微观可以看到三次开片。一次开片纹宽是三次片纹的 5 倍,说明历史久远。开片纹两侧起皱带也是年代的痕迹。开片纹与起皱带里充满铁的二次氧化。

例 2:图 2.6.16 示宋早期白瓷定窑鸭,宏观颜色为淡黄色,即所谓"象牙白"。系二次氧化的氧化铁在析晶层上叠加的结果。微观可以看到二次开片。

例 3:图 2.6.17 显示定窑莲花纹梅瓶宏观淡黄色二次氧化明显,釉面损坏严重。

图 2.6.16 早期白定鸭的釉面二次氧化(放大 50 倍)

103

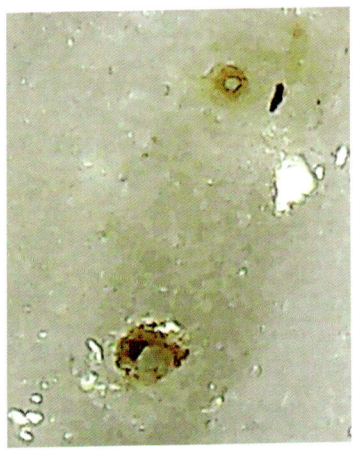
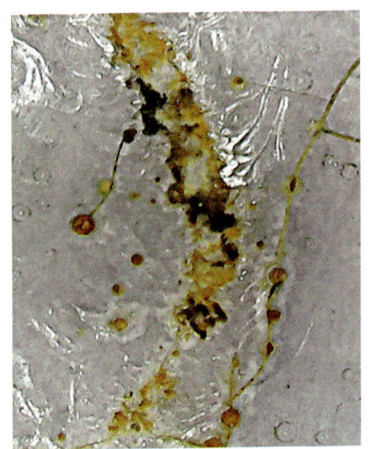

图 2.6.17 定窑莲花纹梅瓶釉面二次氧化（放大 50 倍）　　　图 2.6.18 印花青白瓷执壶通过开片、气泡、脱釉被氧化

五、青白瓷的二次氧化

青白瓷也叫影青釉瓷或者青白釉瓷，是北宋年间由景德镇当地工匠创烧的。其二次氧化特征如图 2.6.18 所示。

(1) 尽管青白瓷含铁量不比白瓷高多少，但是其釉层较厚，铁与氧化亚铁的窑外二次氧化比白瓷更为明显。图 2.6.18 所示印花执壶，宏观与微观均能看到印花纹上的氧化铁淡棕色。

(2) 因为青白瓷烧制温度高于 1250℃，透明度比较高。其二次氧化特征基本上还是通过开片、阳纹釉层脱落、气泡破损、釉面损伤进行的。

第七节 关于明清青花的鉴定

著名的电视"砸瓷节目"里,专家们给出的砸瓷的釉面标准是:"釉面粗松""釉色灰暗""釉色含混""釉色混暗""釉层漂浮"。不砸的釉面标准是:清亮、清润、莹润、稳定。这样的标准对不对?我们分析如下。

首先,"釉面疏松"是古陶瓷长期自然老化造成的结果。如图 2.7.1 所示,宏观、微观都可以发现釉面疏松。微观可见开片周围釉面疏松到起皱漫反射"泛白"的地步。其次,"釉层漂浮"纯属于脱离科学常识和工艺知识的虚构和臆造。仅只"釉色灰暗"的罪名,就否定了《明清瓷器鉴定》里描述的一大批明代瓷器,而这些多属于故宫里的国家一级文物。

一、釉的二次氧化与"釉色清亮"

我们在第六节的第二部分"釉下彩窑外二次氧化后颜色变暗"中,引述了文献对明代瓷器釉色灰暗的描述。我们就不得不怀疑这台节目里的众多国内知名专家们是不是看到过这批文物,是不是阅读过该文献。

不仅如此,我们在上节关于釉的二次氧化讨论里,业已从理论和事实两个方面说明了为什么和如何发生二次氧化,二次氧化会给釉色带来什么变化和影响。所谓"釉色灰暗",恰恰是真古瓷器的特征之一。

什么是"釉色清亮"?是不是"亮青釉"?其实"釉色清亮"与"釉色灰暗"是完全相悖的。

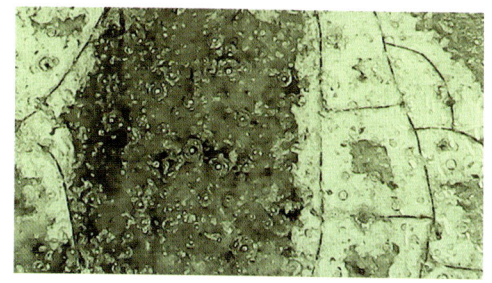

图 2.7.1 宏观、微观釉面疏松使年代久远釉面自然老化的开片和风化起皱"爆皮"(宏观图片上部是蛤蜊光)(放大 100 倍)

二、关于"亮青釉"

长期以来,"亮青釉""硬亮青釉"被视为鉴定明清青花瓷器的准则。[1] 书中所谓"亮青釉"指的是空白地的釉色。在讲述到明代瓷器鉴定时作者首先在绪论里写道:"明代

---

[1] 耿宝昌《明清瓷器鉴定》,紫禁城出版社 1993 年版。

瓷器釉面都闪现不同程度的青白色。"接着又在第一章明代瓷器概况的"釉面"中写道："青花品种除成化、弘治、正德三朝少数器物釉面洁白外，其余皆为青白色，俗称'亮青釉'。这种白中闪青的釉面，贯穿于整个明代始末。"该书下册第一章谈到清代瓷器釉面时再次写道："清代瓷釉不及明代肥腴光亮……釉面分别呈青白、粉白、浆白、硬亮青等。"[1]这样的鉴定标准延续至今几乎成了鉴定明代瓷器的金科玉律。那么，白地釉色是怎样形成的呢？

对于高温透明无分相的白地釉来说，其颜色是由釉层里杂质颜色与析晶层颜色叠加而成的。

1. 杂质的颜色

对于透明釉来说，着色剂也是杂质。氧化亚铁、氧化铁、氧化亚钴、氧化钴、氧化亚铜、氧化铜、氧化钛、氧化锰等都属于杂质。这些氧化物是在还原或二次氧化反应中形成的。杂质越少越透明，反之则会发青、发灰、发黄、发暗等。杂质越多釉色就越灰暗。现代工艺很容易控制透明釉里的杂质，除了要仿古瓷而特意掺进杂质外，釉色灰暗问题已经解决了。通过化验可知，青花瓷白地釉里的杂质基本上就是 CoO 和 FeO，后者为主。这二者是伴随青花发色在还原气氛里生成的，显示淡青色。

2. 析晶层的颜色

由于漫反射的原因，析晶层越厚颜色越白，如同冰越厚越白一样，如玉似乳。析晶层里主要成分是钙长石，在显微镜下看到的钙长石为白色或者微黄色。如果杂质里含有三氧化二铁则析晶层也会显示浅粉色或肉色。如图2.7.2和图2.7.3。

既然透明釉的颜色是由釉层中的杂质颜色和析晶层颜色叠加而成，上述的透明釉杂质氧化亚钴和氧化亚铁，在所有的青花瓷器里都会存在，不会只发生在明清瓷器里，因

图 2.7.2 淡粉色析晶层

图 2.7.3 淡黄色析晶层

---

[1] 耿宝昌《明清瓷器鉴定》，紫禁城出版社 1993 年版。

此不能成为鉴定明清瓷器的标准。所谓"亮"是因为析晶层较厚较白（越厚对白光的漫反射就越厉害，因而就越白。就像冰越厚越白一样）和白地的杂质含量较少而产生的。因为析晶层的厚度及白地处杂质的差异，"亮"的白度也差异很大。现代仿品采用长石釉，[1]釉色显得更白，加之杂质可以控制得很少，因此釉色更趋于白亮，可谓"亮青釉"。在这种情况下强调"亮青釉"鉴定青花瓷器，刚好会误导广大收藏者。还有，现代仿品甚至于在釉料里加进了"搪瓷釉料"，使白地显得温润亮白。就是说"亮"可能是"伪"，而"暗"则更可能是"真"。

更有甚者，《明清瓷器鉴定》的下册第二章第二节写道："康熙早期的青花器，在明末清初的过渡中，或多或少地还保留着明代的某些遗痕，例如：有的釉面肥厚，色泽泛青；青花发色深沉、灰暗，或者迷混。"[2]接着说道："这些供器的共同特点是：胎体厚重，釉面青白、青花呈不同程度的灰暗色调。"这说明明清时代，尤其是明代青花存在着釉色灰暗问题！或者说，长达二百八十年的明代历史中，釉色灰暗反而是古瓷器的一个特征。

3."亮青釉"不是"时代特征"

所谓"亮青釉"与专家们习惯说的"白釉"有关。关于"白釉"有如下几点。

（1）"白釉"的说法应该改为"空白釉"。

空白地釉属于透明釉，而不是白色的"色釉"。之所以"白"，是透明釉下白色的析晶层表现出来的颜色。因为专家们不知道析晶层的存在，就误把空白地的透明釉当作白色的色釉了。《明清瓷器鉴定》就认为康熙瓷器的口沿的白色是加了粉。我们此后称空白地的釉为"空白釉"。"白釉"的"白"指的是颜色，是"白色釉"；而"空白釉"则是专指无纹饰的空白地上的釉。这里的"白"指的不是颜色，而是没有纹饰的"空白"位置。

（2）"空白釉"的颜色

透明釉空白地的颜色是由釉层中的杂质颜色和析晶层颜色叠加而成。釉中杂质清除得干净与否离散性很强，所以同一时期的青花瓷器空白地的白度差异很大。而青花颜料向空白地的扩散，在所有的青花瓷器里都会发生。至于析晶层的颜色，因为漫反射的原因，析晶层越厚颜色越白。析晶层厚度与釉层厚度、烧成温度、助熔剂成分有关，元、明、清青花瓷的离散性也很大。因此，"空白釉"颜色不能成为鉴定明清瓷器的标准。

（3）没有统一的"亮青釉"

以上说明，"亮"是因为析晶层较厚和空白地的杂质含量较少而产生的。同样年代

---

[1] 蔡礼君《中国古陶瓷釉的相关因素和鉴定方法》，《文物鉴定与鉴赏》2016年第10期。
[2] 耿宝昌《明清瓷器鉴定》，紫禁城出版社1993年版。

的青花，因为施釉厚度和杂质处理工艺的差异，虽然都是官窑，其"空白釉"颜色会差异很大。图2.7.4和2.7.5，是以相同的背景、相同的照明、相同的相机拍摄的两件宣德青花瓷图片。很明显，图2.7.4青花盘的"空白釉"是青灰色，不是"亮青釉"，而图2.7.5青花碗的"空白釉"却是净白色。又如，图2.7.6和2.7.7，也是以相同的背景、相同的照明、相同的相机拍摄的两件康熙青花瓷。很明显，图2.7.6青花笔筒的"空白釉"几乎是纯白色，而图2.7.7青花花盆的"空白釉"却是青灰色，都不是"亮青釉"或"硬亮青釉"。如果一定要简单地给明清瓷器强加上一个"亮青釉"的标签的话，那图2.7.8和2.7.9.所示的元青花的"亮青"又当如何解释？

因为析晶层厚度和釉层杂质含量的随机性比较高，导致了"空白釉"颜色的随机性也很高，又因为析晶层的白色和乳白色是光学特征，与历史年代无关，因此，这一曾经，而且现在仍然被看重的釉色项目，没有断代的鉴定意义。君不见曾经发生的：此时说闪

图2.7.4 故宫宣德菱花边青花盘釉色含混灰暗

图2.7.5 故宫宣德缠枝莲青花盖碗釉色清亮润白

图2.7.6 故宫康熙山水青花笔筒"白釉"近纯白

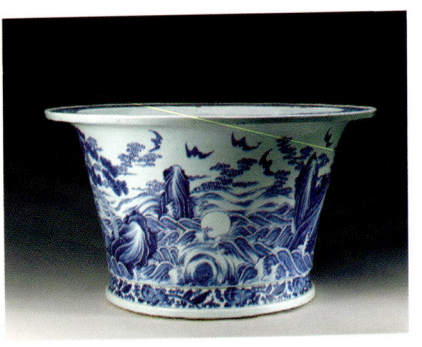

图2.7.7 故宫康熙海水福寿青花花盆"白釉"青灰

图 2.7.8 故宫藏元青花高足杯"亮青釉"

图 2.7.9 土耳其托普卡普宫藏元青花"亮青釉"

图 2.7.10 现代青花瓷才是真正的"亮青釉"

白不对,彼时又说闪青不对;张三说闪白不对,李四又说闪青不对,那样的混乱局面吗?

(4)现代仿品基本上都是"亮青釉"

现代仿品采用长石釉[1,2,3],甚至掺杂了搪瓷釉,釉色显得白和亮,加之杂质可以控制得很少,因此空白地釉色更趋于白亮,可以变成"亮青釉""硬亮青釉"。在这种情况下强调"亮青釉"鉴定青花瓷器,岂非混中添乱、误导收藏大众?如图2.7.10。

可以说,"亮"可能是"伪",而"暗"则更可能是"真"。

(5)长石釉

长石釉配方:长石40%,石英30%,塘泥20%,镁质黏土10%或氧化锌10%。

长石在地壳中比例高达60%,在火成岩、变质岩、沉积岩中都可出现。

长石的化学成分是:SiO_2(67%)、Al_2O_3(16%)、K_2O+Na_2O(大于13%,可达18%)。

按照40%计算,长石釉里的这一部分包含:27%的SiO_2,加上石英(30%的SiO_2),长石釉里折合含有57%的SiO_2,加上镁质黏土里折合的8%的SiO_2,共计65%的SiO_2。但是只有6.4%的Al_2O_3,硅铝比高到10,是石灰釉的两倍,容易形成乳浊釉。镁质黏土折合11%的氧化镁MgO。长石折合到釉里成6%~7%的K_2O+Na_2O。塘泥里含丰富的氧化磷和氧化钾,磷作为乳浊剂,钾作为碱金属助熔剂。如果采用氧化锌取代镁质黏土,则硅铝比更高,氧化锌又是乳浊剂(也叫消光剂),这就保证了温度再高也能产生乳浊效果,漫反射物理色使空白地釉色白净。

因此,长石釉烧成温度范围较宽(1260℃~1350℃);透明度较低并具有一定的乳浊

---

[1] 张福康《中国古陶瓷的科学》,上海人民美术出版社2000年版。
[2] 蔡礼君《中国古陶瓷胎质相关因素与辨识》,《文物鉴定与鉴赏》2016年第7期。
[3] 蔡礼君《中国古陶瓷釉的相关因素和鉴定方法》,《文物鉴定与鉴赏》2016年第10期。

性(泛白);膨胀系数较大,也容易产生开片。多用于瓷器、半瓷器和硬质精陶等含 SiO_2 较高的坯胎上。长石釉是陶瓷生产中最常用的难熔釉料,属透明釉的一种。一旦采用长石釉或掺入长石釉的石灰釉或石灰碱釉,就可以生产出"亮青釉",就是空白地比较白的釉。

(6)搪瓷釉

搪瓷釉本来是用于涂搪在金属坯胎上、组成为碱-硼-硅酸盐系的玻璃态物质。搪瓷釉的基本成分有下列4种。基体剂占瓷釉总量的40%~60%,是决定搪瓷釉主要性能的成分。有氧化硅、氧化锆、氧化钛等。助熔剂有氧化钠、氧化钾、氧化硼等。乳浊剂有氧化钛、氧化锑、氧化锆、氧化锶等。密着剂有氧化钴、氧化镍、氧化铜、氧化锑、氧化钼等。现代造假,除了采用长石釉外,还掺和了一定比例的搪瓷釉,使空白地釉色泛白而制成"亮青釉"。

所以在鉴定古陶瓷时,务必把"亮青釉"的化学成分测试一下,看看有没有过量的氧化锆、氧化锶、氧化硼、氧化锌、氧化镍、氧化锑、氧化钼等,以免上当受骗。

三、关于青花发色

青花瓷的颜色涉及物理和化学两方面基本常识,尤其是与析晶层的存在有关。

中国青花瓷产生于唐代,发达于元代。青花瓷与其他种类瓷器比较,最主要的特征就是"白地蓝花"。尽管氧化亚钴本身颜色不是蓝色,蓝色是 $CoO \cdot Al_2O_3$ 或者 $Co(AlO_2)_2$ 的呈色,但是青花显示出蓝色,氧化亚钴起着关键的作用。所以,不管是进口料还是国产料,青花的蓝色取决于能不能保证足够浓度的氧化亚钴。保证足够浓度的氧化亚钴正确的工艺是:

(1)高温的还原气氛能够保证氧化钴(Co_2O_3)和四氧化三钴(Co_3O_4)被还原成氧化亚钴(CoO)。

(2)出窑前开始降温时,不能放进冷空气,防止尚在高温时氧化亚钴(CoO)重新被氧化成 Co_2O_3 和 Co_3O_4;

(3)还原气氛时高温不能低于1250℃,否则将产生分相釉而出现乳浊现象,使青花"朦胧"或"灰暗"。另外,钴料里不能有太多的铁、锰等杂质,否则蓝色不可能纯净。

1.青花充满了断面

关于青花纹饰的颜色,我们曾经在前述的不少章节里表述过。其中有一个大家过去没注意到的青花颜料的垂直扩散问题。青花标本断面显微证明,尽管青花属于釉下彩工艺,但是青花烧制成功之后,青花纹饰部分却成了釉中彩。也就是青花颜料纹饰部分与雾蓝釉中彩在垂直方向没有什么区别。除了釉上膜外,青花颜料充满了整个釉层断面。

2. 青花瓷的演变和鉴定

（1）元青花。元青花大家普遍感兴趣，不仅是因为存世稀少，而且是因为"元青花"的存在是外国学者首先发现的。因为苏麻离青颜料矿石是玻璃态，所以硬度比国产青料大得多。由于当时粉碎技术限制，科学研究证明：粗颗粒的青料是依靠助熔剂来发色的（青料里助熔剂浓度是釉里助熔剂浓度的 5～8 倍）。这样的颜料工艺与还原工艺一起，决定了苏麻离青颜料的元青花釉面上各种特征，第一章里业已介绍。我们的专家不了解这样的工艺，导致了元青花的鉴定的混乱不堪，使我们的收藏大众吃尽了苦头，也使官办博物馆收藏假货，拍卖公司拍卖假元青花。

图 2.7.11 洪武缠枝莲青花大碗

（2）明青花。元末明初景德镇受到战乱影响，青花瓷质量大为下降。主要表现在青料不纯，还原工艺不到位（还原气氛不足，加窑内二次氧化），明洪武时期青花发色灰暗色和浅灰色，如图 2.7.11 和 2.7.12。永乐、宣德时期不仅恢复了元青花时期的工艺，苏料粉碎技术还有明显提高。这一点可以从消除了"点晕""串珠"以及纹饰里没有元青花那样明显的大气泡看出来。晕散、重彩下陷、

图 2.7.12 洪武荷叶盖瓜棱大罐

图 2.7.13 洪武缠枝莲玉壶春瓶

图 2.7.14 宣德烛台

图 2.7.15 万历天圆地方葫芦瓶

铁锈斑、网状结晶等特征还存在。虽然一些宣德青花因为釉黏稠度增加导致了较严重"橘皮釉",但是总起来说釉层质量比元青花显著提高。

更为明显的是明青花没有统一的"时代特征"。洪武青花、永乐宣德青花、成化青花、万历青花,相差很大,怎么可以给它们强加上什么"亮青釉"的"时代特征"呢?

图 2.7.16 成化天马行空高足杯

洪武青花灰暗,永乐、宣德青花浓艳,成化青花清淡,万历青花不艳(不够纯净),如图 2.7.13～2.7.16 所示。这才是真正的明代各时期不同的"当时特征"!看了这四幅图片,还能说明代青花瓷有什么统一的"时代"的"亮青釉"特征吗?

脱离实际、脱离历史、脱离工艺,杜撰出一些似是而非的所谓标准,甚至于上升到"国家标准",来鉴定青花瓷,是我国古陶瓷界的悲哀。

(3) 清代青花。青花颜色是由青料提炼的纯净度、纹饰施彩的厚度、烧制的温度、还原工艺的严格程度、助熔剂的成分和浓度等所决定的。例如施彩越厚,青花的颜色就越深。与明代比较,清三代青花颜色不那么繁纷复杂,也与上述这些工艺比较稳定有关。尽管如此,由于缺乏检测手段,这些工艺的稳定是相对的不稳定是绝对的。例如图 2.7.17 "翠毛蓝"是由于提纯工艺提高、氧化亚钴纯净度高形成的。但是翠毛蓝只是占据清代青花的一部分,而且是少部分。大部分清代青花差异仍然显著。

显然,不仅康熙与雍正有区别,雍正短短 13 年内的青花也是区别显著。如图 2.7.18

图 2.7.17 康熙青花的翠毛蓝

图 2.7.18 雍正青花梅瓶不够蓝

图 2.7.19 雍正青花蓝度适中

和2.7.19。这就是我们所说的不稳定是绝对的,比较稳定的一致性只能发生在一窑一次一批之内。砸瓷专家说什么稳定就对,不稳定就不对,完全是颠倒了古陶瓷真相:只有现代的具有完善检测手段的可控的批量生产,才能够真正地保证青花发色稳定。古陶瓷的青花发色特征是差别很大的,不一致的,不稳定的。

第八节 中温低温釉的化学特性和鉴定

唐三彩是彩釉陶器烧制的典范,采用的是二次烧成法。先行将做好的坯体装在窑内烧至1000℃~1050℃,称之为烧胎。然后取出坯胎施彩,之后再放进烧窑内烧至850℃左右。唐三彩釉质的主要成分是硅酸铅。由于铅釉的流动性强,在烧制的过程中釉面向四周扩散流淌,各色釉互相浸润交融,形成自然而又斑驳绚丽的色彩。釉烧出来以后,有的人物需要再"开脸"。所谓开脸就是人物的头部不上釉,要画眉、点唇、画头发。

图 2.8.1 出土的唐三彩

唐三彩釉采用氧化反应生成,例如铜的氧化物呈现绿色,铁的氧化物呈现黄或黄褐色,钴的氧化物呈现蓝色,锰的氧化物呈现紫色或黑色。在中国历史上,以唐三彩为代表的彩陶通常是用来做冥器的。这给我们鉴定彩陶,尤其是唐三彩提供了一个非常有利的判别根据。这个根据就是多次开片的蝉翼纹和一部分器物出现的"银釉"。

一、多次开片的"蝉翼纹"和鉴定

第一章第一节我们曾经简单地介绍了唐三彩的特征,在本节我们将解释这些特征。

1. 疏松胎

凡是墓葬中的铅釉陶器,例如唐三彩,都会产生所谓的"蝉翼纹"开片。化学分析表明,唐三彩类陶俑虽然属于古陶,但是胎料化学成分已经与瓷接近。[1]但是,三氧化二铝需要在1300℃左右才能瓷化,否则胎骨不能烧得像瓷器一样坚实。实验证明,唐三彩

---

[1] 张福康《中国古陶瓷的科学》,上海人民美术出版社2000年版。

胎骨实际最高的烧成温度只有1050℃，其他的早期陶俑温度更低。因此其铅釉虽然在850℃左右完全熔融，但是胎骨却"缺了一把火"成为"疏松胎"。胎骨吸水性是不言而喻的。

2. 水化开片

陶俑和唐三彩是专门用于墓葬的冥器。墓中无论是土质还是空气都充满了水分。

图 2.8.2 唐三彩微观釉面的多次开片纹，纹缝被污染

（1）水分有一个旱涝周期问题，一年之中有夏秋涝、冬春旱；几年之中有涝年、旱年。

（2）因为古铅釉陶器烧成温度低于1100℃，胎空隙较多而釉无空隙。

（3）涝季器物被水或水汽浸泡后胎吸水膨胀，而釉不吸水无膨胀。旱季胎析出吸收的水收缩，而釉无水也不收缩。漫长的地下历史，反复的膨胀收缩，造成胎釉之间松动和釉层被胎拉压的断裂。胎骨的膨胀与收缩必然导致不能同步的釉层出现开裂。与热胀冷缩的地面风化开片不同，这里是水化开片。

图 2.8.3 开片纹宽度相等，不是蝉翼纹，纹缝窄到毫无污染

（4）这样的开片像网状而布满全身，似蝉翼般细密。显微呈现多次开片，[1] 如图2.8.2。水化开片与风化开片另一个不同点是开片鳞片极其细微，开片粗细分支犹如"蝉翼"，产生的年代极其久远，形成多次开片。这里所说的多次开片纹，是指纹片裂缝宽度有很大的差异，根据宽度的不同，可以分成二次或多次开片。开片纹次数越多，器物存世越久远。图2.8.2开片纹裂缝宽度最小与最大相差近10倍，需要特别漫长的反复的旱涝周期才能形成。

3. 仿品没有开片，或者有开片而非蝉翼纹

需要指出的是：冥器胎釉的热膨胀系数基本上相同，釉中含铅虽然比较高，但是$PbO-SiO_2-Al_2O_3$系的铅釉与胎骨的膨胀系数匹配较好，因此制假时用温度变化的方法是很难产生开片的，[2] 更不可能产生多次开片。这就是仿品没有蝉翼纹的原因所在。图2.8.3所示的"唐三彩"开片纹宽相等，纹缝极窄，不属于粗细分支的蝉翼纹，真品与否值得怀疑。而市场上出售的，甚至于博物馆收藏的，没有片纹的冥器陶器一定是赝品，

---

[1] 蔡礼君《青瓷釉色成因及相关的鉴定原理》，《收藏家》2016年第8期。

[2] 张福康《中国古陶瓷的科学》，上海人民美术出版社2000年版。

是无疑的。

二、"银釉"始末

西汉中期，我国出现了表面施铅釉的陶器，铅釉的助熔剂是铅粉，铅粉就是碱式碳酸铅〔$2PbCO_3 \cdot Pb(OH)_2$〕。施铅釉的陶器釉层经850℃左右烧成后清澈、光滑。因为由铅粉分解的氧化铅是黄色，所以这种含铅量高的釉，大多以黄、绿、棕色为主。铅釉陶器如果长期埋藏于地下，尤其是墓葬后，受到尸体腐烂形成的磷酸性液体侵蚀，经历漫长历史形成了羟基磷酸铅钙：$Pb(PO_4)_6(OH)_2+nCa$，并且从釉层的微细开片纹中渗透析出，形成了片状结晶体。[1,2] 片状晶体积累后会对白光形成漫反射呈现出白色，称之为"银釉"。

银釉的显微特征。

1. 银釉是从铅釉的开片纹渗透析出的

首先，凡是墓葬地下的铅釉冥器，例如唐三彩，都会产生所谓的"蝉翼纹"开片。

2. 银釉析出后成片状附着于铅釉面

银釉除了上述的所谓开片前提外，银釉渗透析出后表现的是片状堆积和覆盖。[3] 文献中叙述了银釉通过釉层开片渗透和析出的过程。本节给出了开片渗透析出及其片状覆盖的显微图片。图2.8.4和2.8.5已表明釉面出现多次开片和银釉析出的情况。

3. 银釉可见"蛤蜊光"

"银釉"属于结晶体，除了对白光漫反射呈半透明"银釉"，片状银釉产生薄膜干涉效应，如图2.8.6，在特定的白光照射下，可见"蛤蜊光"。[4]

4. 假银釉陶俑

源于利益驱使，社会上造假银釉陶俑和陶器充斥了市场。最为著名的莫过于轰动全

图2.8.4 银釉通过多次开片析出的积累（放大60倍）

图2.8.5 银釉析出成片状积累和覆盖（放大50倍）

---

1 张福康《中国古陶瓷的科学》，上海人民美术出版社2000年版。

2 蔡礼君《中国古陶瓷釉的相关因素和鉴定方法》，《文物鉴定与鉴赏》2016年第10期。

3 张福康《中国古陶瓷的科学》，上海人民美术出版社2000年版。

4 蔡礼君《古陶瓷的蛤蜊光》，《文物鉴定与鉴赏》2016年第8期。

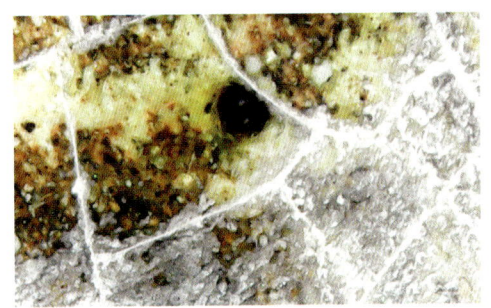

图 2.8.6 片状银釉产生薄膜干涉效果，釉面多处显出五光十色的"蛤蜊光"

图 2.8.7 图 2.8.4～2.8.6 取样标本：出土唐代绞胎釉彩陶骆驼

图 2.8.8 被国家文物局批准，由国家博物馆和故宫博物院"抢购"的假"北魏陶俑"

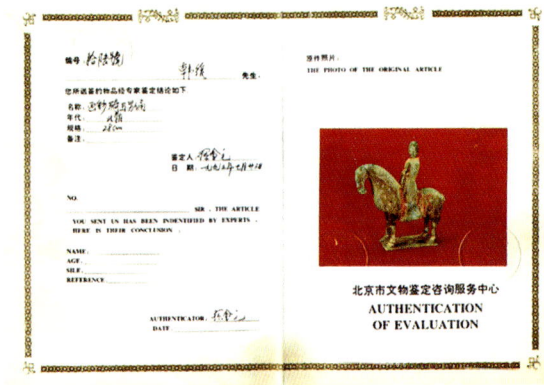

图 2.8.9 如此漏洞百出、由普通农民批量制造的赝品，居然轻易地通过了权威的检测中心

国的"北魏陶俑事件"了。令人遗憾的是，当时我们的专家不清楚什么是银釉，居然把"银釉"与"泛铅"混为一谈（至今大部分专家仍然如此），不仅导致了国家的重大损失，而且扰乱了文物鉴定和文物市场。

（1）假银釉是铅粉和熟石灰粉调和后用胶水蘸到赝品表面的。其实，只要仔细观察不难发现：假银釉是涂抹在器物表面上的，平平淡淡，毫无真银釉那样从蝉翼纹里渗透析出又积累的立体感。图 2.8.8 陶俑是轰动全国的假银釉"北魏陶俑"，"银釉"是从外面涂抹黏结出来的。

（2）假银釉在放大镜或显微镜下看不到细微的开片纹。

（3）真银釉是不溶于水的结晶体（类似于碳酸钙水锈），热水洗不掉，假者很容易被热水泡洗掉。

（4）假银釉没有片状和片状积累特征。

（5）假银釉无论如何也不可能出现"蛤蜊光"。

5. "北魏陶俑事件"是我国古陶瓷鉴定去科学化倾向的一种表现

联想到"马来西亚魏华侨献宝事件""故宫买假金代磁州窑花口瓶事件""国家博物馆认假凤首元青花梅瓶事件""金缕玉事件""电视砸瓷事件""冀宝斋事件",联想到现在大量的电视鉴宝节目误导收藏大众现象,说明这种倾向大有愈演愈烈的趋势。对此,国家文物管理部门以"不懂"为借口而放之任之。

三、中温低温彩釉化学工艺与鉴定

1. 宋加彩和黑釉

宋加彩是北宋釉上彩绘品种,是最早的瓷器釉上彩,又称"宋红绿彩"。在已烧成的瓷器上用色料施以绘画,再经低温烘烤而成。彩料有红、绿、黄、紫,以及金、银彩几种。宋加彩始于河北定窑,最初仅用红彩书字或金、银彩绘画。之后北方金代磁州窑、扒村窑及山东、山西某些瓷窑

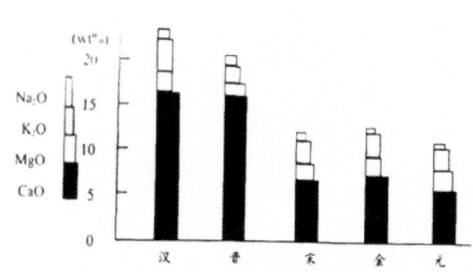

表 2.8.10 历代黑釉助熔剂比例表

竞相烧造,在一件器物上应用多种彩料。也有以黑彩为地,刻沟里用大蒜汁填金,釉上彩绘的"黑定",并且底足刻款"易定",如图 2.8.11。宋加彩当为明、清五彩与斗彩之前身。涉及北宋黑釉,对釉成分和工艺说明如下。

(1) 北宋黑釉,非黑陶那样的渗碳(烟)工艺,而是采用铁着色剂强还原气氛形成。

(2) 为了增加釉层厚度,大幅度降低助熔剂比例,如表 2.8.10 加重的氧化铁也有一定的助熔力。

(3) 助熔剂大幅度减少就要提高烧成温度,釉层表面的透明层减轻了黑釉的二次氧化。

尽管如此,黑地颜色已经不是纯黑,而是出现了深棕色叠加。

(4) 自然时效的结果,析晶层的钙长石和莫来石伴随着历史的久远,会不断地在釉层空隙中和釉面生长,如图 2.8.11。因为晶体的漫反射,这样的生长将进一步降低釉面的黑色度。

(5) 如图 2.8.12,深 1.2 毫米左右、宽约 0.5 毫米,沟槽内填金、勾画人物轮廓、发饰、衣褶、蝴蝶和蝶翅、花草,以及蹴鞠。妇之发饰细腻,一丝不苟,样式规范。

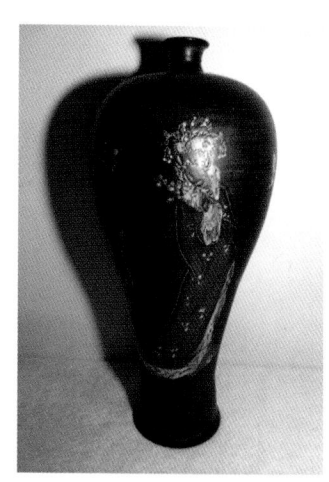

图 2.8.11 易定款黑釉地妇婴蹴鞠佛文宋加彩梅瓶

图2.8.12 显微可见釉面成片雪花状结晶，沟内填金断续被钙长石白斑覆盖（放大50倍）

图2.8.13 各角度均可观察到美丽的"蛤蜊光"

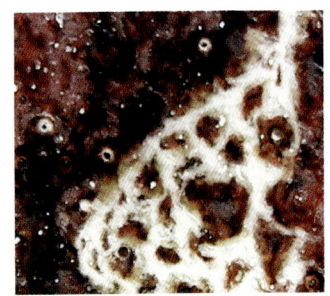
图2.8.14 紫色釉上彩网状结晶和不规则的开口气泡（放大100倍）

妇婴身着冬服，斗篷内兽毛也历历在目。佛文和工笔画面，无不表现出宋徽宗的佛教思想和个人美术爱好。该器物仿制较多，但是仿品黑釉过黑，画工粗俗，发饰服饰不合北宋规范。

（6）伴随着釉面的自然老化，部分黑色的氧化亚铁（FeO）和四氧化三铁（Fe_3O_4）被二次氧化成三氧化二铁（Fe_2O_3），进一步降低了釉面的黑色度，黑里透棕褐色。

图2.8.15 吉州窑绿釉盏

釉上彩紫色斗篷上气泡均破口，网状白斑系白色釉上彩自然老化后漫反射效果。

2. 中温的孔雀绿釉

宋代磁州窑发明的孔雀绿釉是中国最早的高碱釉。使用牙硝（KNO_3）和石末配制，主要的助熔剂就是氧化钾（K_2O）。烧成温度在高温釉与低温釉之间（例如900℃～1100℃）。助熔剂事先煅烧成"熔块"，此技术对后期釉上彩起到了积极作用。瓷器釉色名亦称"法翠釉""翡翠釉""吉翠釉"。以铜为着色剂的中温色釉，起源于宋、元民窑，最早见于宋磁州窑。元代磁州窑、扒村窑亦有烧造，多将孔雀绿罩于黑花之上。磁州窑采用高碱釉是中国古陶瓷重大发明。

图2.8.16 元磁州窑孔雀蓝玉壶春瓶，出现强烈的"蛤蜊光"

在前述中温釉时，曾经提到了铅釉也可以做成中温釉。例如吉州窑的绿釉，含氧化铅48%，如图2.8.15。但是，对于孔雀绿这样的绿色来说，只能采用高碱釉来代替铅釉，才能烧制出那样如孔雀开屏般绚丽的绿色，如图2.8.16。

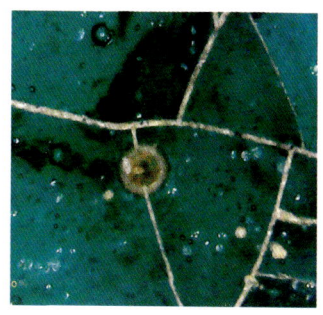

图2.8.17 显微三次开片，片纹和气泡里充满棕黄色氧化铁，铜绿存在二次氧化黑斑（放大150倍）

图2.8.18 可见明显的化妆土和生烧痕迹

图2.8.19 气泡破损接近一半，局部脱釉（放大40倍）

磁州窑孔雀绿与吉州窑铅助熔剂绿釉烧成温度分别是1050℃和850℃。前者无乳浊剂，后者添加了氧化锡2.54%乳浊剂，得到了蓝绿相间的双色釉（蓝是物理色、绿是化学色）。乳浊的效果远没有高碱釉那样的鲜亮。

（1）宋元时期磁州窑烧制孔雀绿是以素胎直接挂釉一次烧成，温度达不到烧结程度，就一定会如图2.8.18那样的生烧。如此一来，胎与化妆土、化妆土与中温釉（因为温度低，没有析晶层）多层次生烧，釉与胎结合不紧密。再经历年代久远的风化，釉面脆弱，如图2.8.19那样，气泡易碎，釉层易剥落。到了明朝，景德镇窑改成先烧高温透明釉，后挂烧孔雀绿中温釉，就解决了这个问题。

（2）因为孔雀绿釉助熔剂采用的是含11%～20%K_2O的高碱釉，其膨胀系数高达4，冷却收收缩远比胎严重。也就是胎釉热膨胀系数差异太大，必然导致孔雀绿开片严重。开片成细密分布，宏观均匀如鱼鳞。

（3）除了磁州窑的孔雀绿釉，采用高碱釉的古陶瓷还有山西的法华器。但是历史上法华器助熔剂也有一种加铅釉，现代仿品则全部采用氧化钾高碱釉：牙硝的比例略高于石末。

3．釉上彩

釉上彩是高温素瓷或高温彩瓷之上再施低温彩釉的瓷器装饰工艺，产生于宋早期的磁州窑和定窑，叫作宋加彩。从明代宣德开始的青花五彩、斗彩、色地青花，到清代的珐琅彩、粉彩、混合五彩、混合素三彩、混合珐琅彩粉彩、炉钧釉、浅绛彩、青花珐琅彩、青花粉彩、金彩、广彩等低温釉上彩瓷器，低温彩釉瓷器发展到了顶峰。与高温釉比较，低温彩釉烧成温度低，彩釉质地比较疏松。因此，低温彩釉极易被损坏。

（1）高低温彩釉的原则区别。因为经历了氧化或还原反应，通常釉下彩、釉中彩施彩时的颜色与烧成的颜色是完全不同的。例如釉里红、霁红等施彩是氧化铜的黑色，烧成是氧化亚铜的红色；青花、霁蓝等施彩是氧化钴的黑色，烧成是氧化亚钴的蓝色，等

 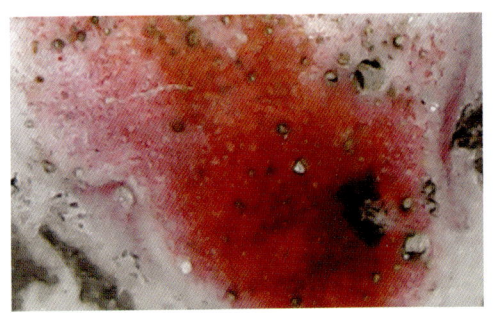

图 2.8.20 粉彩黏稠度高的釉上彩缩釉现象（放大 150 倍）

图 2.8.21 珐琅彩气泡破裂，后被污染（放大 50 倍）

等。为了不产生类似于釉下彩釉中彩那样的化学变化，釉上彩要低温下烧制，施彩时的颜色与烧成的颜色是相同的。

（2）彩釉缩釉坑点。当釉上彩较厚或温度尚低或含铅量较低（例如低于 45%），当水或木油挥发后彩釉尚未熔化，所以没有气泡但是挥发留下了气孔，待彩釉熔化时形成"缩釉坑点"，如图 2.8.20。

（3）素瓷凸出气泡问题。素瓷凸出的气泡被釉上彩覆盖后，厚度很不均匀，气泡顶上的厚度最薄。在厚薄突然改变的根部形成了应力集中。当年复一年产生热胀冷缩时，这个根部就会开裂和破坏，如图 2.8.21。

4. 粉彩与珐琅彩的区别以及混合使用问题

瓷胎珐琅来源于铜胎珐琅，因此颜料和工艺具有明显的传承关系。虽然粉彩是在珐琅彩的影响下产生的，但是因为加水与玻璃白打底，颜料与工艺就有了区别。例如，因为铜胎表面与颜料之间结合能力差，就一定要加进硼砂。这样一来，瓷胎珐琅彩颜料里也跟着含有不少的氧化硼（B_2O_3）。粉彩颜料里的氧化硅，尤其是玻璃白的加入，与素瓷釉能够很好地融合，就没有必要加硼砂了。珐琅彩的调和剂是木油，因为木油表面张力较大，珐琅彩可以描绘得更细腻、精准。粉彩玻璃白更多，调和深浅更加柔和。所以雍正开始一直到晚清时期（例如道光时期景德镇）釉上彩瓷就有珐琅彩与粉彩结合使用的情况。如图 2.8.22，人物和花树采用珐琅彩，而地面和松树山石则采用粉彩。再如图 2.8.23 所示的乾隆款十八罗汉灯笼瓶，主纹采用金彩，上下的四层辅饰却采用了珐琅彩。因为如果不是珐琅彩，就根本没有办法把辅饰的图案勾画得如此精细，如同绣花针刺绣出来一样细腻。可谓不计成本和巧夺天工。珐琅彩瓷器添加粉彩的原因是在需要大面积施彩时（例如上述地面、山石），受到木油黏稠度较高的限制，不容易匀称淡雅，借用水剂粉彩调色就会相得益彰了。而粉彩瓷器在精细雕画时也利用木油的黏稠特点调色，局部也可以达到珐琅彩的细腻程度。

图 2.8.22 道光款景德镇西厢故事珐琅彩杯

图 2.8.23 珐琅彩与金彩相结合的釉上彩纹饰

六、第五至第八节结论

1. 中国古陶瓷高温釉属于石灰釉和石灰碱釉，与现代高温釉的长石釉和混杂的搪瓷釉比较，无论是化学成分还是宏观、微观都有着明显的区别。

2. 古陶瓷釉的助熔剂主要成分是氧化钙、氧化镁，历史上呈先低后高再低的变化规律。

3. 氧化钙加上氧化镁含量低于 8%，是使用或混合使用了现代长石釉。

4. 氧化锌、氧化锆、氧化钡等现代高温釉特殊成分任何一项含量 >1% 时，应该是仿品。

5. 现代仿品高温釉宏观表现为釉层偏厚，釉面莹润（受到央视专家和拍卖公司推崇），有的局部产生缩釉，与当前的鉴定标准相悖；而微观表现为气泡稀且小。

6. 中国古陶瓷高温釉的老化显微特征，可以帮助我们识别古陶瓷的真伪。

高温釉老化显微特征包括：自然时效的结晶斑、出窑的二次氧化、风化的二次开片、气泡的变色和破碎、麻坑式腐蚀斑、釉面污染与沁润等。

7. 现代仿品做旧显微特征包括：氢氟酸腐蚀加黄土涂粘、布砂轮打磨和皮革攀磨、釉面喷砂、人工造"泛铅"以及人工污染。

8. 无论是现代高温釉化学成分，还是各种做旧方法，都使得仿品比真品外观更显得无光或酥光，釉面显得更加莹润。这与当前的鉴定观点相悖，尤其应该引起广大收藏爱好者警惕。

9. 低温釉包括铅釉陶器与釉上彩瓷器。

10. 铅釉陶器用于冥器产生银釉，因为"北魏陶俑"事件而具备特殊意义。

11. 银釉具备渗出性、片状层状、结晶特性、不融性、不透明性、产生蛤蜊光等特征。

12. 铅釉助熔剂是白色铅粉，低温烧制后分解为黄色氧化铅，能进一步氧化成黑褐色二氧化铅。银釉只有在墓葬里才能产生，其白色是结晶体对白光的漫反射形成的。"泛铅"是在地面上风吹日晒雨淋形成的二氧化铅，不是白色而是黑色，"泛铅"不是银釉。

13. 釉上彩传统工艺与现代印刷工艺完全不同，通过显微观察可容易分辨。

14. 与高温釉比较起来，釉上彩很容易损坏而形成自然老化。老化包括：风化开片、缩釉和气泡污染、颜色改变的二次氧化，以及产生蛤蜊光。显微图像可以帮助我们发现这些自然老化现象，以识别真伪。

第九节 古陶瓷的彩与料

与高温、中温、低温釉相伴，古陶瓷彩分为高温彩、中温彩、低温彩。按照颜料施加的位置分类，有釉下彩、釉中彩、釉上彩。青花、釉里红、霁蓝（也叫雾蓝）、霁红（也叫雾红）都属于高温彩。中温彩就是孔雀绿（包括孔雀蓝）、法华彩。低温彩就是陶彩（唐三彩、绞胎釉、陶俑彩）、宋加彩、五彩、斗彩、素三彩、珐琅彩、粉彩、浅绛彩。我们在相应的釉章节已经介绍了许多彩，本章将从颜料特性角度对这些章节内容进行补充和系统化。

一、钴蓝

青花就是蓝色花，蓝色颜料来自钴蓝矿，中国最早使用于唐青花、唐三彩。宋青花罕见，元青花、明青花、清代青花却大量生产和流传，以至于现在我国传世的古陶瓷里，青花瓷占据了统治地位。

钴蓝矿颜料分为进口的号称为蓝玻璃的苏麻离青如图2.9.1，以及国产的云南珠明料、江西乐平的平等青（陂塘青）、江西瑞州的石子青、庐陵的黑赭石、浙江的浙青等，如图2.9.2。西域的回青（西域大青或佛头青）也属于进口青，但是与苏麻离青完全不同。中国古陶瓷历代青花颜料列表如下：

历代青花颜料表

朝代	使用的钴料名称和来源	青花特征	说明
唐代、宋代	国产、进口	釉上釉下都有	唐青花、宋青花、唐三彩
元代	苏麻离青	色彩浓艳，黑斑，高铁低锰	黑斑有金属光泽

续表

朝代	使用的钴料名称和来源	青花特征	说明
元代	国产钴料,云南等地	色彩不够浓艳,没有黑斑	有黑斑的也没有光泽
明洪武	苏麻离青、国产	灰淡,料浓重处有黑斑	有黑斑的也没有光泽
明永乐、宣德	苏麻离青、国产	低锰高铁、橘皮釉	黑斑有金属光泽
明成化	早期苏麻离青	采用国产料勾边	
明成化	进口与国产混合使用	中锰中铁,色泽淡雅	采用国产料勾边
明成化	平等青	高锰低铁	精细提炼
明正德	回青、石子青	回青易流淌,不能单独使用	混合使用
明嘉靖	回青、石子青	同上	同上
明万历	浙青,绍兴、金华		开始精细提炼
清三代	浙青	色泽浓艳	精细提炼
晚清	浙青、珠明料,云南		
现代	工业提纯钴料	色泽非常纯净艳丽	称之为"洋蓝"

1. 青花料的纯度和质量

进口的苏麻离青,叫"蓝玻璃"(smalt),其氧化亚钴是包含在天然矿石里,纯度比较高。现代提纯的青花料纯度就更高,而工业合成的无机钴蓝颜料最纯,如图2.9.3。质量上,进口的苏麻离青料里主要是$CoO \cdot Al_2O_3$,是蓝色矿石。因为硬度比较高,研磨困难,颗粒度比较粗,而不得不加重材料助熔剂,是造成青花晕散、串珠、下陷、大气泡等特殊现象的主要原因。国产青花料里主要是Co_2O_3、Co_3O_4,是黑褐色矿石,硬度比较低,容易研磨,颗粒细腻,不会产生上述特殊现象。现代工业合成青花料完全以$CoO \cdot Al_2O_3$形式存在,颗粒非常细腻,不需要研磨加工,但是合成青花料耐高温性能不如天然矿物颜料,1300℃以上高温时会变得不稳定,成本比较高。天然提纯的矿物颜料是晚清从日本引进的青料,中华人民共和国成立后我国也能生产,质量最好。

图2.9.4表明,无釉保护CoO在窑外被完全二次氧化成Co_2O_3黑褐色。也说明,当自然老化和时效破坏了釉面和釉层时,原本青花发色也会变得暗淡,甚至于发黑。

2. 青花发色鲜艳还有赖于还原工艺合理和避免二次氧化

不合理的还原工艺就是一氧化碳浓度低于4%,Co_2O_3、Co_3O_4得不到充分的还原,留下了它们的黑褐色。即便是进口的苏麻离青,抑或是现代青花料,在窑内的氧化工艺阶段,CoO必然会氧化成Co_2O_3、Co_3O_4的黑褐色,有待于被还原成蓝色。或者是虽然

图 2.9.1 苏麻离青矿石，氧化亚钴为青花成分

图 2.9.2 国产青花料矿石，氧化钴为青花成分

图 2.9.3 现代合成的钴蓝料

图 2.9.4 无釉保护 CoO 完全二次氧化成 Co_2O_3 黑褐色，无釉处纹饰是黑褐色，有釉纹饰是蓝色

还原到位，开始冷却时，釉未固化且尚在高温阶段，又部分地发生了二次氧化。其结果是青花灰暗发黄（发黄是氧化亚铁的二次氧化）。

3. 苏麻离青料的特性与鉴别

(1) 青料重彩处会有金属光泽

永乐、宣德青花采用苏麻离青料，重彩处有金属光泽，如图2.9.5。元青花也有，但是因为历史久远和维护不好，很多重彩处被二次氧化成"铁锈斑"，锈掉了原来的金属光泽，元青花就没有永乐、宣德青花那么明显的金属光泽了。

苏麻离青青料杂质的特点就是高铁低锰。重彩处是铁离子的富集区，离子浓度是周围的8倍。在还原气氛中，釉层冷却下来的时候，过饱和的铁离子以四氧化三铁（Fe_3O_4）结晶的形式析出。四氧化三铁（Fe_3O_4）结晶可以成树状，也可以是网状，如图2.9.6和2.9.7。晶体对白光的漫反射，形成了"锡斑"的光泽，如同建窑的"油滴"（那里周围是黑釉，衬托出来的就是白色油滴，这里是玻璃化程度很高的青花，衬托出来就是金属光泽）。市场上伪造的重彩斑不是结晶斑，而是人工平涂上的"化妆斑"，没有结晶特征，也没有金属光泽，得不到树状或网状结晶图片，显微镜下很容易分辨。

图2.9.5 宏观的永乐、宣德青花重彩处的金属光泽

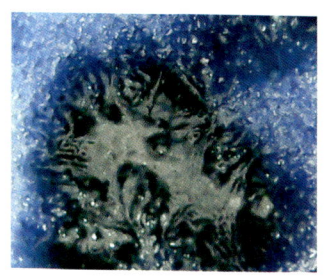
图2.9.6 显微镜下的树状四氧化三铁（Fe_3O_4）结晶

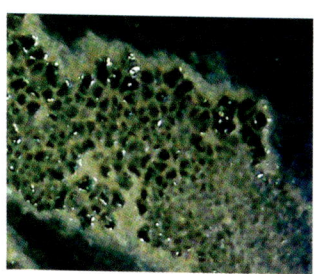
图2.9.7 显微镜下的网状四氧化三铁（Fe_3O_4）结晶

（2）青料重彩处会有下凹麻坑

元青花和永乐、宣德青花重彩处下凹麻坑现象，也可以叫作橘皮釉。通常橘皮釉是气泡破裂后缩釉造成的，这里的下凹却是因为重彩处吸釉能力不足造成的。苏麻离青料硬度大，粉碎后颗粒度比较粗，只好依靠加大青料里助熔剂浓度来熔化颗粒。这样一来，器物整体挂釉后，重彩的助熔剂将在烘干和烧制过程中向覆盖重彩的彩上釉层扩散。其结果是重彩处釉层也先行熔化并且大部分被周围的未熔釉层所吸收（填充气隙和被釉颗粒吸附），使之极其单薄。因为表面张力的作用，全釉层熔化后重彩之上的薄釉层得不到填充而留下来下凹麻坑，如图2.9.8和2.9.9。

图2.9.8 宣德款梅瓶青花亮光处的重彩下凹特征

由于相同的原因，苏料的青花彩料稍微多的纹饰上也有轻微的下凹现象。鉴定专家们不了解这样的物理、化学过程，仅凭直观

图2.9.9 宣德款青花菱口大碗亮光处的重彩下凹特征

说什么"青花深入胎骨"，导致了现在的"青花打印"技术，使之成为"深入胎骨"的赝品。这再次说明科学鉴定的重要性。

（3）青料会产生"晕散"

苏料颗粒粗，加大助熔剂浓度，使苏料先于釉层熔化，苏料周围尚未熔化的釉层对熔化的苏料产生的吸附，也可以说是苏料的扩散。所谓"晕散"就是在烧制过程中青花颜料超出笔触纹饰边界,扩散到笔触周围一定宽度的空白地上,如同毛笔蘸水墨在宣纸上大写意绘画那样的效果,例如图2.9.10和2.9.11。这样的扩散是在水平方向和垂直方向全方位进行的:水平扩散的结果就是"晕散";垂直方向的扩散就是第五节介绍的青料沁满釉层。

另外一个次要原因是:苏料含铁量较高,还原气氛生成的氧化亚铁本身有助熔剂作用,加重了晕散现象。而当析晶层较厚时,其中的钙长石结晶体在釉层里向上和左右生长,把青花料带到纹饰周围,也帮助了青料扩散。

不是所有的苏料都产生晕散,当苏料研磨较细而不需要特别加大助熔剂浓度时,就不会发生明显的晕散。苏料晕散曾经是鉴定元青花、永乐、宣德青花的一种办法,但是这些青花不一定每一件都产生晕散。

晕散问题曾经被当作瑕疵。为了克服这一瑕疵,后来人们常用国产料勾边的办法限制晕散,取得了很好的效果。市场造假也可以采用加大助熔剂的办法产生晕散,但是鉴

图2.9.10 宣德款梵文高足杯青花晕散情况

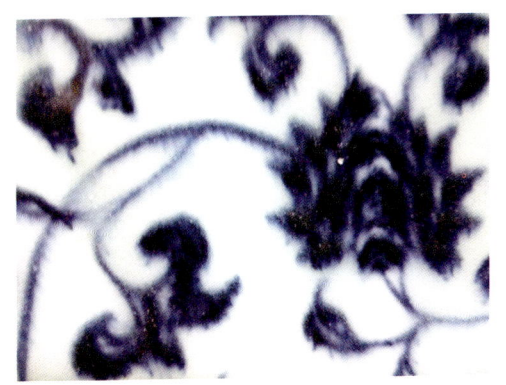

图2.9.11 宣德款盖盒青花晕散情况

图2.9.12 乾隆款青花小盘的点染纹饰

图2.9.13 苏料"串珠"和"点晕"

定不能只凭这一项定真伪。到了清雍正、乾隆时期，官窑开始模仿永乐、宣德青花的晕散效果，但是模仿不成，就干脆采用点染的办法使之近似。点染的效果如图2.9.12。

（4）所谓"串珠"和"点晕"

应该说"串珠"是由于青料研磨粗糙而依靠助熔剂来熔化，但是助熔剂不足造成的。助熔剂不足的青料熔化得就不完全，纹饰中苏料的堆积也就没有办法化开或扩散开。而这些"堆积"原本就成不均匀的"珠状"，相邻的"珠"被边沿熔化的青料连接到一起，就成了"串珠"。不是"凝聚"而是晕散不够使然，"点晕"也是这个原因。如图2.9.13。

（5）重彩成"黑斑"

重彩颜料先行熔化时窑炉内尚在氧化气氛工艺阶段。此阶段青料被氧化成了黑色的三氧化二钴（Co_2O_3）。还原气氛的有效性是通过一氧化碳（CO）与青料的三氧化二钴（Co_2O_3）充分接触来实现的。因为三氧化二钴在还原气氛来到之前已经熔化成液态，原本青料颗粒周围的气隙已经被液体充满，一氧化碳（CO）体进不来了。因此，重彩处的大部分青料得不到有效的还原反应，黑色的青料就不能还原成蓝色的氧化亚钴（CoO）。"黑斑"就不可避免了。

（6）纹饰里气泡比较大

前述中提到："苏料的青花彩料稍微多的纹饰上也有轻微的下凹现象。"说明了那是因为其上的釉稀薄造成的。釉层稀薄的表面张力会显著下降，根据气泡形成的压力平衡原理，气泡就会膨胀变大。如果窑温冷却了下来，大气泡就可以被保护起来；如果继续膨胀，气泡就会破裂而形成缩釉。缩釉也会形成麻坑，就是所谓的"橘皮釉"。这种苏料青花的纹饰部分气泡大的现象可以作为鉴定的辅助因素加以利用，如图2.9.14和2.9.15。

图2.9.14 青花重彩的大气泡现象

4. 成化青花的淡雅

成化初期曾经采用过进口的苏料，但是中后期则完全采用国产料平等青了。成化青花用料淡雅是什么意思呢？其一是青料不重彩，清淡细薄用料的结果是氧化钴的浓度非常低，低到不足0.2%，是元青花的三分之一，是嘉靖青花的四分之一！其清淡至极在中国青花历史上是绝无仅有的。其二是成化皇帝对官窑瓷器胎釉乃至纹饰要求非常苛刻，青花不能出现明显

图2.9.15 苏料纹饰内的大气泡现象

图 2.9.16 成化款小折腰碗,青花笔触纤细而流畅,一丝不苟,胎薄不足 1 毫米,瓷器透明

图 2.9.17 成化款小碗,青花淡雅均匀,纹饰精细,胎薄不足 1 毫米,瓷器透明

的色差。如此一来,成化青花施料极薄又均匀,显示出淡雅特征。要求胎细胎薄釉层均匀,所以使用的石灰碱釉钙少钾多就是一个特点。其青花宏观特征如图 2.9.16、2.9.17。

5. 现代青花

现代青花颜料属于工业提纯矿物颜料和合成的无机颜料(后者成本比较高,稳定性较差)。因为纯度特别高,所以青花颜色鲜艳清澈,再加上现代采用的长石釉莹润如玉的特征,可以生产出典型的"亮青釉"和"翠毛蓝",即"砸瓷节目"里认定"真品"釉色的标准:"清亮、清润、莹润、稳定。"希望广大收藏爱好者一定要警惕,不能上"砸瓷节目"的当。

当笔者把故宫古陶瓷青花照片发给拍卖公司鉴定时,公司鉴定师仿照电视鉴宝专家的口气,说是"一眼假",就看出来青花是"化学颜料"。

什么是"化学颜料"?化学颜料(Chemical Paint)是属于人工合成的聚合颜料,发明于 20 世纪 50 年代,是颜料粉调和丙烯酸乳胶制成的。丙烯酸乳胶亦称丙烯树脂聚化乳胶,有多种产品。这些化学颜料被大量地应用于常温绘画,例如代替过去的釉彩画油画。其最高耐受温度不到 420°C，陶瓷的釉下和釉中彩要烧到 1200°C 以上，釉上彩 600°C 以上，如果是化学颜料早就分解或燃烧殆尽了。而化学染料不同于化学颜料，用于工艺染织，溶于水，没有覆盖能力，不能用于绘画，耐受温度最高不到 300°C。

一位权威鉴宝专家在"砸瓷节目"和另外的电视节目中多次提到仿品采用了"植物颜料"。植物颜料属于有机颜料。有机颜料是有颜色、具备其他一系列颜料特性的天然提纯和有机化合制成的一类颜料。有机颜料可以植物提取，也可以工业合成，其颗粒度非常小，覆盖能力比较差，不容易控制深浅和过渡，耐高温性能差，主要用于单色的油墨、涂料、橡胶制品、塑料制品、文教用品和建筑材料等物料的着色，不能用于陶瓷装饰，较少用于绘画。植物类有机彩的最高耐受温度不到 350°C，如果釉上彩采用植物彩，就会在窑内燃烧而化为灰烬，哪里还能有彩色的纹饰画面？那么釉下彩是否可用呢？回答也是否定的。因为釉下彩即便是完全无氧加热，有机颜料也会发生剧烈的化学反应，使得颜料的颜色面目全非，人们完全无法控制釉下彩的着色了。一个典型的事例就是吉州窑的树叶纹饰。尽管贴在胎骨表面上的树叶可能是绿色的，而且挂釉后可以保证无氧加热，但是烧成后只能是棕黄色，这是植物不能耐受高温的结果。

至于说到仿品使用"水彩颜料"，那就更加荒唐了。水彩颜料属于透明颜料，依靠水在纸上的渗透而着色。瓷器没有渗水着色的功能，水彩画上去就会顺水而流淌殆尽，哪里还有纹饰画面？再说，水彩不能承受高温，不到 300°C 就面目全非了。

我们的专家就是这样，在大庭广众之下不断地"创造奇迹"，信口开河地描绘出一个个天方夜谭，竟还美其名曰"时代特征"，古陶瓷鉴定焉能不混乱？

二、釉里红

所谓"釉里红"与青花一样，是在胎表面施彩料，然后罩透明釉，在还原气氛中一次烧成。釉里红的彩料着色剂是铜，通常是煅烧金属铜片后得到氧化铜粉末，然后加瓷石和助熔剂调和成彩料，其中氧化钙（CaO）50% 左右，氧化铜（CuO）20% 左右。氧化铜是黑色，在还原气氛中成氧化亚铜（Cu_2O）和铜为红色。CuO 的黑色在熔化的瓷石中成绿色，就如同一氧化钴（CoO）的棕黑色在熔化的釉里成蓝色一样。元代创烧了釉里红，所以元代和明代洪武时期的釉里红烧成的质量不是很好，有如下瑕疵。

1. 绿色苔斑

元代釉里红的绿色苔斑比较明显，如图 2.9.18 和 2.9.19。这样的瑕疵也叫作苔点绿、绿苔斑。

绿苔斑形成原因是：(1) 绿苔斑发生在重彩局部；(2) 重彩局部氧化钙和氧化铜富集；(3) 在氧化气氛阶段，富集的氧化钙使重彩局部先行熔化而表现为绿色；(4) 还原

古陶瓷鉴定的科学依据

图 2.9.18 釉里红绿苔斑显微（放大 60 倍）

图 2.9.19 釉里红绿苔斑釉面下凹

气氛时，熔化的重彩内部接触不到一氧化碳（CO），绿色斑点被保护到烧制结束。

不仅如此，元代釉里红绿苔斑点也有下凹的特征，如图 2.9.19 所示。原因与上述元青花重彩釉面下凹完全相同。

2. 自然时效的再结晶

图 2.9.18 釉里红绿苔斑显微显示，绿苔斑上出现了白色树状结晶，是年代久远后发生的去玻璃化再结晶，属于自然时效特征。这样的自然时效还发生在釉里红釉表面，如图 2.9.20。

发生这样的自然时效现象原因是：

（1）硅酸盐玻璃是一种介稳定物质。

（2）瓷器玻璃釉中大量的助熔剂使釉层玻璃化温度大为降低（硅酸盐玻璃熔化温度是 1670℃ ~ 1710℃，高温玻璃釉熔化温度是 1260℃ ~ 1360℃），稳定性更差。

（3）出窑后玻璃釉即开始在没有结晶阻力的釉面和气孔气泡周围发生极其缓慢的"再结晶"。

（4）烧成温度越低，"再结晶"就越容易发生。

（5）再结晶的晶体对白光的漫反射显示微透明

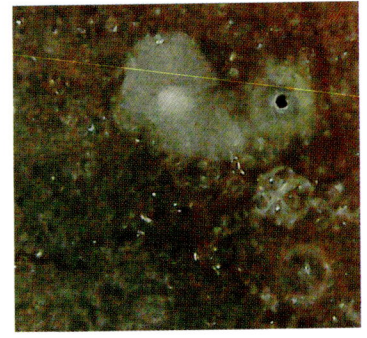

图 2.9.20 釉里红缠枝莲小盖罐釉面出现自然时效的再结晶现象，结晶斑呈礼花样放射状

的白色，再结晶的结果是古陶瓷釉面犹如蒙上了一层水雾，显得黯淡无光（灰暗）。

（6）再结晶成片后，釉里红颜色变浅，如图 2.9.21 的松竹梅蕉八棱小罐。

3. 釉里红的晕散问题

由图 2.9.20 的小盖罐图片可以看出来，元釉里红也有苏麻离青那样的晕散问题。原因与苏麻离青晕散有相同点也有不同点。相同点是晕散由助熔剂富集引发，不同点是：（1）元代釉里红彩料助熔剂氧化钙含量更大（50%）；（2）釉里红彩料容易研磨，为晕散创造了非常有利的条件；（3）釉里红晕散的范围或者宽度比元青花和宣德青花大，但是晕散的梯度不够明显，看起来似乎只有深浅两个梯度。

4. 关于"飞红"问题

过去的大量专著和专家鉴定里，在提到釉里红时，说什么铜红高温不稳定，容易挥发，所以元和明洪武的釉里红不够红。这个"挥发"称之为"飞红"。这样的解释是错误的。因为氧化亚铜（Cu_2O）在高

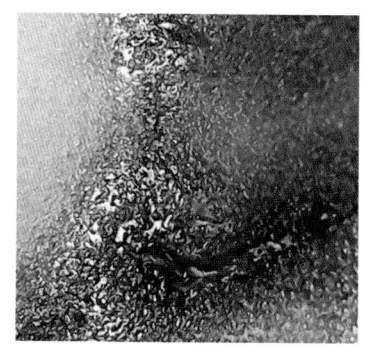

图 2.9.21 釉里红松竹梅蕉八棱小罐，年代久远后釉面"再结晶"显微（放大 60 倍）

温下是稳定的，其熔点是 1235℃，沸点是 1800℃。而铜的熔点 1083℃，沸点 2595℃。氧化亚铜到了熔点只是可能漂浮到釉的表面，没有到沸点是不可能挥发的。那么"飞红"又是怎么回事呢？其原因大致有 4 条。

（1）还原气氛过度。一氧化碳浓度过高（例如超过 5%），氧化亚铜被还原成铜，虽然铜也是红色，但是纯铜在约 700 纳米波长有较高的反射率而呈现橙色，而不是氧化亚铜的红色。

（2）铜极易与其他元素形成合金，不同的铜合金中不同的元素含量又具有不同的色泽。各种元素在铜中含量由少变多的时候，其合金颜色沿红、黄、青、白方向变化。这样一来，釉里红釉面颜色就变得不够红了。

（3）烧成温度较低，例如不到 1250℃，釉层里的气泡不能很好地逸出而集聚于釉面，气泡对白光的漫反射，形成了半透明覆盖而大大地淡化了下面的红色，如图 2.9.24。

（4）年代久远，自然时效的再结晶也类似气泡那样的半透明覆盖而大大地淡化了下面的红色。例如图 2.9.22、2.9.23。

图 2.9.22 故宫藏洪武釉里红标本釉面再结晶

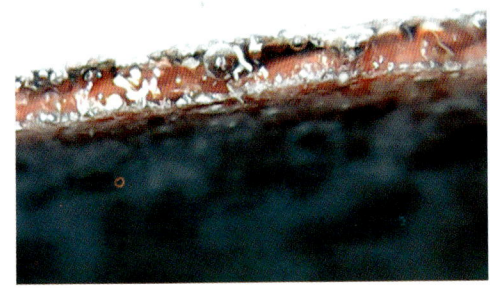
图 2.9.23 故宫藏明早期釉里红标本釉面气泡和再结晶

图 2.9.24 釉里红干枝梅纹起弦蒜头小瓶釉面氧化亚铜红色被气泡覆盖的显微图片（放大 50 倍）

图 2.9.25 明洪武釉里红竹蕉石盖执壶，局部"釉里黑"斑显微（放大 80 倍）

5. 关于"釉里黑"

元代和明洪武釉里红全部或局部釉面成为"釉里黑"。

元代和明洪武釉里红全部或局部釉面成为"釉里黑"的现象是这个时期釉里红特征，非常普遍，如图 2.9.25～2.9.29。产生的原因：(1) 出窑前的二次氧化。就是红色的氧化亚铜（Cu_2O）被氧化成黑色的氧化铜（CuO），二次氧化可以全部，也可以局部；(2) 还原气氛不足，彩料浓厚即重彩氧化铜（CuO）处没有完成完全的还原；(3) 存世久远，窑外的二次氧化。

图 2.9.26 明洪武缠枝牡丹盖瓶的"釉里黑"

图 2.9.27 明洪武菊莲纹大盘的"釉里黑" 　　图 2.9.28 元末缠枝牡丹执壶局部"釉里黑" 　　图 2.9.29 明洪武菊花牡丹纹大盘的"釉里黑"

三、铜红釉

中国人的欣赏习惯，常以红色代表着喜庆、吉祥、富贵、正气、华丽，被誉为"千窑一宝"的红釉瓷，也以其特有的民族风格，成为世界陶瓷史上闪耀着灿烂夺目光辉的一颗明珠。

红釉属于颜色釉。颜色釉与透明釉相区别的是釉料里加入了金属氧化物着色剂，在高温烧制后呈现色彩缤纷的釉色。我国传统颜色釉中，以铜的氧化物为着色剂，就能烧出霁红（也叫祭红）、宝石红、郎窑红等鲜艳夺目的红釉；以铁的氧化物为着色剂，能烧出如"千峰翠色"的青釉；以钴为氧化物的着色剂，能烧出霁蓝、宝石蓝等美丽的蓝釉等。同一种金属氧化物由于在釉内含量的不同，温度与烧成气氛有别，以及釉中其他化学成分组成的差异，又能呈现出众多不同的色彩。例如同样是以铜为着色剂，在氧化气氛中呈现绿色，而在还原气氛中却呈现红色。

如果说元代的纯红釉还处在创烧阶段，那么明代的红釉器就已红完全成熟了。永乐年间景德镇官窑烧造的鲜艳红釉，《景德镇陶录》称"永乐鲜红最贵"；宣德红釉比永乐鲜红更胜一筹，红而不艳，更显得静穆和凝重，《景德镇陶录》又有"宣窑""鲜红为宝"之说。

永乐后期传承了洪武以红色为贵的审美思想，例如在景德镇明代御窑厂遗址中，永乐后期地层中发掘出大量红釉瓷器。

到了嘉靖时期鲜红的高温铜红瓷器工艺失传，只好改用"矾红"代替。矾红创烧于北宋定窑，是以铁为着色剂的釉上低温彩，釉面无论光泽明亮的程度，还是滋润柔和的感觉，都不如铜红的效果，而且矾红彩的釉面极容易剥落，所以价值远不如铜红器那样高。它唯一可取的是在烧造上比较稳定，容易控制，成品率高。其中"枣皮红"乃是嘉靖红釉的一个著名品种，它风格别具，自嘉靖以后明清两代都曾大量烧制。

到了清康熙年间高温铜红釉烧制得以恢复并且延续至今,如郎窑红、豇豆红、桃花面等。但是没有记载是否恢复了永乐、宣德铜红釉工艺。永乐、宣德铜红釉与郎窑红还是有着原则上的区别的。

1. 永乐、宣德霁红(霁红)化学特征

永乐、宣德霁红助熔剂采用的是石灰碱釉,氧化钙(CaO)含量 5.6% ~ 8.5%,碱金属氧化物(K_2O+Na_2O)含量 6% ~ 8%,挂釉能力很强。其特点是:

(1)釉稠且厚,颜色不够均匀;

(2)以气泡为核心有圆形色差;

(3)高温釉表面透明薄层(釉上膜)与白色析晶层之间是红色彩釉的夹层。如图 2.9.30,在口沿的薄釉处(即标本左边无色处),没有或者非常薄的红色釉的夹层(极薄,例如 0.1 毫米夹层红釉就观察不到了),只有白色析晶层和透明的釉上膜,"灯草口"就产生了。

(4)气泡内颜色发暗,是因为气泡保护了氧化铜,一氧化碳难以进去,变成了弱还原。

2. 明清铜红釉区别表现在如下几方面

(1)永乐、宣德铜红釉属于石灰碱釉而郎窑红是石灰釉。[1]

(2)永乐、宣德铜红釉厚度 0.5 ~ 0.8 毫米,大型器最厚到 1.8 毫米;郎窑红只有 0.3 ~ 0.4 毫米,个别的达到 0.6 毫米。

(3)永乐、宣德铜红釉颜色不是单一红色,而是多以气泡为核心的深红(暗红)斑与橘红斑相套而成,如图 2.9.31(白色亮点是显微镜头 8 只 LED 照明在气泡顶部的反光)。郎窑红则是单一均匀红色,没有气泡内的深红,气泡外红度也不如永乐、宣德。[2]

图 2.9.30 灯草口标本

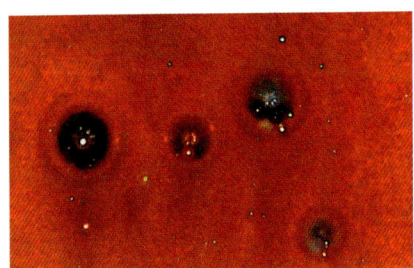

图 2.9.31 宣德款铜红大碗,以气泡为核心的显微图片(放大 200 倍)

---

1 张福康《中国古陶瓷的科学》,上海人民美术出版社 2000 年版。

2 张福康《中国古陶瓷的科学》,上海人民美术出版社 2000 年版。

(4) 永乐、宣德红釉熔化的温度1230℃，郎窑红熔化的温度1150℃。

3．上述显示的永乐、宣德铜红釉的特征解释

(1) 研究证明，永乐、宣德铜红釉着色为铜胶体和氧化亚铜混合起作用。在还原反应时既有 $2CuO+CO=Cu_2O+CO_2$，也有 $Cu_2O+CO=2Cu+CO_2$。其生成比例因釉料、温度、空气供给等诸多条件的差异而不可能相等，在釉面显示的红色深浅面积和变化也不可能相同。

(2) 气泡，尤其是釉面上的气泡，隔开了釉表面上的CO气体与CuO和Cu_2O的接触，使气泡下面和气泡周围的化学反应不相同。

(3) 气泡下面釉层的还原机会变小，铜胶体着色变弱，颜色主要是由氧化亚铜（Cu_2O）和尚未还原的少量氧化铜（CuO）构成。铜色是橘红色，而氧化亚铜是红色，气泡下面是深红色显然是Cu_2O为主加CuO造成的。

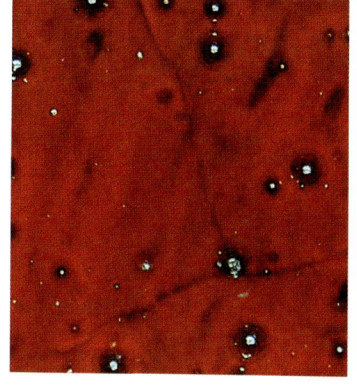

图2.9.32 永乐铜红釉大筒瓶面显微（放大100倍）

(4) 高温时气泡迅速膨胀而使气泡周围一氧化碳富集，气泡周围就会出现更多的铜被还原而显示橘红色。图2.9.32中橘红斑有向下流淌的倾向，是温度较高时部分釉层流动的结果。

(5) 胀大的气泡容易破裂，破裂后既搅动了颜色又产生新的

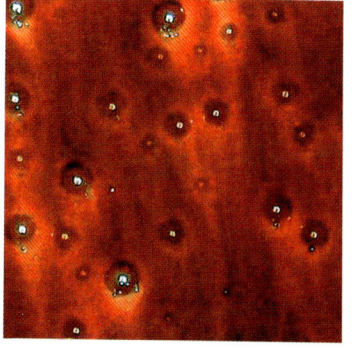

图2.9.33 永乐铜红釉八方葫芦瓶釉面显微（放大100倍）

还原反应，而小的气泡又接着胀大，重新形成隔断一氧化碳的机理，重复上述的过程。如此的气泡动态过程使得永乐、宣德铜红釉面深浅颜色相间，不可能均匀一致就成为必然。气泡破裂动态最终留下了"橘皮纹"痕迹。

因为永乐、宣德铜红的石灰碱釉工艺失传，郎窑红转而采用了石灰釉。我们知道，石灰釉气泡很少，上述此起彼伏的气泡动态过程微乎其微，因此铜胶体着色占据了主要地位，铜色为橘红，所以郎窑红不如永乐、宣德红来得更红。

4. 铜红釉的"橘皮纹"

因为永乐、宣德铜红釉采用的是石灰碱釉,所以挂釉能力比较强,釉稠而不会像石灰釉那样稀薄和流淌,如图2.9.34。图片表明:其一是圈足外侧铜红釉没有流淌,没有积釉;其二是碗体外侧也是施釉到哪釉层停止到哪,居然还留下了一圈轻柔的淡红圈。照明反光白点处可见"橘皮纹"状,证明了上述的气泡破裂的动态过程(气泡破裂痕迹成橘皮纹)。

图2.9.34 永乐、宣德铜红釉不流淌特征和"橘皮纹"

5. 清代郎窑红化学特征

清代郎窑红采用的是石灰釉,碱土金属氧化物氧化钙和氧化镁($CaO+MgO$)占13.5%~16.5%,碱金属氧化物也在5%~6%,助熔能力很强,挂釉能力下降。郎窑红的特征表现在:

(1) 釉薄,颜色均匀。

(2) 红度逊于永乐、宣德。

(3) 因为釉稀薄,所以有流淌问题。气泡较少。

(4) 没有橘皮釉。

(5) 因为釉稀和流淌,口沿没有美丽的灯草口,白口处可称为白带口。

图2.9.35 郎窑红穿带瓶

(6) 所谓"郎不流"是施釉时留下了下流空间而不施釉。这是一种施釉的经验。

四、金红

金红釉是在烧好的薄胎白瓷器上施以含金0.5%~0.6%的红色釉,然后在800℃~850℃的低温彩炉中烘烤而成。根据呈色的浓淡,金红釉又可分成胭脂红、胭脂水、粉红釉等。金的呈色属于胶体着色,胶体粒子大小与呈色关系密切。金红是康熙晚期由西方传入中国的,因此也叫洋红。金红釉首先在康熙年间的珐琅彩瓷

图2.9.36 雍正款胭脂水蝶纹盘

上使用,此后雍正、乾隆两朝金红釉成为名贵色釉而被广泛使用于珐琅彩与粉彩中。胭脂水瓷器均为官窑器,如图2.9.36。

著名的央视鉴宝专家在电视上说:"故宫的胭脂水釉里含的不是金而是氧化金。"众所周知,金无足赤,金里含杂质,杂质可以有氧化物,但是金是没有氧化物的。也就是说,金不可能被氧化,即所谓"真金不怕火炼",世界上没有氧化金这种物质。这位专家还神秘地告诉央视观众:"故宫里瓷器的镀金含金量不能在这里说,让别人知道了就会制造仿品。"故宫里瓷器有金的种类繁多,涉及好几个朝代,怎么可能有统一的含金量呢?

五、斗彩

釉上彩釉已经介绍很多了。现在我们专门介绍一下颇有争议的斗彩。刚才说过了,成化皇帝对官窑瓷器,尤其是入宫使用的官窑瓷器要求苛刻。除了青花外,还有当时称之为五彩瓷的斗彩。

在这里,作者想对故宫的"三秋杯",提出几点异议,供文博人员、收藏家和读者参考。

第一章里曾提到,"姹紫"是独撰的紫色,这里继续说明。

1. "错烧"缺乏工艺根据,不是"差紫"是"厚紫"

收藏人后来改说"三秋杯"的紫色是错烧出来的"色疵"是"差紫",赞美改成批评。可是既然是给皇家烧制"三秋杯",那错烧出瑕疵的器物即便不是被销毁,也绝对是进不了宫的。不仅如此,釉上彩不透明的一种可能是矿物颜料颗粒度不细(烧成后有所谓"干涩"之感)而不得不加厚彩层造成的,是不得已而为之;另一种可能就是施彩粗心大意,颜料调和得稠了,施彩厚度不当。无论是哪种可能,施彩过厚都会有如下结果:湿时尚可看到彩下青花,烘干烧成后釉下青花就透不出来了(堵死了釉下彩)。这是施彩工艺出了问题,与错烧无关。那什么是"错烧"呢?

错烧属于二次烧制釉上彩时温度出了问题:温度高了,例如高于900℃,会发生氧化反应(窑内空气充分)、还原反应(窑内一氧化碳比例高了)或者分解反应。这些化学反应都能导致颜色失真(不是紫色了),但是不会影响釉上彩层厚度,也就改变不了透明度。温度低了,例如低于700℃,釉上彩没有烧结好,颜料附着不牢固,也不会影响釉上彩层厚度,改变不了透明度。因为矿物颜料稍厚就会影响透明度,是与温度无关的。所以"三秋杯"不透明的黑紫色与错烧无关。不是"差紫",而是"厚紫"。"干涩无光"恰巧证明了是因为颗粒度不细而"厚紫"。

有人说,那样的不透明的紫色是成化斗彩之特征。此话没有事实根据。全国各地博物馆收藏的成化斗彩瓷器,不可谓不多,有第二件有那样的紫色吗?没有。图2.9.37台北故宫博物院藏的成化斗彩花蝶杯釉上彩紫色是透明的,图2.9.38北京故宫博物院藏成化斗彩葡萄杯的紫色也是透明的。"成化紫彩不透明"之说,没有事实根据。相反,斗彩的彩绘工艺之一的"覆彩",是一定要透明的!

2. "三秋杯"缺乏基本的斗彩工艺要求

与"花蝶杯"比较,"三秋杯"的工艺和艺术水准相差很远。

斗彩工艺应该如图 2.9.37~2.9.39 所示。其一是釉下彩青花画出轮廓,高温烧制完成后再在轮廓中填画各种釉上彩,二次低温烧成,称为"填彩"。其二是釉下彩青花画出脉络,例如叶子的脉络、蝴蝶翅膀上的纹络、衣褶等,釉上彩透明地覆盖住青花脉络,称为"覆彩"。加上"点彩",釉上釉下相映成趣,实现丰富的艺术表现力。

而"三秋杯"则不然:一是画面中看不到青花轮廓里填画釉上彩,二是覆盖青花脉络后不透明,青花脉络就白画了,失去了美术价值。施彩质量出了问题不说,工艺和艺术上也暴露出其随意和草率特征。与精美的成化斗彩工艺和艺术比较,难有共同之处。也就是说,"三秋杯"缺乏基本的斗彩工艺要求。

3. 似有作伪之嫌

看到过"三秋杯"的人都知道,杯底圈足破损不堪!那么小的器物,那么薄的器壁(约1.5毫米),轻到风大能够吹跑的地步,怎么可能在比较厚(约3毫米)的圈足上造成如此严重的破坏?如果是不慎摔破,也不至于易碎的器壁完好无损而偏偏打破比较坚固的圈足啊?较大瓷器在挪动时的确会损伤圈足,可对于这样小而轻的瓷器,根本就没有挪动碰破圈足的可能,怎么圈足会如此惨不忍睹?这显然是有悖于物理学中力学的基本常识的。除了故意做旧,很难有其他合理的解释,如下图 2.9.40b。

综上所述,我们不得不怀疑那是民间不够高雅的仿品,而绝不可能是成化皇帝使用过的斗彩杯。

图 2.9.37 台北故宫成化斗彩花蝶杯,紫彩透出蝶纹

图 2.9.38 故宫藏成化斗彩葡萄杯,绿彩透出叶脉

第二章 古陶瓷的化学常识与鉴定

图 2.9.39 故宫藏成化款斗彩高士杯，红彩透出衣褶

图 2.9.40a 故宫藏"三秋杯"，紫彩堵死蝶纹

图 2.9.40b "三秋杯"圈足损坏情况

第三章　古陶瓷的物理常识与鉴定

中国古陶瓷，不仅涉及大量的化学知识，例如胎釉、颜料、烧制的化学过程和工艺、氧化还原、二次氧化、水合与羟基化等，还涉及很多物理知识，例如光学知识、物理风化知识、结晶学知识等。物理与化学在古陶瓷学中是相辅相成、有机地交织在一起的。当我们在讲解古陶瓷化学知识时，必然要牵扯到物理知识，反之亦然。所以在这一章讲解古陶瓷物理知识的时候，肯定要联系到上一章的化学知识，就算是我们从另一个角度去温习一下上一章的知识吧。

第一节　古陶瓷的光学常识

光学是物理学中的重要内容，在古陶瓷科学里，光学占有更重要的地位。例如我们经常提到的一个名词，叫作"釉光"，而目鉴古陶瓷常把釉光当作是最重要的鉴定项目。那么古陶瓷科学里涉及的光学知识都有哪些呢？以下概要介绍一下。

一、反射光

一般的古陶瓷釉面如同玻璃表面一样有反射光和透射光两种情况。白光，包括日光和日光灯照明，照射到釉面时，釉面会反射出白色的亮光，就像是反光玻璃那样。釉面越平越光，反射的白光就越强烈。没有做旧的新瓷器的反光被称为"贼光""火气"。

其实，物理学上的反光概念还不仅如此。例如，釉面除了反射白色光以外，我们还看到了瓷器的颜色和纹饰。颜色是什么呢？是物体反射出来的白光的分光。就是说，白光可以分解成一系列的可见光，就是我们知道的"七色光"。物体的颜色就是物体表面反射出来的白色光的可见分光颜色。其他的分光都被物体吸收了。物体能够反射出来哪一种颜色光,是由组成物体的物质化学特性决定的。这就是我们多次提到的"化学色"。化学色也是物质的本色。

二、分相釉

"相"是物质存在的状态。釉层是玻璃状态时,我们就说釉层是玻璃相。其实,绝大多数情况下,釉层并不是纯净的玻璃相。如果釉熔化不彻底,没有完全玻璃化,而是玻璃相中混杂着残晶、新晶、气泡等小颗粒,或者是即便完全熔化成液体,液体里也未必像真正的玻璃那样各向同性,而是可能在玻璃相里含有不同于玻璃的其他液体颗粒。这些固体与液体的颗粒,叫作分散相(也叫孤立相),玻璃相叫作连续相。当分散相颗粒多到使玻璃相失去透明而出现散射和漫反射的物理色时,我们称这样的釉层为"分相釉"。分相釉很多是表现出乳浊现象的"乳浊釉",是釉料里添加了乳浊剂或者氧化铝含量较高(硅铝比低)而形成的。

三、分相釉的瑞利散射

刚烧成的玻璃釉像玻璃面一样,对入射光有着强烈的反射能力。当反射面尺寸大于或等于光的波长时,光遵循着反射定理,就是入射角等于反射角,漫反射也不例外。当光线照射进充满微小颗粒的介质时,微小颗粒的尺寸小于光波长度,特别是小于半波长度时,光不再遵循反射定律,而是改变传播方向,向周围散射开来。

我们在第一章说的散射物理色,其散射种类是瑞利散射。瑞利散射规律是由英国物理学家瑞利(Lord Rayleigh)于1900年发现的,因此得名。当上述分散相颗粒直径远小于入射光波的波长,通常上限大约是波长的1/10(1~300 nm),此时散射光线的强度与入射光线波长的四次方成反比,也就是说,波长愈短,散射愈强。可见光里蓝色和紫色波长最短(蓝色是440~485nm,紫色380~440nm)。紫色可见性差,通常蓝色被认为是最容易刺激我们视觉的短波长可见光,如图3.1.1。就是说,分相釉里蓝色最为显著。这样的散射波长不变,属于"弹性散射"。古陶瓷青瓷釉色里很多就是这样

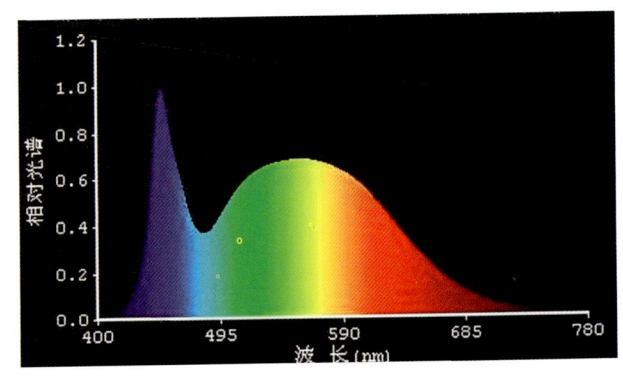

图3.1.1. 可见光光谱

的物理色。[1] 汝窑瓷的天青色、钧窑瓷的蓝色、官窑和哥釉的粉青色，主要的都是瑞利散射的结果而不是釉的化学色。

这样的"物理色"有很强的覆盖能力，可以遮盖或半覆盖其下析晶层的颜色和化学色。当这些微粒被消除，例如加热至残晶和釉料完全熔化、气泡溢出，散射失去了孤立相颗粒载体，物理色就自然消失殆尽。如果迅速冷却下来，杜绝了析晶，就成为杂质或着色剂化学色的透明釉或色釉了。

四、古陶瓷釉的漫反射

1. 漫反射。漫反射是投射在形状复杂表面上的光向各个方向反射的现象。当一束平行的入射光线射到粗糙的表面时，表面会把光线向着四面八方反射，所以入射线虽然互相平行，由于各点的法线方向不一致，造成反射光线向不同的方向无规则地反射，这种反射称之为"漫反射"或"漫射"，这种被反射的光称为漫射光。

2. 分相釉漫反射。当分相釉里的分散相颗粒大到不能产生瑞利散射时，物理学的漫反射将起作用。例如釉层里密密麻麻的气泡就像泡沫一样产生强烈的漫反射，反射光叠加的结果就是白色或乳白色。析晶层晶体形状极其复杂，对入射光的透射、折射、反射、漫反射都会发生，其叠加的结果就是白色，如雪如冰。分相釉里的分散相形状极为复杂，其漫反射的结果不够强烈时就不是白色，而是使化学色的颜色变浅"泛白"，像蒙上了一层"雾"，"灰暗"或"浑暗"。这种现象曾被专家当作"伪"的特征。

与古陶瓷相似的漫反射事例：水是透明的，但是结成雪花是不透明白色；水是透明的，但是水花、浪花、泡沫是不透明或半透明白色的；玻璃是透明的，但是碎玻璃是白色的，等等。其实，染色水结冰和起泡沫后，仍然显示白色。也就是漫反射的白色，与化学色无关。

3. 釉层和釉面的漫反射。釉层的漫反射现象非常复杂。例如气泡、结晶、风化、氧化、水解、银釉、羟基化、水合化、釉面的自然老化、化学腐蚀、人工做旧等，都会因为釉面微观粗糙化而产生漫反射。

例如图 3.1.2 成化款仿官窑贯耳方瓶，釉色的"粉青"是釉下密密麻麻气泡的漫反射产生的"粉化"使然。汝、钧、官、哥窑，中期龙泉窑青瓷皆有类似的漫反射"粉化"。[2,3] 它们的分相釉层里还有散射物理色和化学色的叠加，图 3.1.2 "泛白"气泡下就是散射

---

[1] 蔡礼君《青瓷釉色成因及相关的鉴定原理》，《收藏家》2016 年第 8 期。

[2] 程廷济《浮梁县志》，清乾隆刻印。

[3] 朱琰《陶说》，清乾隆刻印。

 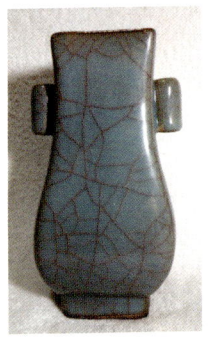 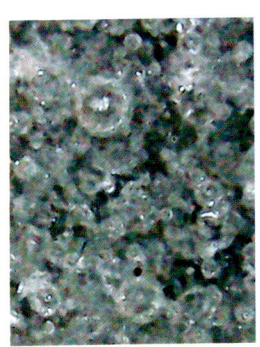 

图 3.1.2 成化款仿官窑的粉青釉，稠釉下的密密麻麻气泡的漫反射产生了"粉化"（放大 60 倍）

图 3.1.3 稠釉下的密密麻麻气泡与气泡下云雾状"泛白"分相层的漫反射叠加产生的"粉化"（放大 150 倍）

的物理色。[1] 不仅是气泡漫反射，而且分相层里分散相产生的散射和漫反射（因颗粒大小的分层，分相釉上层是漫反射，下层是散射），相互叠加，例如图 3.1.3 所示。除了气泡外还有云雾状"泛白"，属于分相层漫反射效果。

五、釉下析晶层的漫反射

对于透明釉或者半透明釉来说，白光可以通过或部分通过釉层照射到釉下的析晶层表面上（无析晶层的古陶瓷是照射到胎表面，有的是照射到化妆土表面上）。按照刚才我们解释的漫反射概念，析晶层给我们的反射光是白色的漫反射光。

析晶层的材料除了与胎釉的材料相同的部分外，还有新物质生成：钙长石、灰硅石、

图 3.1.4 露胎与釉下析晶层完全不一样

图 3.1.5 没有施釉就没有白色的析晶层

莫来石。析晶层既不是釉色也不是胎色，而是漫反射的白色。

---

1 李家治《浙江青瓷釉的形成和发展》，《硅酸盐学报》1983 年第 1 期。

因为绝大多数古陶瓷都存在析晶层,[1] 如果釉层是完全透明的话,那么我们通过釉层看到的不是胎而是析晶层。析晶层依赖釉而发生,没有釉就没有析晶层。这个问题后续还要讨论。在这里,我们只需要看一下图 3.1.4 和 5 就可以理解有釉才有析晶层,无论胎色如何,析晶层都是白色。

析晶层是中国古陶瓷光学中最重要的因素,眼学专家不承认或者不知道这个因素,因而无法真正认识古陶瓷胎和釉。

六、关于瓷器改变颜色问题

一次央视"一锤定音"鉴宝节目里,一位天津的嘉宾带来一只放在家里釉面产生了变色的花瓶。对于瓷器改变颜色这件事,专家声称:"这件瓷器是唐山窑烧制的,唐山窑烧成温度太低,所以才会产生变色问题。景德镇窑烧制的瓷器温度都很高,1300 多度,肯定不会出现变色现象。温度高了两千年三千年也不会改变颜色。"果真如此吗?

1. 高温烧成的越窑瓷器严重变色

越窑瓷器创烧于东汉,离开我们已经有 1900 多年了。根据科学考证,越窑烧成温度是 1250℃～1300℃。因为温度较高,早期越窑瓷器釉层非常薄,只有 0.1 毫米左右。烧成后的釉面是什么颜色呢?晚唐诗人陆龟蒙诗句"九秋风露越窑开,夺得千峰翠色来"说到越窑釉面是"千峰翠色"。何为"千峰翠色"?陆龟蒙是南方人,南方的千峰就是郁郁葱葱的"深绿色"。但是,我们看到的越窑瓷器没有一件是深绿色的,都变成了灰色和棕黄,如图 3.1.6。为什么呢?我们曾经提到过,早期青瓷釉色因为二次氧化而显著变化。

图 3.1.6 较高温度烧成的早期越窑瓷器变色严重

图 3.1.7 法门寺藏较低温度烧成的"秘色瓷"变色较轻

也就是釉层里青色的氧化亚铁和铁在空气和潮湿环境中被氧化(生锈)成棕黄色的三氧化二铁(铁锈)。

2. 低温烧成的"秘色瓷"变色更轻

---

[1] 蔡礼君《中国古陶瓷胎质相关因素与辨识》,《文物鉴定与鉴赏》2016 年第 7 期。

越窑中有一个品种，叫作"秘色瓷"。其烧成温度是1150℃。温度低就产生了分相釉，其青色包含了散射，而散射只与分相釉里分散相的颗粒大小有关，与是否含有氧化铁或氧化亚铁无关。因为年代久远不可能改变分散相颗粒的大小，所以二次氧化对釉色影响就不很显著，如图3.1.7所示。

3. 温度越低釉层越厚就越能减轻二次氧化变色

烧成温度越低，釉黏稠度越大，烧成釉层就越厚。釉层越厚保护釉里着色剂（青瓷的着色剂就是氧化亚铁和铁）免于因二次氧化而导致变色的能力就越强，也就是氧气和水分越难以接触到釉中着色剂微粒。

4. 景德镇窑烧瓷并非什么品种都是高温烧制的

根据工艺需要，景德镇也大量烧过1150℃左右甚至温度更低的瓷器，例如元代的"卵白釉"、明代的"甜白釉"均低于1200℃。专家说景德镇窑烧制瓷器温度都是1300多度，与事实不符。

5. 烧制温度低的散射物理色瓷器最不容易变色

烧成温度比较低（1200℃左右）的汝窑瓷器，以其美丽的天青色，"历久弥新"难以变色，如图3.1.8所示。因为分相釉颗粒大小是不会伴随历史久远而改变的，只要不改变颗粒大小，分相釉散射的天青色就不会轻

图3.1.8 台北故宫藏天青色汝窑洗

易改变。除非自然老化严重导致氧气与水分接触杂质颗粒，产生的化学色叠加在天青物理色之上。

也就是说，最不容易改变的釉色，恰恰是烧成温度低、产生分相釉、分散相颗粒散射形成的物理色。反而是温度越高就越不能够形成分相釉，因而越容易接受二次氧化的釉色改变。与权威结论正好相反！专家所谓的景德镇烧制高温釉都是1300多度；唐山瓷器烧制温度低就容易变色；温度高了两千年三千年不会改变颜色的理论和说法，严重违背了基本的科学和工艺常识，完全不符合古陶瓷的历史和客观存在。这是眼学的致命伤！

七、系列分相釉青瓷及其二次氧化

官窑瓷器里，北宋有张家巷窑，是离汝窑遗址二十多公里的官窑遗址。除了氧化钙降低、硅铝比略低、氧化钾略高外，其工艺与材料与汝窑相差无几。南宋老虎洞窑、郊坛下窑是对张家巷窑的继承和发展，之后就出现了哥窑瓷器。它们的物理色一脉相承，青瓷釉色不是来自釉里的铁，而是来自分相釉的光学散射和漫反射。图3.1.9的官窑器，

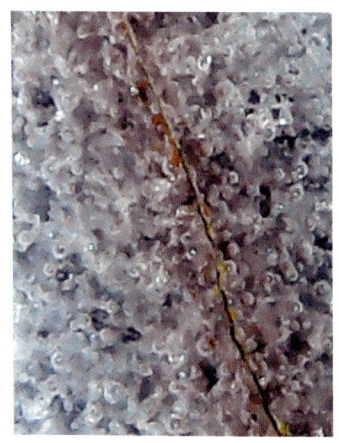

图 3.1.9 官窑器的散射湖蓝色（放大 200 倍）

图 3.1.10 故宫粉青龙泉窑标本的断面显微图像，青瓷的本质（放大 100 倍）

除了棕色开片纹外，其纯净的湖蓝色不亚于汝窑的天青色。哥窑与官窑器的区别只在于哥窑应属于民窑，其工艺方法和材料没有太多区别。人们宏观看到的最大区别莫过于官窑的大开片，以及哥釉的碎开片并装饰成"金丝铁线"。金丝铁线是人工有意而为之。这里，我们要着重观察的是釉色——那淡淡的蓝色，然后分析其原因，才算真正了解青瓷釉色。

从出土的标本来看，龙泉窑始于五代，盛于南宋和元，而衰于明，终于清代康熙年间，有800多年的烧瓷史。越窑青瓷在北宋开始，因为瓷石原料和山林木材的枯竭，逐渐停烧而窑场开始转移到资源丰富的浙南龙泉地区。受到越窑青瓷影响，开始烧制的龙泉窑属于化学色；中期采用石灰碱釉，增加釉层厚度，降低烧制温度，就烧造出了物理色的粉青釉。后来龙泉窑又提高温度，复烧厚釉的化学色梅子青。由图 3.1.10 的馆藏龙泉窑标本断面显微，可见粉青釉色的龙泉窑釉层属于比较典型的分相釉，即玻璃相中夹杂着非常多的分散相的分相釉。央视专家总结龙泉窑特点是"玻璃光泽"显然错误。

不仅如此，釉层肥厚说明温度不是太高（温度太高釉层变稀，无法保持足够的厚度），业已证明，温度高到 1250℃ 以上就不可能再有散射物理色了。可见光光谱里，蓝光前是紫光，后是绿光。绿光波长范围 577～492nm，釉里分散相微粒直径小于246nm，就会出现这样的釉色了。当我们惊叹汝、官、哥、钧、龙泉等窑口瓷器釉色美丽无比时，我们不应该忘记石灰碱釉加温度低的历史贡献！

尽管如此，当保存的环境和条件不好时，物理色表面也会被二次氧化变色的化学色

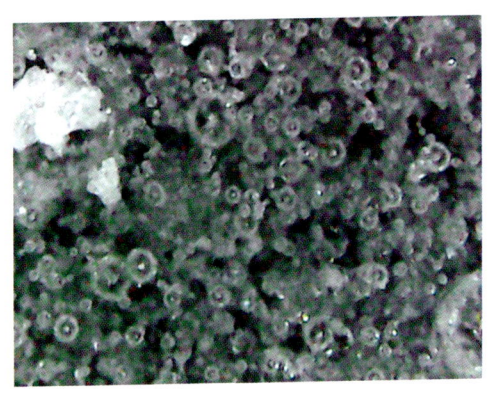

图 3.1.11 釉层肥厚的龙泉窑八棱高足杯,釉色莹润如玉,而且没有丝毫流淌(放大 200 倍)

图 3.1.12 汝窑龙枕八棱杯釉面显微,开片和二次氧化破坏了釉面并且使气泡模糊不清(放大 120 倍)

图 3.1.13 故宫藏清凉寺出土标本显微,开片和二次氧化破坏了釉面并且使气泡模糊不清(放大 60 倍)

叠加。如图 3.1.12 和图 3.1.13 所示,汝窑瓷器开片比较严重,釉面有磨损,二者破坏了釉面,特别是破坏了釉上膜对釉的保护,打开了氧气与釉接触的界面而导致二次氧化的发生。这样的情况还使得釉面气泡变得模糊不清。

所以细致观察汝窑表面，特别是利用显微镜观察，可以发现汝窑釉色的改变。如果釉上膜成片地被破坏，那么肉眼就容易看到成片的二次氧化发黄斑块。

第二节　古陶瓷釉面的"釉上膜"与有关鉴定

前两章我们曾经多次提到了"釉上膜"这个概念，本节我们要详细地介绍一下它的物理形态。釉分高低温，釉上膜也就分高低温两种，它们都是由釉熔融后表面张力形成的。

一、"釉上膜"形成的原因和客观存在的证明

1. 什么是表面张力

表面张力是液体表面分子间互相牵引而使液体表面收缩的力。表面张力作用于液体表面，使液体表面积有缩小的趋势。水滴、露珠为什么是球形？那是因为球形是水滴和露珠表面积最小的形状。因为地心引力作用，这样的球形不够完整，大量水在一起没有形成球形也是这个原因。但是我们可以测定出水的表面张力是：0℃时 7.6×10^{-3} 牛／米，20℃时 7.28×10^{-3} 牛／米，温度越高，表面张力越小。

2. 表面张力产生的原因

液体与气体接触的表面存在一个薄层，叫作表面层。表面层里的分子比液体内部稀疏，也就是分子间的距离比液体内部大，分子间的相互作用表现为相互吸引，成收缩趋势，就像把弹簧拉开时，弹簧表现具有收缩的趋势一样。只有同质液体分子才会产生这样的相互吸引，非同质分子之间则不会。同质分子距离小到一定程度时吸引将消失。同质液体分子的相互吸引也叫作同质聚集效应。

3. 釉上膜

陶瓷釉面熔化后，作为连续相的玻璃液体将产生表面张力。玻璃液体的表面张力是硅酸盐分子之间的引力造成的，非同质的分散相、着色剂、杂质等则被玻璃液体的表面张力排挤到上述的表面层下面，如同气体被排挤到表面层上面一样。就是说，这个表面层里是不可能存在分散相和着色剂、杂质的。这个表面层就叫作"釉上膜"。

4. 电镜扫描的证明（扫描图片摘自《中国古陶瓷的科学》[1]）

图 3.2.1 和 2 的左侧纵轴是釉层的表面，横轴是釉层深度。在离开表面的一段很窄的釉层里没有扫描到着色剂铜，而离开这一很窄部分的釉层，着色剂铜含量就大幅度、

---

[1] 张福康《中国古陶瓷的科学》，上海人民美术出版社 2000 年版。

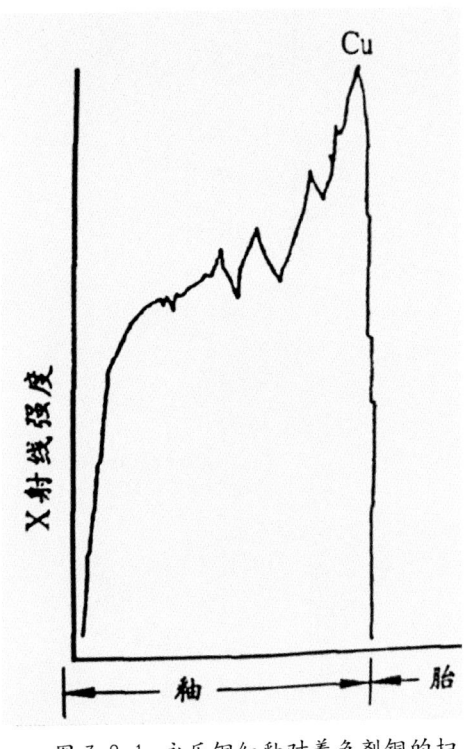 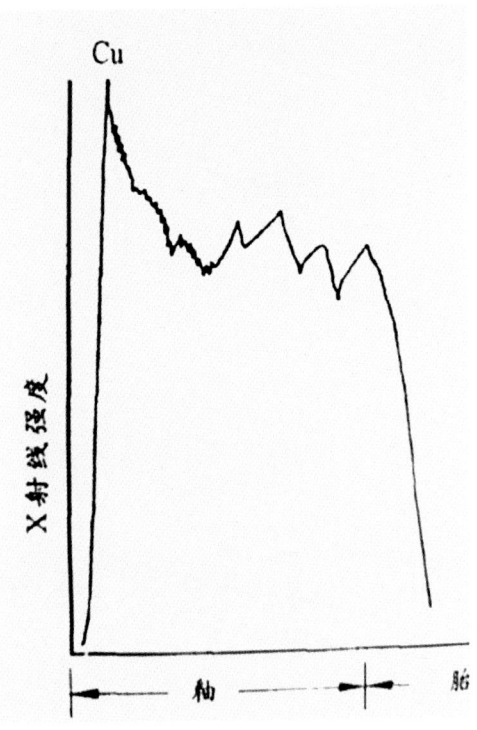

图 3.2.1 永乐铜红釉对着色剂铜的扫描结果　　图 3.2.2 釉里红对着色剂铜的扫描结果

几乎是垂直上升！我们称这一很窄的釉层部分为"釉上膜"，就是釉表面的一层纯玻璃质的、不包含着色剂或分散相或杂质的"膜"。这一实验结果表明，无论是在釉层里加进了着色剂，还是在胎表面纹饰了着色剂，着色剂都没有混合进或者扩散到"釉上膜"里。釉上膜是无色透明的。中国文化遗产研究院黄广博士后用电镜扫描青花也得到了相同结果。

透明釉里存在杂质是绝对的，纯净的玻璃化状态是相对的（实际上绝对纯净的玻璃状态是不存在的，尤其是古陶瓷更加如此）。从这种意义上来说，釉层存在釉上膜是相对的，是釉层里连续的玻璃相在熔化时产生的表面张力使然。

5. 显微证明

釉上膜因为不同的温度、不同的助熔剂和不同的釉料，厚度差别很大，有的釉上膜薄，不完整，普通显微镜也难以分辨。这个釉上膜在一件瓷器上的不够完整，表现在缩釉、漏釉、破釉、开片、腐蚀等局部没有釉上膜，造成釉上膜的残缺不全。新釉上膜最厚最光，伴随着自然老化，釉上膜逐渐变薄变粗糙，甚至于脱落（称之为"脱皮"）。图3.2.3是新瓷器釉上膜，显微镜下清晰可见。图3.2.4是旧瓷器釉上膜，出现了残缺不全和粗糙。图3.2.5是釉上膜无色的证据。

第三章　古陶瓷的物理常识与鉴定

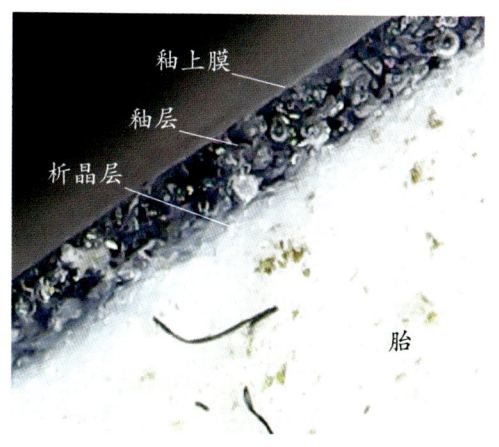

图 3.2.3 新青花瓷釉面的釉上膜

图 3.2.4 旧釉里红釉面的釉上膜

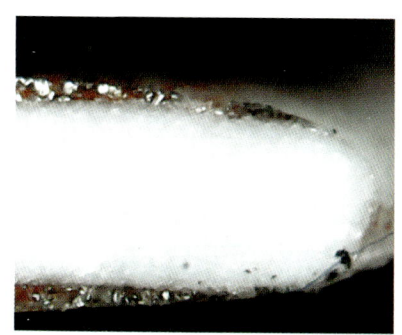

图 3.2.5 图右侧口沿无着色剂，只有釉上膜和析晶层

图 3.2.6 宣德款铜红釉大碗的"灯草口"，口沿釉薄，只挂釉上膜，透过釉上膜可以看到白色的析晶层

图 3.2.7 乾隆款霁蓝描金双龙戏珠纹天球瓶的"灯草口"，口沿釉薄，釉上膜下可见少许着色剂微粒，是不纯净的"灯草口"

图 3.2.5 断面显微中，图右边的器物口沿处没有颜色，是因为当口沿釉薄到只剩下釉上膜时，因为釉上膜无色，就只留下了析晶层的白色，称"灯草口"。图 3.2.6 和 3.2.7 是灯草口的宏观表现。

6. 釉上膜厚度问题

张福康[1]专门介绍了霁红釉的这层膜的厚度，我们认为釉上膜的厚度是多种因素决定的，最主要因素就是表面张力，而不同助熔剂和不同温度，表面张力是不同的。

---

[1] 张福康《中国古陶瓷的科学》，上海人民美术出版社 2000 年版。

7. 釉上膜的反光强度测试可以用来做鉴定参考

釉上膜在釉层熔化到黏稠度最小时，在表面张力的作用下，可以获得镜面般的光滑平整。冷却下来之后，这样的光滑平整釉面如玻璃一样光亮。如果没有釉面做旧破坏釉上膜的话，那么釉面的反光强度就可以用来测定瓷器放置有多久远了。不是所有的仿品都会去破坏釉上膜，那么非常便宜的便携式反光强度测试仪是可以用来做鉴定参考的。

二、釉上膜的自然老化

伴随着古陶瓷自然老化，釉上膜逐渐变薄变粗，反光特性将会下降而漫反射能力将会增加。我们已经知道了漫反射会形成"泛白"，当釉上膜破坏严重甚至于脱落，表面变得粗糙时，釉面就会"朦胧""不清亮"。砸瓷专家们不去研究这样的物理现象，见到釉面"朦胧"就以"不清亮"抑或是"灰暗"为理由而蛮横地砸瓷，造成了对文物的破坏。

1. 釉上膜的脱玻化

釉上膜是玻璃化最好的一层膜，"脱玻化"恰巧是从这层膜开始，表现为沁染、风化（疏松化）、水解、羟基化、水合化、矿化和自然时效。脱玻化也是一种自然老化。

2. 釉上膜脱落

釉上膜脱落分为整体脱落和局部脱落两种。因为釉上膜独立成层，其物理性质与釉层有差异。例如热膨胀系数的差异，就可能在周而复始的热胀冷缩的风化中而松动，偶然的机械碰撞就可能导致其从釉上脱落，就是"脱皮"现象，属于局部脱落，如图3.2.8。

整体脱落其实是大部分釉上膜脱落之后，残留的釉上膜已经很薄，可以认为釉上膜整体脱落了。这里面有一个渐进的量变到质变的过程。图3.2.9表示的是釉上膜整体脱落后釉层着色剂分布情况。

图3.2.8 康熙款锥把瓶表面釉上膜从釉上脱落留下的伤痕（放大40倍）

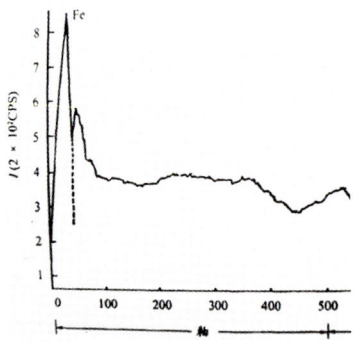

图3.2.9 酱釉古瓷釉上膜脱落后釉层里着色剂铁的分布扫描图（见张福康《中国古陶瓷的科学》，上海人民美术出版社2000年版）

图3.2.9表明，古陶瓷自然老化的一个特征是釉上膜脱落或变得极薄而近似脱落。

3. 釉上膜变薄后可能产生薄膜效应，出现"蛤蜊光"

关于这一点，下一节专门介绍。

三、低温釉上膜

如果说高温釉熔化后稀薄，玻璃相表面张力形成膜是顺理成章的话，低温彩釉也会产生无色的膜就难以理解。可是事实上能够证明低温彩釉也有自己的"膜"。

1. 存在低温釉上膜的证据

低温彩釉也有釉上膜，是彩釉熔化之后表面张力形成的比较光亮的"皮层"。图3.2.10表明，黄彩釉上"爆皮"下仍然是黄彩釉，所爆的"皮"就是釉上膜。而该膜透明则可以由图3.2.11证明：只有透明才能透过它的表面看到开片的垂直背影面。

图3.2.10 低温黄彩的釉上膜"爆皮"（放大50倍）

釉上彩爆皮的原因很多，腐蚀做旧也会产生爆皮。在这里我们只是证明釉上彩存在釉上膜，没有讨论这张图片里釉上彩爆皮的原因。爆皮为什么是白色？这是因为釉上膜爆皮粗糙后对白光漫反射形成的。当釉上膜自然老化之后就会变得粗糙，出现朦胧的"白膜"就不足为怪了。奇怪的是砸瓷专家们不去研究这样的物理现象，见到釉上彩泛白，不是说"泛铅"闹笑话，就是说颜色是化学颜料而去砸瓷。这些专家之无知可见一斑。

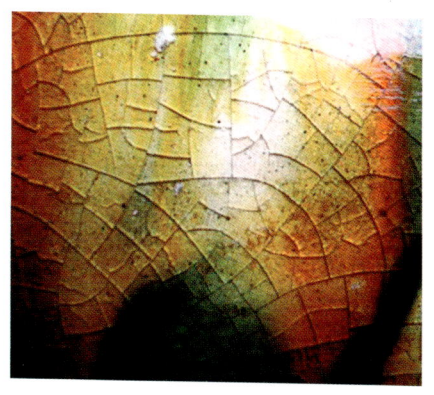

图3.2.11 釉上膜透明，可看到彩釉开片在垂直向的阴影

2. 低温釉上膜不完整和有关鉴定

因为铅釉彩烧成温度低质地软，炉内流动性差，抗自然老化的能力弱。

（1）炉内形成"缩釉"，釉上膜不完整

低温彩釉，尤其是珐琅彩和粉彩，玻璃白的加入使得炉内流动性很差。当彩釉尚未熔化时水分和木油就挥发完毕，挥发留下来的气孔有待于熔化的彩釉去弥补。但是因为温度低、黏稠度大，弥补能力不足，就留下来"缩釉"口。出炉后缩釉口很容易被污染，如图3.2.12。如果显微镜下，缩釉口没有污染，那一定是新瓷。

(2) 存世时老化碰破磨破后不完整

铅釉质软，釉上膜很容易"脱皮"，脱皮后很容易被污染，如图 3.2.13。脱皮是低温彩釉自然老化的一种表现，是判断瓷器是否老旧的一种参考。脱皮与胎釉完全不同，图 3.2.14 是脱皮，皮下还是绿色彩釉；图 3.2.16. 是脱皮，皮下是红彩；图 3.2.17. 是破皮，皮下是黄彩；图 3.2.15. 是脱釉，脱釉后暴露出的是打底玻璃白。

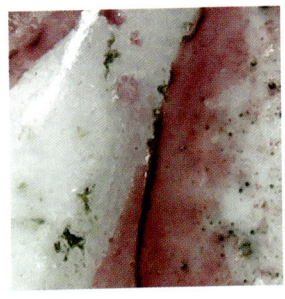

图 3.2.12 乾隆款人字地开光洋人画凤耳描金蒜头瓶，釉上膜炉内气泡破裂后缩釉（放大 100 倍）

图 3.2.13 乾隆款祝寿人物粉彩画面灯笼瓶，炉外皮破并且污染变黑（放大 50 倍）

图 3.2.14 釉上绿彩图片脱皮现象

图 3.2.15 釉上彩脱釉暴露玻璃白现象

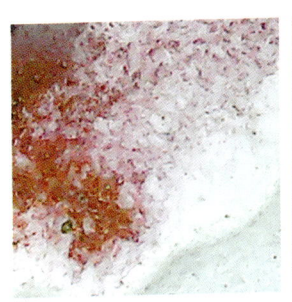

图 3.2.16 乾隆款"天桥卖艺图"盘口灯笼瓶上的粉色彩釉局部釉上膜脱落显微（放大 50 倍）

图 3.2.17 乾隆款黄地绿釉龙纹碗，素瓷凸出气泡位置"破皮"

第三章　古陶瓷的物理常识与鉴定

图 3.2.18　乾隆款包袱皮宝相花盘口瓶素瓷凸起气泡上的低温釉根部崩破并且被污染

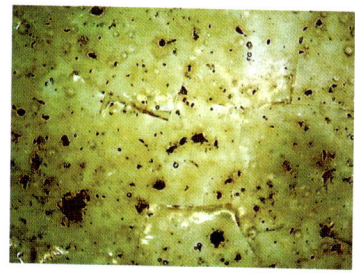 

图 3.2.19　宣德款黄地青花大盘素瓷凸起气泡上的低温黄釉崩皮和破皮，皮下黄釉被二次氧化并且被污染

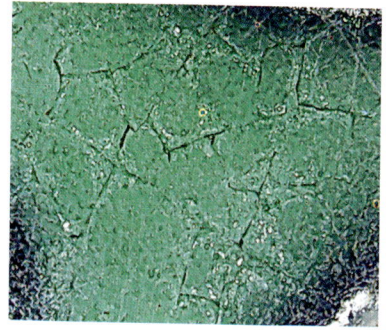 

图 3.2.20　雍正款斗彩锥把瓶，绿彩均二次开片（放大 40 倍）

（3）素瓷气泡影响低温釉上膜的完整

釉上彩厚度不足以填平高温素瓷凸出釉面的气泡鼓包，鼓包上的彩釉就很薄。这不仅导致薄点最先破坏爆皮，而且薄厚突变的根部应力集中引发根部开裂，开口容易被污染，如图 3.2.18。图 3.2.19 除了爆皮以外，还有二次氧化。主要是助熔剂黄色氧化铅被氧化成棕黑色的二氧化铅。这是一种釉上膜自然老化的现象，没有这样的现象可以怀疑为新瓷。

（4）开片和二次开片

低温釉上膜开片属于微开片，肉眼观察困难，需要在显微镜下观察才明显。因为含氧化钾（K_2O）比例较高，低温绿彩多容易产生开片。但是，新瓷器不可能二次开片。我们反复强调二次开片片纹宽度差别大，是年代久远的标志。开片容易，开宽片难，尤其是宽开片过后又开第二次的窄片，如图 3.2.20 和 3.2.21。这是我们鉴定真伪颇为有效的方法。

（5）专家把玻璃白当成泛铅是荒谬的

粉彩使用的玻璃白是青铅、石末、玻璃粉、牙硝、白信石等焙烧粉碎成白色粉末，作为粉彩

155

的基底先行施于素瓷表面，然后加入低温颜料并且利用玻璃白来调节浓淡深浅，如同美术里的粉彩画，此为粉彩瓷器工艺常识。粉彩层脱落后暴露出粉彩基底的玻璃白，是粉彩瓷自然老化的突出表现，如图3.2.15。我们的一位著名的鉴定权威，在鉴宝电视节目里看到粉彩脱落暴露出白色玻璃白时，居然说那是"泛铅"，说"清代粉彩不是这样泛铅的"，所以"藏品是假的"。且不说泛铅不是白色，仅粉彩工艺玻璃白这一基本的常识居然不知道，何谈鉴定？

图3.2.21 馆藏明代标本宽度差别很大的二次开片（放大50倍）

第三节 古陶瓷的蛤蜊光

一些关于古陶瓷的论述，以及鉴定、收藏，都提到了"蛤蜊光""光晕"或"宝光"。那么到底什么是蛤蜊光？古陶瓷为什么会产生蛤蜊光？蛤蜊光对古陶瓷鉴定有何意义？大家颇有争论。以下我们讨论一下这个问题。

一、"蛤蜊光"产生的原因

1. 什么是蛤蜊光

完全成熟的蛤蜊，壳内会生长出一层很薄的透明薄膜，薄膜对白光的干涉作用就产生了如图3.3.1那样的彩光，即蛤蜊光。其实我们在餐桌上看到的蛤蜊壳内并没有彩光，如图3.3.2所示。为什么呢？这是因为渔民收获的蛤蜊并没有完全成熟，壳内没有生成一层薄膜。蛤蜊完全成熟需要几十年甚至于上百年。那什么是上述的薄膜干涉？

简单地说：一束单色入射光照射到薄膜上，薄膜上表面反射后得到第一束光；而入射光在薄膜里被折射后经薄膜下表面再反射，又经上表面二次折射进空气，得到第二束光。这两束光在薄膜的同侧是平行的，但是光程不相等，就会相互干涉，称为光程差干涉。反映到我们的眼睛里是明暗相间的条纹。若光源为扩展源，则只能在两相干光束的特定重叠区才能观察到干涉，故属定域干涉。这很好地解释了蛤蜊光只能在一定的条件

图 3.3.1 成熟的蛤蜊壳内可见的彩光

图 3.3.3 粉彩表面出现的蛤蜊光

图 3.3.2 未成熟的蛤蜊壳内没有彩光

图 3.3.4 珐琅彩表面出现的蛤蜊光

下才能看到。白光可以分解为七色可见光，因为各光在薄膜中的折射率不同，折射后出现的是七色平行光，形成了对白光的分光和分光的各自干涉。反映到我们眼里会出现七色明暗相间的条纹，其结果就是图 3.3.1 所示的彩色蛤蜊光。所以蛤蜊光不是简单的反射光，更不是物质本来的颜色。

2. 古陶瓷的"蛤蜊光"

很多古陶瓷，在一定角度的白光照射下，会在局部的釉面闪现出美丽的彩光。人们也称这样的彩光为"蛤蜊光"，如图 3.3.3 和 3.3.4 所示。那么古陶瓷为什么会产生"蛤蜊光"呢？

原因有五。

（1）釉上膜或合并透明釉干涉效应

因为釉上膜的自然老化，釉上膜（或合并透明釉）会逐渐变薄。在器物凸出的人手经常接触部分，例如器口、器腹、突出的釉上彩表面，首先出现能够产生薄膜干涉的薄膜。这种膜小于 0.2 微米时就会产生薄膜干涉现象而出现蛤蜊光。厚度偏薄时以蓝光为

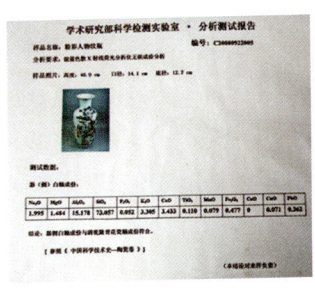
图 3.3.5 X 荧光能谱仪检测不到"氧化层"

图 3.3.6 耀州窑出戟花觚釉薄如纸，产生蛤蜊光

图 3.3.7 乾隆款龙穿百花牺耳盘口瓶产生蛤蜊光

主，偏厚时以红光为主。这是局部釉面釉上膜变薄后的薄膜干涉产生的蛤蜊光。权威专家在央视上说，釉面有氧化膜。还有专家说，"金属元素向表面游离形成蛤蜊光"。实验证明，古陶瓷釉面被二次氧化可以改变颜色但是不能生成"氧化膜"或"氧化层"，也不会产生"金属元素向表面游离"。X 荧光能谱仪检测釉面的结果表明，釉面的氧化物已经饱和，没有什么氧化层或者氧化膜。图 3.3.6 和 3.3.7 显示，古陶瓷釉上膜（或合并透明釉）自然老化到薄膜效应所需要的厚度时，薄膜干涉就会发生，蛤蜊光也就应运而生。反过来，利用发生光干涉，可以测量到釉上膜（或合并透明釉）的厚度。

（2）"环楔形"薄膜干涉

釉上彩周围出现蛤蜊光，是一种"环楔形"薄膜干涉，如图 3.3.9 和 3.3.10。其原因是釉上彩高出基底釉面，高低之间在断面上出现了近似三角形空间，油污类"包浆"很容易在此处积累，而形成"环楔形"薄膜。所谓的"牛顿环"干涉，就是这种情况的极端例，如图 3.3.8 所示。牛顿环是一种"环楔形"空气薄膜干涉现象。例如用一个曲率半径很大的凸透镜的凸面和一平面玻璃接触，在日光或白光照射时，可以看到接触点为一暗点（相当于釉上彩点），周围为一些明暗相间的彩色圆环，属于等倾干涉和等厚干涉。这样的干涉表现在瓷器上，上述的环形空气薄膜成了"包浆"薄膜，折射率增加了大约 0.4 倍，

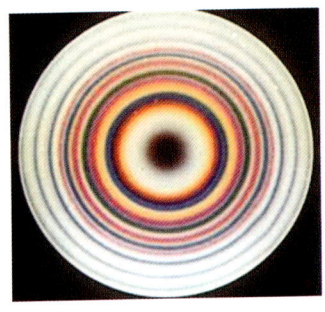
图 3.3.8 "牛顿环"中心类似釉上彩高点

图 3.3.9 "环楔形"薄膜干涉在粉彩周围生成蛤蜊光

图 3.3.10 碧珊鱼画上的环楔形薄膜干涉蛤蜊光

远没有"牛顿环"那么典型,却有类似的彩光。

(3) 暴露的析晶层分光作用

当析晶层与釉层结合紧密时,因为釉层太厚（0.1毫米以上）,根据光学的薄膜干涉原理,这样厚的"膜"不是"薄膜",也就没有薄膜干涉现象发生了。但是当釉层从析晶层脱落下来时,析晶层就暴露于空气中,各向异性的结晶颗粒,不仅会对白光产生漫反射形成白色,而且会产生"牛顿镜"折射和"水滴"分光作用,其结果是产生蛤蜊光。因为只能在显微镜下看到,所以称之为微观蛤蜊光（对应的肉眼观察到的蛤蜊光称之为宏观蛤蜊光）。如图 3.3.11 和图 3.3.12。

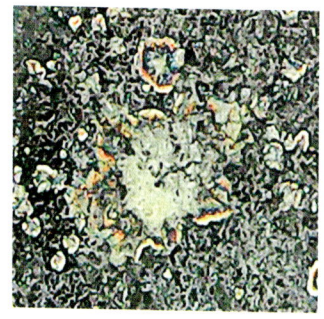

图 3.3.11 暴露析晶层后的微观蛤蜊光（放大 100 倍）

(4) 釉面"光栅"

光栅也称衍射光栅,是利用多缝衍射原理使光发生色散（分解为光谱）的光学元件。它是一块刻有大量平行狭缝（刻线）的平面玻璃或金属片。光栅的狭缝数量很大,一般每毫米几十至几千条。白色平行光通过光栅每个缝的衍射和各缝间的干涉,形成彩色条纹。计算机光盘产生蛤蜊光就是一例。光盘刻录非常相似光栅,只是不像光栅那样均匀,其产生光栅式衍射和干涉,如图 3.3.13 所示。瓷器釉面在被机械摩擦时,也会产生类似的现象,只是比光盘更差。虽然釉面的摩擦杂乱无章,密度也相去甚远,但是局部釉面上会因此而产生在显微镜下才能发现的"光栅"样式的蛤蜊光,如图 3.3.14。

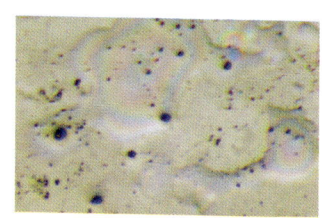

图 3.3.12 故宫标本暴露析晶层的微观蛤蜊光（放大 100 倍）

(5) 银釉的层状结晶

银釉是以层状结晶析出在铅釉表面的,[1] 如果这些层状物厚度落在能够产生薄膜干涉效应的薄膜厚度区间时,蛤蜊光就会出现。银釉结晶的半透明特点也可以保证这种效应的发生。由图 3.3.15 绞胎釉下半部箭头所示,可以看到这种半透明特征和很薄的银釉（已检验证明）薄膜。因为银釉的片状积累是存在旱涝周期的,每个周期一层,

图 3.3.13 计算机光盘的衍射和干涉现象

---

[1] 张福康《中国古陶瓷的科学》,上海人民美术出版社 2000 年版。

图 3.3.14 故宫标本釉面摩擦痕迹和微观蛤蜊光

每层的厚度又不可能相等（与旱涝周期的不均衡性，以及银釉成分羟基磷酸铅钙生成的弱周期性有关），这种随机性能够保证总有一些层厚会落在产生薄膜干涉效应的薄膜厚度范围区间。图3.3.15上部分的蛤蜊光出现已经说明了问题。尽管银釉不是一个普遍性问题，但是因为这个问题曾经产生过中国古陶瓷鉴定历史上颠覆性的重大错误（北魏陶俑事件），所以在这里以银釉会产生蛤蜊光这个结论来提醒古陶瓷鉴定专家和收藏大众予以关注。

图3.3.15 绞胎釉的片状析晶和蛤蜊光

古陶瓷上述5种产生蛤蜊光的原因，可以相互叠加，相互影响。当我们发现蛤蜊光存在时，不一定会马上知道其产生的主要原因，这需要借助于显微镜的综合分析，才能水落石出。古陶瓷的保存环境差异很大，形成蛤蜊光的条件不是所有古陶瓷都会具有。从这种意义上来说，蛤蜊光只能够起到古陶瓷鉴定的辅助作用，尽管这样的作用非常重要。

二、相机下的蛤蜊光

需要指出，肉眼看到的蛤蜊光与相机下的蛤蜊光有很大的差别。

1. 肉眼看到瓷器表面的五颜六色的蛤蜊光时，相机拍摄下来，颜色种类大为下降，7种彩光可能只剩下了2到4种；有时肉眼看到了明显的蛤蜊光，拍摄下来却是白光。还有相机拍摄的彩光与肉眼看到的颜色不一致（例如红蓝颠倒）。分析原因，可能是相机镜头与人的眼睛不同，相机镜头的折射可能造成半波损失，肉眼与镜头摄取彩光的位置也不同。

2. 只有在一定角度范围内投射的白光，才能发生蛤蜊光。而且角度的微小变化，就会使蛤蜊光各种彩光的颜色和位置发生变化。

3. 对彩光的敏感度，肉眼要比相机更高，除非使用成本特别高的专业相机。大量的肉眼可见的非常浅淡的蛤蜊光，相机是分辨不出来的。

4. 质量不好或者用旧了，镜头有细微划痕的相机，还会人为地制造"蛤蜊光"，干扰了科学观察。所以，观察蛤蜊光，宏观上需要肉眼，微观上需要显微镜，相机需要较高级的专业机。

三、古陶瓷蛤蜊光属于定域干涉

前述提道：若光源为扩展源，则只能在两相干光束的特定重叠区才能观察到干涉，故属定域干涉。我们在普通照明（日光照明或日光灯照明）情况下去观察古陶瓷蛤蜊光，就属于这样的定域干涉。非常明显的是，古陶瓷蛤蜊光只能在一定的角度下才能观察到。例如，图3.3.16至3.3.22。

图3.3.16 垂直于器物时的拍照没有蛤蜊光

图3.3.17 倾斜到60°左右拍照时才出现蛤蜊光

图3.3.18a 垂直于器物时的拍照没有蛤蜊光

图3.3.18b 倾斜到45°左右拍照时才出现蛤蜊光

图3.3.19a 垂直于器物拍照器物的花纹中心有蛤蜊光

图3.3.19b 倾斜到30°左右拍照时器物的花纹右侧有蛤蜊光

古陶瓷鉴定的科学依据

  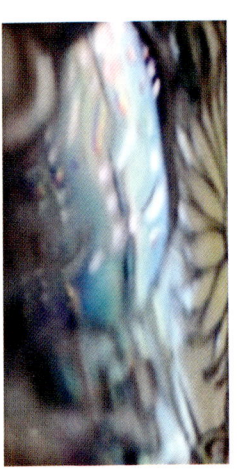

图 3.3.20 灯笼瓶珐琅彩蛤蜊光左侧倾斜 30°、右侧倾斜 20°时出现

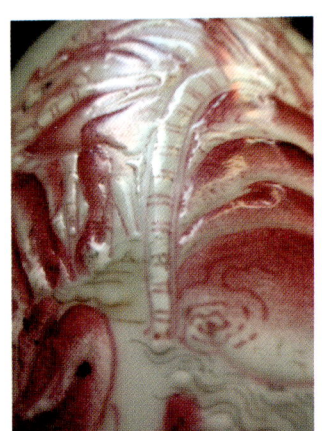 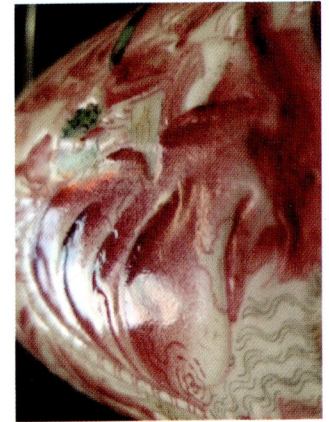 

图 3.3.21 灯笼瓶粉彩蛤蜊光倾斜 40°时出现

图 3.3.22 邓碧珊的鱼藻图观音瓶的蛤蜊光倾斜 50°时出现

162

四、蛤蜊光作伪

如同瓷器做旧一样，蛤蜊光作伪也是造假者追求的目标之一。方法大致有如下几种：

1. 通过化学、沉积、涂抹、真空镀等方法，人为地制造瓷器表面的"薄膜"。

2. 化学腐蚀、人工或机械抛光、打磨、皮革擎摸等方法，一方面做旧，另一方面制造蛤蜊光。

3. 在瓷器上涂抹油脂类物质，制造各种"包浆"。

但是这些人为制造蛤蜊光的效果，目前来看不可能与古陶瓷各种老化造成的蛤蜊光相比。

（1）大部分人造薄膜与釉面的化学成分完全不同。

（2）人造薄膜很容易被肉眼或显微镜发现。

（3）为了不被发现，人造膜需要包裹瓷器全身，这样一来，蛤蜊光处处都是，与古陶瓷只有局部才有的特点相去甚远。

（4）大部分人造薄膜与釉层结合不好，很容易被剥离。

（5）已经被证明，人工做旧非常容易被显微镜识别，那么因做旧而产生的所谓"蛤蜊光"也就会原形毕露了。高锰酸钾是氧化剂，但是对于硅酸盐釉面来说，短时间起不到产生蛤蜊光的作用。紫色的高锰酸钾所染的釉面，不是蛤蜊光。

（6）假"包浆"与釉面结合很不牢固，认真擦洗可见庐山真面目。

五、结论

1. 古陶瓷釉面自然老化产生蛤蜊光是因为各种薄膜干涉作用所致。古陶瓷釉面不存在氧化膜或者游离金属，蛤蜊光也不是简单的表面反射光，更不是物质本来的颜色光。

2. 古陶瓷自然老化形成的蛤蜊光与人为制造的蛤蜊光有原则区别，很容易被宏观和微观分析辨别清楚。

3. 研究和掌握古陶瓷蛤蜊光产生的规律和观察方法，对于我们鉴定古陶瓷有重要意义。

4. 相机下的蛤蜊光与人肉眼看到的蛤蜊光有很大差别。宏观蛤蜊光适于肉眼观察、微观蛤蜊光适于显微镜观察。

5. 因为古陶瓷保存环境不一样，不是所有的古陶瓷都有蛤蜊光。

第四节　古陶瓷的结晶问题

地壳上的矿物质（岩石也是矿物）存在方式有三种：晶体方式、玻璃方式、混合方式。那晶体方式是什么？晶体以其内部原子、离子、分子在空间作三维周期性的规则排列为其最基本的结构方式。任一晶体总可找到一套与三维周期性对应的基向量及与之相应的晶胞，因此可以将晶体结构看作是由内含相同的具平行六面体形状的晶胞按前、后、左、右、上、下方向彼此相邻"并置"而组成的一个集合。晶体学中对晶体结构的表达可采取原子分立分布的方式，亦可用具连续分布的电子密度函数的方

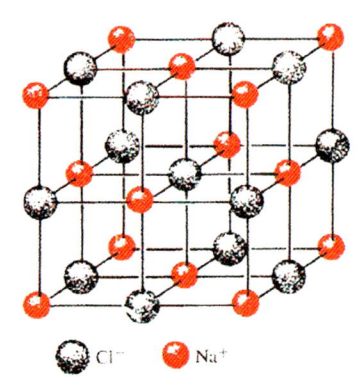

图3.4.1 氯化钠晶体结构图

式。我们给出晶体结构三维示意图3.4.1，是我们天天吃的食盐（Nacl）的晶体结构立体图形。

自然界存在的固态物质可分为晶体和非晶体两大类，固态的金属与合金大都是晶体。晶体与非晶体的最本质差别在于：组成晶体的原子、离子、分子等质点是规则排列的，而非晶体中这些质点基本上无规则地堆积而各方向没有什么不同，是各向同性的。玻璃方式就是非晶方式。

晶体是各向异性的均匀物质。生长良好的晶体，外观上往往呈现某种对称性。从微观来看，组成晶体的原子在空间呈周期重复排列。如从重复出现的每个基元中各取某一相当点，则这些点合在一起形成一个空间点阵的一部分。确切地说，点阵是一组按连接其中任何两点的矢量进行平移后而能复原的点的重复排列。

一、古陶瓷的晶体和结晶

古陶原料是陶土，古瓷的原料是瓷土，瓷土来源于瓷石矿的风化或者人工粉碎，其基本结构是晶体。但是，经过高温烧结之后，一部分晶体熔化成玻璃体（例如釉和胎里的玻璃体），由各向异性变成了各向同性。在分相釉中，以大部分的玻璃体为连续相，以没有完全熔化的残晶和重新结晶的新晶等为分散相，形成了晶体与非晶体的混合体。胎是以大部分的晶体与小部分的玻璃体与空隙结合而成的混合体。

1. 古陶瓷存在晶体改变问题

什么是晶体改变？例如陶瓷原材料里含有石英晶体，在窑中烧成陶瓷器后，其晶体结构发生了一些改变，石英体积也发生相应的变化，通常是体积缩小。陶瓷原料里

包含有结晶水（水在晶体的点阵内，表现出来的是固体），但是烧结之后结晶水就清除了，原料的晶体结构必然要发生变化，体积和重量都要减少。有人说烧制陶瓷是岩石再造，道理在于：岩石产生之初是岩浆喷发，温度很高（几千度），比陶瓷窑内温度高得多。岩石成形之初也是没有结构水的，这一点与陶瓷还是很相似的。

2. 古陶瓷的再结晶

什么是再结晶？一种是窑内再结晶，一种是窑外再结晶。窑内再结晶指的是"析晶"。窑内高温时发生了一系列化学反应，会生成新的化合物。当窑温冷却时，这些化合物从胎和釉里结晶出来。例如，析晶层的莫来石、钙长石、硅灰石，以及铁的氧化物 Fe_3O_4、Fe_2O_3 以"铁锈斑""油滴""兔毫"等方式析晶等等。

不仅如此，分相釉里有未熔残晶和新结晶。未熔残晶并不是新生成的化合物，而是陶瓷原料晶体改变。如果温度升高，残晶就会熔化而变成玻璃体；如果温度不变或者缓慢下降，残晶就会作为晶核而不断生长新晶体。这个再结晶过程是玻璃化的逆过程。只要可能，这个逆过程就会一直延续下去。为什么呢？这与助熔剂的助熔作用有关。如果没有助熔剂，硅酸盐玻璃化要1670℃以上才行，现在是1200℃就开始熔化了。提前熔化就产生了不稳定的问题。这一点在岩石生成过程中是没有的，所以岩石要比陶瓷稳定得多。岩石生成并冷却下来之后尚且有再结晶问题，例如结构水的生成、水合或者羟基化的过程等等，古陶瓷焉能没有？还有，玻璃是介稳状态，在一定条件下存在着自发地析出晶体的倾向，更何况是不稳定的陶瓷釉层呢？

在窑内的再结晶容易发生，因为温度高，阻力小。结晶生成需要适当的温度和结晶生长发育的空间。釉层尚未固化之前，结晶阻力很小，就像是食盐在水里结晶遇到的阻力很小一样。可是窑外要延续再结晶的过程，可就是异常艰难了。温度低，空间小，阻力大。虽然在釉面，在气泡周围，在空隙里有一些空间，但是晶体生长的固体阻力还是十分巨大的。然而，这个逆过程方向是不会改变的。所以我们可以看到，在经历了漫长的岁月之后，在釉面上在气泡周围（甚至于内部）生长出了各种形状的结晶体。如图3.4.2。

图 3.4.2 郊坛下官窑标本，破口气泡内生长出结晶斑块（放大100倍）

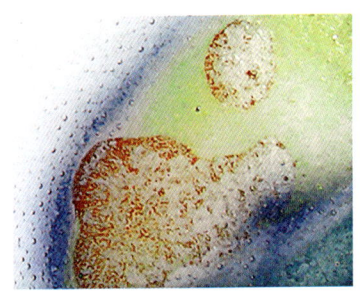

图 3.4.3 成化款斗彩杯上的彩斑出现了"泛白"

3. 自然时效

"自然时效"名称来自金属学,是指将工件放在室外自然条件下,使工件内部应力自然释放从而使残余应力消除或减少。自然时效中,金属晶体的金相结构将发生改变。古陶瓷的自然时效远比金属学里的自然时效复杂得多。古陶瓷自然时效不仅包括冷却后的再结晶,而且包括如同地球岩浆冷却后的水解、水合化、羟基化那样的过程,还包括热胀冷缩的风化,以及一系列物理化学的自然老化。瓷器釉上膜出现"化学包浆"(水解、水合、羟基化)就是古陶瓷自然时效的一种突出表现。自然时效的一个光学特征就是漫反射的"泛白",如图3.4.3。

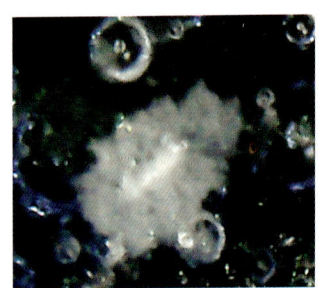

图 3.4.4a 菊花状结晶（放大200倍）

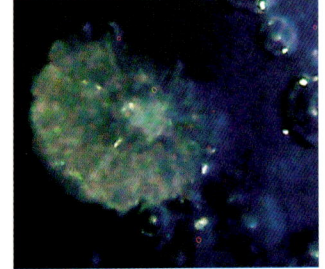

图 3.4.4b 水母状结晶（放大200倍）

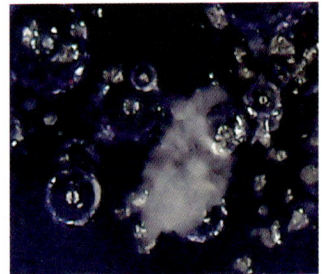

图 3.4.4c 棉絮状结晶（放大200倍）

图 3.4.4d 结晶采样母体

图 3.4.4 的 5 幅结晶图片只是说明古陶瓷釉的逆过程不会停止。但是具体来说,这些结晶斑是怎样和什么时候开始生长的,条件和环境是什么,还需要研究。但是有一点可以肯定,这个过程还要继续下去。另外,气泡是结晶的重要条件,可以容易地看出来。

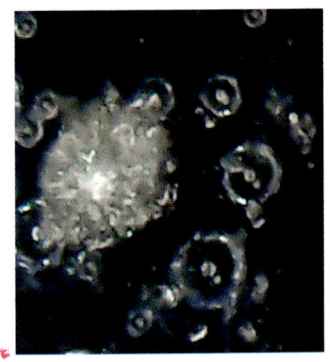

图 3.4.4e 礼花状结晶（放大200倍）

二、为什么结晶叫作失透？

结晶的一个特点就是"失透"。例如原来水是透明的，但是结晶成雪花以后就失去透明了。北方冬季早晨起来，我们可以看到玻璃上结晶了片片冰花，屋内看不到屋外景物，此为失透。为什么会这样？这是因为结晶的雪花形状复杂，对照射在上面的白光产生复杂的折射、反射，出来的光线是四面八方光线的叠加，构成漫反射的白色。无论雪花下面是什么颜色，我们看到的只能是白色。这就是"失透"的来源。结晶越厚失透越厉害，越薄失透越轻。失透有轻重之分，并非绝对。

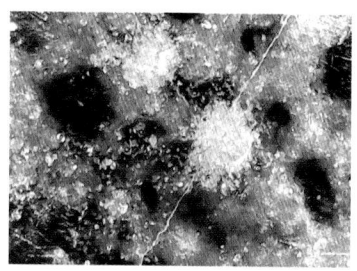

图 3.4.5 结晶斑连接成网状失透，覆盖了青花

我们可以看看上述 5 幅结晶斑图片，斑块都是白颜色，无论下面的颜色是蓝还是红。就是说，结晶斑是失透的。这是与结晶材料颜色无关的"物理色"。当釉层的逆过程发展下去的时候，白斑越来越多，可能形成网状或者片状，如冰雪般覆盖了原本透明的釉上膜，例如图 3.4.5 和 3.4.6。

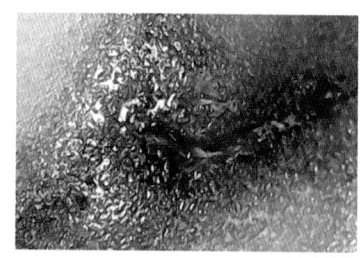

图 3.4.6 结晶连成一大片，如冰雪覆盖了釉里红

失透的覆盖自然造成釉面朦胧，"云遮雾罩"，所谓"釉色灰暗"，不可能清亮。在砸瓷专家们看来，是"仿品"而必遭厄运。愚昧无知导致了我们的专家们面临真伪时的悲哀。

另外，我们在这里提供一幅建窑"油滴"Fe_3O_4 结晶斑的图片给大家，以帮助读者区别造假的"白点"，如图 3.4.7。

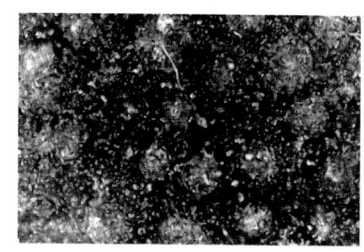

图 3.4.7 建窑灯台釉面上的"油滴"是气泡将铁离子富集，带到釉面时破裂后形成的（放大 50 倍）

三、利用"人工时效"消光做旧

前面我们提到了古陶瓷自然老化中的"自然时效"，"自然时效"的首要表现就是器物出窑冷却之后的"再结晶"，常温下"再结晶"需要漫长岁月。再结晶之后，釉面光泽尽失。现在市场上造假消光除了氢氟酸腐蚀、喷砂、打磨、染色浸泡，还有一种高仿做旧，那就是"人工时效"。"人工时效"的概念，也是来自金属学和热处理工艺学。其方法是把烧成的器物再放回窑炉中加热至 300℃ ~ 500℃，然后保持较长时间（例如几天）。在这样的温度条件下，因为速冷还来不及再结晶的过饱和物质（例如各种金属离子、

新生的钙长石、灰硅石、莫来石等）产生再结晶。

四、结晶釉

笼统地说，凡是釉层里存在大量结晶体，就成为"结晶釉"。例如建窑的油滴釉、兔毫釉、宋代黑定，现代的各种装饰釉等等。如果整个釉面布满了结晶，就像黑定那样布满了钙长石的结晶的釉以及表面布满了 $Ca(Mg.Al.Fe)(Si.Al)_2O_6$ 辉石类晶体那样的相似"茶叶末"的釉，才是典型的结晶釉。如图3.4.8.和3.4.9。因为富含镁（2%～3.5%），所以显示绿色。

图3.4.8 乾隆款"茶叶末"釉盖盒表面细小晶体显微（放大50倍）

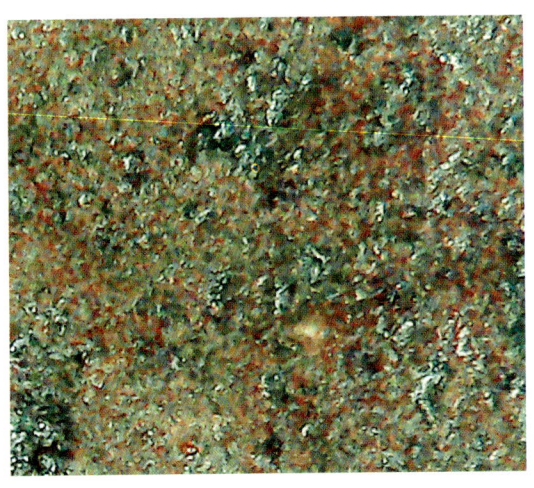 

图3.4.9 乾隆款"茶叶末"釉象耳尊表面晶体显微（放大50倍）

第五节　古陶瓷的析晶层

在绝大多数古陶瓷的胎釉之间存在析晶层，析晶层富含钙长石、灰硅石、莫来石等新生结晶体。这本来应该是一个常识，不应该是一个问题。[1]但是在中国古陶瓷鉴定领域，在几乎全部知名的眼学鉴定专家和中国著名拍卖公司鉴定专家眼里，只承认有"白釉"（其实透明釉的空白地的白色，不是白色釉而是析晶层颜色），而不承认有析晶层。事实总归是事实，主观掩盖客观只能是一时一事，不能够永远和持久。

一、析晶层的观察

析晶层可以肉眼观察到，放大镜、显微镜下看得更清晰、更明显。

1. 肉眼可以观察到的析晶层

如果没有瓷片标本，我们也可以很容易地从露胎底上发现析晶层的存在：施透明釉的底不是胎色。釉无色，而釉下是析晶层是白色。

图3.5.1　故宫藏定窑标本胎釉之间的乳白色析晶层

图3.5.2　故宫藏钧窑标本胎釉之间白色的析晶层

图3.5.3a　清凉寺汝窑标本的析晶层（一）

图3.5.3b　清凉寺汝窑标本的析晶层（二）

图3.5.4　民间藏官窑标本析晶层

---

[1] 凌雪、冯敏等《邢窑、定窑和巩窑白瓷显微结构的对比分析》，《电子显微学报》2004年第2期。

图 3.5.5 馆藏施底釉器物分别是洪武、成化、嘉靖青花和雍正青花釉里红瓷。施透明釉为白色，未施釉的圈足底是胎色，说明透明釉下不是胎

说明：

(1) 当胎色细白时，析晶层与胎的白色难以分辨，特别是近现代细白胎。

(2) 现代仿品使用低氧化钙釉，析晶层厚度极薄或者还没有形成"层"。

(3) 随着历史的久远，析晶层还会不断地向胎釉双向的空间里（气泡、气隙）生长，这就是前一节我们介绍的逆过程之一。如图 3.5.6a 和 3.5.6b 所示。

图 3.5.6a 中国文化遗产研究院上林湖窑标本析晶层向釉层里发育

图 3.5.6b 中国文化遗产研究院上林湖标本析晶层的毛发型发育接近釉面（条纹中断系断面清洗未干的水雾）

2. 显微观察

见图 3.5.7a～3.5.11 所示。

图 3.5.7a 故宫藏郊坛下官窑标本析晶层（放大 80 倍）

图 3.5.7b 故宫藏郊坛下官窑标本析晶层（放大 80 倍）

图 3.5.8 故宫藏宋官钧窑析晶层（放大 30 倍）

图 3.5.9 故宫藏宋龙泉窑析晶层（放大 50 倍）

图 3.5.10 故宫藏唐越窑析晶层（放大 40 倍）

图 3.5.11 故宫藏宋汝窑析晶层（放大 100 倍）

3. 对观察的讨论

（1）析晶层是古陶瓷胎釉之间客观存在的一层"析晶"。

（2）"析晶"包括两重含义，其一是窑内化学反应生成的新物质（陶瓷原料里没有专门添加的物质）在温度降低时以结晶的方式表现出来；其二是陶瓷原料在窑内烧结时釉中没有完全熔化的残晶为晶核，已经熔化的原料，从玻璃态又重新回到了结晶态。

（3）析晶的晶体是从胎表面开始生长发育的，是因为胎表面是胎釉过渡层，其中的助熔剂浓度低于釉层而高于胎内。助熔剂浓度低于釉就不会玻璃化，高于胎就会生成新物质，是析晶生长发育的"温床"和根基。

（4）根据逆过程原理，玻璃釉的析晶倾向不会在出窑之后就悄然停止。也就是说，古陶瓷在存世过程中，析晶层还会不停止地生长，只是生长的速度极其缓慢。其结果是导致古陶瓷自然老化，表现为釉层的疏松化、失透化。与专家们所说的疏松是伪紧密是真的原则相悖，是与专家不知道或不承认析晶层有关，也与专家不懂得上述的"逆过程"有关。

(5) 析晶层的上述特点可以有效地应用于古陶瓷鉴定，而目前眼学鉴定专家们的鉴定理论、原则和标准刚好是与析晶层的自然规律背道而驰。

二、析晶层的存在，推翻了传统眼学鉴定原则和标准

我们已经说明，目前的眼学专家们回避甚至不承认析晶层的存在，是因为如果承认胎釉之间还有一个析晶层，那么眼学鉴定全部的胎釉理论就被彻底推翻了，甚至电视砸瓷就成了"去真存伪"。

1. 眼学鉴定原则和标准与客观事实背离表现一览表

序号	鉴定项目	眼学原则与标准	客观事实
01	透明釉看瓷器	透明釉下是胎	透明釉下是析晶层
02	透明釉空白地	是白釉	不是白釉，白色是析晶层对白光的漫反射
03	透明釉颜色	白青色透明釉是"亮青釉"	白青色是析晶层与釉铁钴杂质颜色叠加，析晶层越厚越白，杂质越多越青。同代析晶层厚度差异很大
04	透明釉颜色	明清瓷器特点是"亮青釉"	元明清青花都有亮青表现，也有灰暗的表现
05	釉色	清亮是真品	古陶瓷经历自然时效和自然老化，大部分不清亮
06	釉色	不清亮是赝品	不清亮是存世二次氧化和表面自然老化、风化、水解、羟基化、疏松化的结果，是真品
07	釉色	稳定是真品	釉色变化是绝对的，稳定是相对的
08	釉面变色	温度高不会变色	不变是相对的，变是绝对的，此时色非彼时色。温度低的物理色反而比温度高的化学色更难变色
09	釉疏松问题	疏松是仿品	经历自然时效和自然老化后釉面疏松，疏松是真品
10	胎釉结合问题	结合紧密是真品	胎釉之间是析晶层，不存在胎釉结合问题
11	胎釉结合问题	釉下陷为真	下陷釉是现代打印釉，是仿品
12	胎釉结合问题	釉漂浮在胎上是假	所有的古陶瓷釉都是漂浮在胎上，而且隔了析晶层
13	胎疏松问题	疏松是假	历史越久远，胎越倾向于疏松。疏松不是标准
14	胎釉结合问题	釉层紧密是真	新瓷器釉层紧密
15	釉色莹润问题	莹润是真	现代长石釉和搪瓷釉可以做到釉色莹润，烧成温度低，形成分相釉也莹润，加乳浊剂也莹润

(续表)

序号	鉴定项目	眼学原则与标准	客观事实
16	通过釉看胎	胎质紧密	紧密的不是胎是析晶层，析晶层与胎化学成分不同
17	灯草口问题	康熙器口加白粉	灯草口是析晶层的白色，器口没有白粉
18	清代瓷器特点	硬亮青釉是时代特征	看到的硬，是析晶层的硬，析晶层有厚有薄，没有时代特征，析晶层白色是光学问题也没有时代特征
19	釉面光滑问题	釉面光滑是真，涩是假	仿品做旧抛光就会光滑，自然时效和老化导致釉面失去光滑
20	汝、官、哥青瓷釉色	是高温烧成的，是铁颜色	是高温釉，但是烧成温度较低，形成分相釉，散射出天青色，与铁色无关

2. 与眼学专家的对话

这里有一段与眼学专家关于"白釉"的对话。

问：老师，瓷器上的白色是怎么回事？答：白色就是白釉啊。

问：白釉就是白色的釉吗？答：是的。

问：白色釉里掺了白颜料了吗？答：没有。

问：没有掺白颜料不就是透明釉了吗？答：是的。

问：透过透明釉看到的是胎吗？答：是的。

问：那胎是白色的吗？答：可能是，还要看看露胎底。

问：如果底不是白的，从釉上看胎还是白的吗？答：可能是，也可能不是。

问：如果不是，就不是白釉了吗？答：当然了。

问：那透明釉有时候是白釉，有时候不是白釉吗？答：是的。

问：那什么时候是白釉，什么时候不是？答：看到白色就是白釉啊！

问：那白色究竟是釉的颜色还是胎的颜色？答：应该是胎的颜色。

问：那为什么不说白胎，而是说白釉呢？答：我们行内习惯的说法呀。

问：那实际上还是白胎吗？答：不一定。

问：那白色到底是什么呢？答：是釉啊。

结论是：透明釉是白色的。

针对图 3.5.12 青花碗底的另外一段对话就更加荒唐可笑：

问：老师，碗底釉是白色，露胎是淡棕色，您看这件器物胎到底应该是什么颜色的？

答：淡棕色的。

问：那白色的底为什么是白色的？

答：那是因为施了白釉。

问：白釉覆盖了棕色胎吗？

答：是的。

问：那就是白釉不透明吗？

答：是的。

问：不透明是加了白色颜料了吗？

答：可能没有。

问：那没有加颜料不就是透明釉了吗？

答：是透明釉。

图 3.5.12 圈足露胎淡棕底和圈内施釉宣德款青花碗

问：透明釉不就是看到胎了吗？答：是的。

问：那胎不就是白色的吗？答：不是，是棕色。

问：那白色是什么？答：是白釉。

问：白釉不透明吗？答：是的。

结论是：透明釉不透明。

我们的眼学专家就是这样颠三倒四，不能自圆其说。这里的原因就是他们不知道或者不承认釉下是白色的析晶层而不是胎这个客观事实。

这里只列举了一部分眼学专家的鉴定原则，其实专家们背离科学、背离历史、背离文化、背离客观事实的表现远不只如此。在其他的鉴定项目里，也同样是这样荒诞。我们在相关的章节里会逐步提出来加以剖析。

第六节 古陶瓷的"包浆"与鉴定意义

一、什么是"包浆"

1. 物理"包浆"

收藏界有一个名词，叫作"包浆"。谈到"包浆"，大家就会联想到器物表面的一层发亮和光滑的"皮壳"或"皮层"。一件器物长期被人手把玩和攀摸，就会形成光滑和润亮的表面，称之为"包浆灿然"。攀摸有两种作用：其一是把不平整的表面抛光平整，把不亮的表面攀摸发亮，表面微细的孔眼可以被油污填抹平整；其二是对新烧制的瓷器做旧，经过"攀摸"后釉面光亮就变得温润。这样的物理制造"包浆"的方法很容易被高倍显微镜发现。

2. 化学包浆

我们在这里提到的古陶瓷"包浆"专门指釉上膜经历漫长的水解反应后，部分或全部变成类似含结构水的硅凝胶膜。新瓷器釉上膜的化学成分接近于普通硅酸盐玻璃（$Na_2SiO_3 \cdot CaSiO_3 \cdot SiO_2$），不含结构水。水解反应的实质就是盐电离出来的阳离子（或带正电的基团）与水电离出来的阴离子即 OH^-（羟基）结合，同时盐的阴离子（或带负电的基团）与水电离出的阳离子即氢离子（或氢原子）结合的过程。其条件是水或水汽环境以及周围的弱离子。

图 3.6.1　故宫藏越窑标本显微（放大 50 倍）

拉曼激光法对瓷器的表面进行检测，发现其釉面上的确存在着一层薄膜。新瓷器的膜就是我们前述的釉上膜，其成分中不含水；古陶瓷的膜则确认为是混有类似硅凝胶的釉上膜，硅凝胶成分是 $Si(OH)_4 \cdot nH_2O$ 或 $SiO_2 \cdot xH_2O$，其中有结构水。我们知道，结构水属于固体水，有的是结晶水。出现了结构水就意味着釉上膜出现了"去玻璃化"的逆过程。因为漫反射的原因，古陶瓷釉面水解后变得朦胧或者温润（与新瓷器的"光亮"对比，即为"灰暗"），如同物理攀摸制造的"包浆"。

图 3.6.2　故宫藏郊坛下官窑标本显微（放大 50 倍）

在显微镜下，我们可以在古陶瓷釉面上观察到"泛白"的似硅凝胶的斑块或斑点失透。

图 3.6.1 的斑块属于边界模糊的薄膜形态，绝大多数古陶瓷"包浆"都是此种类型；图 3.6.2 的斑块属于边界尖锐的碎玻璃形态，在物理色类瓷器上有见。我们前述的古陶瓷釉的逆过程里包括了这样的水解、水化，也叫作"羟基化"过程。地球表面的岩石和矿物也经历了这样的从不含水的岩浆到含有结构水的岩石和矿物之过程。

二、釉的光亮问题

1. 干燥环境下难发生"化学包浆"

发生上述"化学包浆"的前提条件是"水"。如果古陶瓷保存在干燥的环境中，例如河南刘家门钧窑窑址深埋于干土中的钧瓷碎片，尽管接近千年，还是没有发现"羟基化"，釉面光亮如新！如图 3.6.3 所示。类似的，博物馆里的很多藏品也是如此，如图

图 3.6.3 故宫藏没有包浆的刘家门钧窑出土的瓷片，拍摄时没有灯光和太阳照射

图 3.6.4 故宫馆藏清代仿汝象耳尊窑瓷器

3.6.4、3.6.5 和 3.6.6。

其实，国家级博物馆古陶瓷展出采用的是多角度多光源的柔光照明。即使在这样的柔光下，很多展品还是闪现出所谓的"贼光"。套用瓷器组组长颇具幽默的话说："比贼光还贼光。"这是器物长期置于馆藏的干燥环境所致。

这就是说，尽管古陶瓷多数情况下会发生去玻璃化的逆过程，但是一定要具体藏品具体分析，不能简单地一概而论。企图简单地看一眼釉面的光亮程度就下新旧结论的专家们，不了解古陶瓷存世的复杂性。这些企图简单地凭"一眼"断真伪的专家，每每在釉面光亮与否的面前败下阵来。

图 3.6.5 故宫藏明代青花玉壶春瓶

2. 做旧欺骗了鉴定专家

"北魏陶俑事件""买假收假事件""存伪砸真事件""冀宝斋事件""马来西亚华侨事件"以及电视鉴宝和拍卖公司大量的真伪颠倒，都一而再再而三地重复着这样的教训：看似老旧和温润的所谓"大开门"器物，其实是低级或高级做旧的结果；看似明亮如新的器物，其实是干燥环境保存下来的文物。

在绝大部分仿品一定要用物理的或化学的方法对釉面做旧，和仿品充斥了90%以上的市场的现状下，我国文物市场上釉光温润的"藏品"是仿品的概率要远高于釉光明亮的藏品。

图 3.6.6 故宫展厅玻璃柜中的馆藏珍品

如果我们耐心地利用分辨率高一点的显微镜观察仿品，就不难发现五花八门的做旧痕迹，如同马来西亚魏华侨在美国遭遇到的检验一样。我们肉眼所能够摄取的信息量不足以判断真伪，为什么我们不借助于现成的工具来探求未知的奥秘呢？莫说是绝大多数

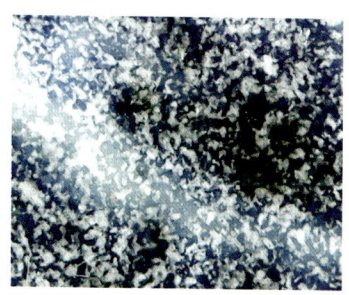

图 3.6.7 氢氟酸腐蚀做旧的青花瓷（放大 50 倍）

图 3.6.9 布砂轮打磨的做旧痕迹显微（放大 100 倍）

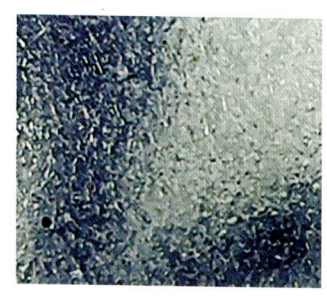

图 3.6.8 氢氟酸腐蚀后涂抹黏土做旧青花瓷（放大 100 倍）

图 3.6.10 热喷砂做旧痕迹显微（放大 50 倍）

专家缺乏基本的古陶瓷的科学知识，即便是专门研究了古陶瓷科学，你顽固地坚持肉眼断真伪，也必然要在客观存在面前"颜面尽失"。图 3.6.7 至 3.6.10 是几种做旧的表现，供广大藏友借鉴。

三、包浆与光滑

1. 光滑与否与真伪无关

有一位研究古陶瓷真伪的专家在央视上说：器物外表摸起来光滑就是真品，反之就是仿品。这样的鉴定标准比"瞥一眼断真伪"更先进了，因为看都不用看闭着眼睛一摸就行了。如果真的是如此神奇，那"眼学"应该改成"摸学"或"盲学"。盲人手的触觉显然比正常人灵敏得多，那岂不是等于说盲人比专家们更能敏锐地鉴定古陶瓷真伪吗？这就是当前中国古陶瓷鉴定的现状。瞥一眼也罢，摸一下也罢，其实际就是抗拒科学研究对古陶瓷鉴定的介入的表现。

器物表面抛光是最容易实现"光滑"的了。只要抛轮布足够软，抛光速度足够快，可以说要多光就可以多光。这就是做旧模仿物理包浆的一种有效方法。与木、竹、玉等器物长久把玩能产生物理包浆不同，因为易碎和外形大且复杂，瓷器本来就不适于把玩，也就很难产生使用时产生的物理包浆。化学包浆是需要潮湿条件的，而且化学包浆不仅不能形成光滑的表面，甚至于可以破坏原来的光滑表面，就像岩石风化后更加粗糙一样。氢氟酸做旧也会破坏本已光滑的釉面。专家认为器物表面不光滑甚至于干涩的原因是"酸咬"做旧，所以"不光滑就是赝品"。但是另一方面，大自然的化学腐蚀也会产生氢氟酸做旧产生的一样的结果。

2. 出土标本不光滑的原因

图 3.6.11 所示为作者拍摄的郊坛下出土的官窑标本照片。标本拿起来摸一摸是粗糙和不光滑的。这里面既有大自然化学腐蚀的原因，也有化学包浆的原因。

图 3.6.11 故宫藏郊坛下出土的官窑标本

自然化学腐蚀是与氢氟酸腐蚀不同的是，氢氟酸不会产生麻坑而自然腐蚀不会产生白斑。为此，我们专门介绍一下自然腐蚀的麻坑斑问题。

3."正反馈"式麻坑腐蚀斑

所谓"正反馈"指的是：当高温釉面出现麻点式破损（无论是什么原因形成的麻点，例如气泡破损形成的），产生了麻点存水存酸的作用，所以越是坑点处就越容易被腐蚀。坑点处很容易寄生微生物，微生物排泄和尸体腐烂又形成了弱酸环境，进一步产生腐蚀，如图 3.6.12。"正反馈"腐蚀斑的一个特点是：无麻坑的釉面仍然干净明亮。这样的正反馈作用，需要漫长的历史过程。作伪的人工腐蚀不可能发生正反馈，也就做出麻坑式

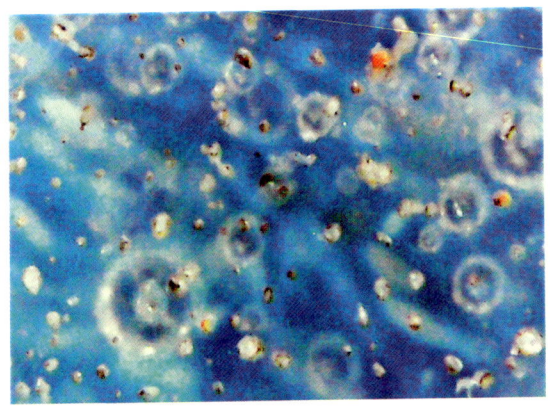

图 3.6.12 大麻坑式腐蚀斑，未腐蚀部分仍干净明亮

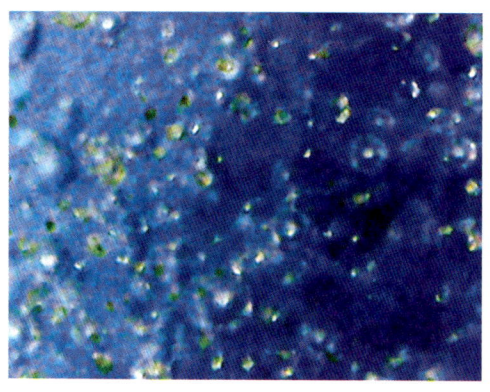 

图 3.6.13 小麻坑式腐蚀斑

腐蚀斑。

小麻坑需要经历反复的正反馈作用才能发展成大麻坑，如图 3.6.13。显然，麻坑式腐蚀斑是器物年代久远的一种标志，与氢氟酸腐蚀的做旧表面是迥然不同的。

四、包浆的鉴定意义

1．"包浆"分为物理包浆和化学包浆两种。

2．绝大多数古陶瓷没有物理包浆，做旧抛光产生的"包浆"效果可以通过分辨率较高的显微镜观察出来。

3．在非干燥的环境条件下，古陶瓷有"去玻璃化"倾向，形成"化学包浆"。

4．化学包浆是釉上膜水解反应或羟基化的结果，需要经历漫长的历史过程。

5．化学包浆是另一种自然时效，也就是重新产生结构水的过程。

6．再结晶产生的漫反射导致釉色变得朦胧，不够"清亮"。

7．长期保存在干燥环境中的古陶瓷看不到化学包浆。

8．没有化学包浆的古陶瓷明亮如新。

9．不能简单地凭借釉光明亮与否来判断真伪。

10．市场仿品做旧处理的釉光"莹润"需要采用显微的办法剥去伪装。

11．化学包浆不会增加古陶瓷釉面的光滑程度。

12．以表面光滑为真的观点不仅没有科学根据，而且恰巧上了人为抛光的当。

13．古陶瓷化学腐蚀主要方式是麻坑的正反馈，氢氟酸的做旧腐蚀不可能产生这种现象。

14．因此，无论是物理方法还是化学方法做旧，均可以利用显微技术来识别。

第七节　古陶瓷高温釉面的气泡和鉴定意义

我们在第一章介绍官窑釉色时，曾经提到了釉面密集的气泡产生漫反射使釉色变浅。可以理解为釉层上层有一个分相釉层，这个分相釉层的特征是气相丰富（气泡多，攒珠积沫）。气泡漫反射产生的白色（半透明）属于物理色。

气泡对釉面颜色的影响远非如此。本节将讨论气泡在漫长岁月里发生的变化，这些变化影响了釉面的物理特征，就像"包浆""自然化学腐蚀""再结晶""二次氧化"等作用改变釉面的物理特征一样。

一、高温釉面气泡的形态

由图3.7.1所示，使用显微镜从侧面观察釉面，可以看到很多气泡突出釉基准面，颇似蟾蜍皮肤，凸起一个个半球的鼓包。朱清时院士在《微尺度下古瓷鉴定的物理学和化学基础研究》一文中指出，很多釉面气泡中心有一个小口，如图3.7.3。这个小口是出窑前釉层液态时气泡内压力大于气泡的表面张力的一种结果。在高温釉层液态时，胎釉化学反应释放的气体会在釉层里产生气泡。因为压力平衡原因，气泡会不断地生成和长大。

图3.7.1　高温釉面凸起的半圆气泡显微

凸出釉面的气泡有两种情况发生：其一是因为气泡气压太大而爆破，形成橘皮釉；其二是因为气泡最高点釉层很薄被气压冲出一个小口，其形状类似于"火山口"。这个小口周围的釉上膜非常薄（微米级），会在自然的化学腐蚀和物理风化情况下不断地破坏，"火山口"就要不断地扩大，如图3.7.2和3.7.4。

图3.7.2　气泡"火山口"小孔不断扩大

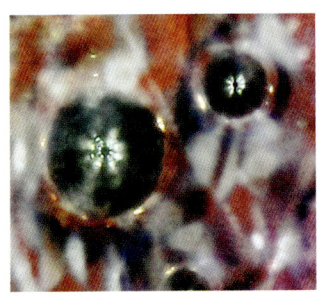

图3.7.3　刘家门出土的钧窑标本破口气泡显微

图3.7.4　元青花梅瓶釉面破口气泡显微

二、气泡的污染

气泡容易被污染成黄色与黑色是古陶瓷老化的重要表现，如图 3.7.5 和 3.7.6。

图 3.7.5 宋青白瓷的气泡污染

开始时因为这个小口太小，污染主要还是通过气泡表面扩散进行的，但是伴随着"火山口"的不断扩大，污染物可以直接进入气泡。污染物除了土与灰尘，还包括气泡里微生物的排泄和尸体。经历一个漫长的历史过程后，逐渐造成了气泡变色和固体化。这样，气泡是否变色和固化就成了判断瓷器是否年代久远的一项重要标志。为什么不是所有气泡都变色和固体化呢？原因有：

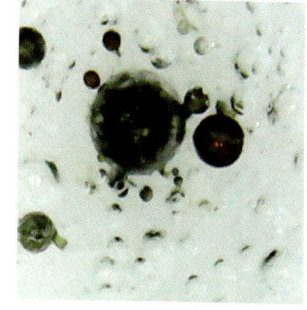

图 3.7.6 明早期青花釉面气泡污染

1. 具有"火山口"的气泡污染速度最快，也就会最先变色和固化。
2. 接触污染物最紧密的釉面局部，气泡污染容易加速。
3. 突出釉面的气泡容易污染，气泡顶端越高污染越容易。
4. 被湿气或水浸泡的局部容易污染。
5. 受自然化学腐蚀和物理风化的气泡表面最容易污染，例如图 3.7.2 和 3.7.4。
6. 埋藏在釉层里的气泡被釉层保护，不容易污染。

三、气泡破碎

气泡破碎的基础有：

1. 上述的原始破口伴随着环境的化学腐蚀和周期性的热胀冷缩的物理风化，使破口逐渐扩大。
2. 再结晶过程，再结晶应力对釉层的破坏。
3. 使用磨损形成的机械破坏。因为内部插香使用的砂子对底部的摩擦，图 3.7.7 所示的香炉底部气泡从根部损坏掉了。

图 3.7.2 所示的气泡表面颜色是棕黄色，与周围的蓝色釉面构成强烈的对比。这是因为气泡凸出釉面，其上的釉上膜很容易被破坏而暴露在环境氧气和水分之中，从而导

致釉层表面的铁和氧化亚铁被二次氧化成三氧化二铁所致（棕色）。

图 3.7.4 所示的气泡开口，显然是受风化开片影响而扩大，然后里面被棕黄色的污染物填充。

四、气泡表面的自然老化

除了上述的气泡破碎、变色、固化以及自然化学腐蚀以外，气泡表面的自然老化还包括：

1. 凸出气泡的顶端和周围被污染和沁润（例如土沁），如图 3.7.9。
2. 凸出气泡的顶端釉面首先去玻璃化，如图 3.7.10。
3. 凸出气泡的顶端最先发生二次氧化，如图 3.7.2。

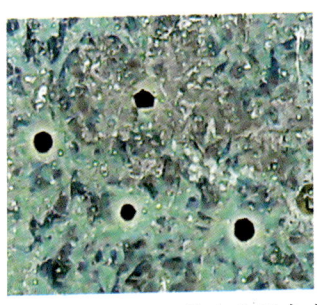

图 3.7.7 钧瓷香炉内底使用摩擦造成的气泡破损

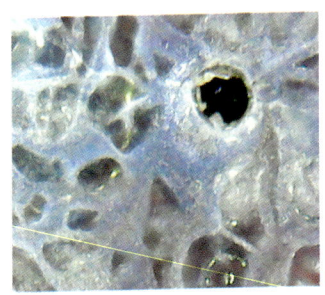

图 3.7.8 钧瓷外表气泡的破损

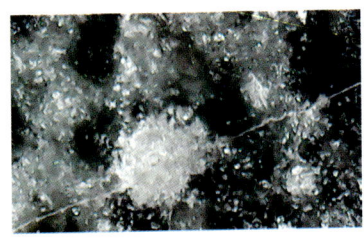

图 3.7.9 钧瓷凸出气泡表面被污染和沁润

图 3.7.10 凸出气泡表面失透

五、气泡的形态对古陶瓷鉴定的意义

气泡的自然老化给我们的古陶瓷鉴定带来了大量的古陶瓷自然老化的信息（显微镜下的微观信息），这些信息可以用来鉴定古陶瓷真伪。总结起来包括：

1. 部分气泡颜色变黄、变黑和固体化。
2. 有气泡自然开口、破口、破碎。
3. 有气泡顶部白色失透。
4. 有气泡顶部出现棕色的二次氧化。
5. 有气泡顶部遭到自然化学腐蚀（通常是颜色变淡或变白）。

出现上述信息之一者，可以断定器物为旧。至于器物无一这些现象时是否为新，还需要其他条件来全面分析。

第八节 低温釉上彩的物理特性和自然老化

中国的低温釉主要是铅釉。因为含铅量特别高，无论是硬彩还是软彩，比起高温釉来都呈现出松软的特征。《饮流斋说瓷》对软硬彩的定义并不涉及物理特性："康熙硬彩，雍正软彩。硬彩者，谓彩色甚浓，釉覆其上，微微凸起。软彩又名粉彩，谓彩色稍淡，有粉匀之也。硬彩华贵而深凝，粉彩艳丽而清逸。"这里的软硬之分其实是指颜色的浓淡深浅。因为粉彩大量使用"玻璃白"，所以"彩色稍淡"，而其他的"硬彩"则"彩色甚浓"。如果说从硬度上去分辨软硬彩，那么粉彩也是软在"玻璃白"。这一点可以从粉彩高光白点（指美术的高光，即颜色最浅处）容易出现自然老化看出来，如图3.8.1。

图 3.8.1 乾隆款粉彩轧道盖梅瓶高光白处的老化

图 3.8.2 珐琅彩西厢记小杯高光白处自然老化

但是,珐琅彩也采用玻璃白,用于淡色,高光点同样容易自然老化,如图 3.8.2。如果继续推理到添加了白色的五彩,也不例外,如图 3.8.3 和 3.8.4。其原因在于白彩含很高比例的氧化铅(PbO)。

图 3.8.3 光绪款青花五彩笔筒白彩处自然老化

与高温釉上膜比较起来,低温釉上膜既软又松。那为什么同样是透明的釉上膜,差别在哪里呢?主要的差别在于烧制的低温。

图 3.8.4 嘉靖款五彩笔筒白彩处自然老化

两种或以上物质混合后形成的"低温共熔体"的温度要低于其中最低熔点物质的熔点。例如氧化硅、氧化铝、氧化铅的熔点分别是 1710℃、2050℃、880℃,但是混合到一起的熔点只有 650℃。又如玻璃白的 SiO_2-PbO 系统,熔点只有 510℃。熔点越低釉上膜就越松软。这就是上述四例中白彩(或近白的浅色)局部特别容易自然老化的原因所在。

二、自然老化

我们在第一第二章都涉及了低温釉上彩老化方式问题,在这里归纳总结如下。

1. 彩釉黏稠度高易自然老化

因为烧制温度比较低,彩釉熔化得并不好。那是因为,如果像高温釉那样熔化彻底,彩釉就会变得稀薄,彩与彩之间就会熔化到一起,纹饰的画面将会一塌糊涂。要保持细腻的纹饰不被烧混,温度只能很低而彩釉的黏稠度就会很高。黏稠度高的一个具体表现，就是彩釉表面成半球形状，例如图 3.8.6 和 3.8.7，离开地面高度 0.5 毫米～1.5 毫米不等。越高说明温度越低，釉质越疏松，也就越容易自然老化。图 3.8.5～3.8.7 三图中隆起彩釉顶端（高光点）均出现了自然老化的瘢痕。

2. 墨彩"崩釉"

图 3.8.7 的自然老化显微图片还说明了另外一种粉彩特有的老化方式，那就是墨彩处的"崩釉"，其原因如下：

（1）墨彩覆盖素瓷、黏结素瓷的能力都很差，经历年复一年的热胀冷缩的风化，墨彩首先与素瓷表面发生松动。（2）墨彩非常薄，不能填平素瓷凸出釉面的气泡形成的微观不平，墨下气泡使墨彩表面凸起鼓包。（3）上述两个因素叠加，导致墨彩鼓包顶部脆弱，自然老化首先从这里开始。（4）经历年代久远后，墨彩鼓包绝大部分都已经破裂。

3. 缩釉污染是自然老化的开始，没有污染黑斑点的瓷器一定是新瓷

我们曾经提到，低温釉上彩在烧制过程中既没有氧化反应也没有还原反应，因此很少有气泡产生。彩瓷炉内温度还比较低时绝大部分能挥发的油和水基本上挥发完毕，到彩釉表面熔化时已所剩无几了。刚才我们提到了彩釉黏稠度很高，当炉内温度达到最高时，彩釉表面熔化而彩釉内部尚没有充分熔化。所以仅有的少量气泡也很难保持，釉上低温彩釉很少有气泡存在。

缩釉坑点是烧失的水、油、胶留下的

图 3.8.5 雍正款黄地忍冬纹珐琅彩葫芦瓶的半球状隆起的彩釉（放大 50 倍）

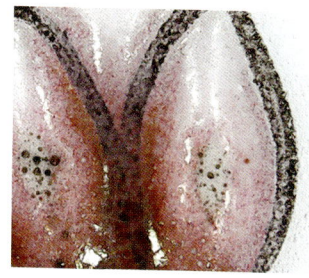

图 3.8.6 雍正款粉彩观音瓶牡丹花蕾半球状隆起彩釉（放大 50 倍）

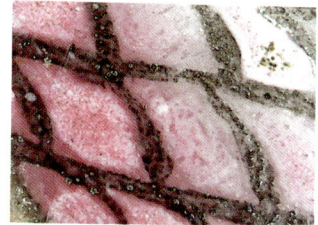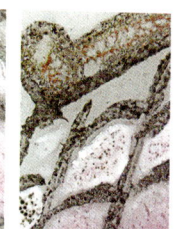

图 3.8.7 雍正款粉彩山水人物釉面的自然老化（放大 60 倍）

气孔没有被熔化的彩釉完全填充造成的。缩釉很容易被污染,并且寄生微生物。微生物的排泄物和尸体的腐烂又产生生物酸,生物酸将缓慢地腐蚀坑点边沿的釉上膜和釉上彩。低温釉上彩的自然老化就是从这里开始的。

对于鉴定来说,如果没有发现釉上彩有污染的黑斑点,那就一定是新瓷器了。

4. 低温彩釉的自然老化是物理和化学作用相结合的结果

物理与化学的相关结合是釉面自然老化的普遍形式。物理作用表现在开片、素瓷气泡上的崩釉、表面的风化等等;化学作用表现在二次氧化或化学腐蚀。图3.8.8表现突出。

松石绿釉上彩的自然老化:清中期开始的官窑瓷器底、内口都采用松石绿釉上彩装饰,低温绿色彩釉含铅量很高(70%左右),再加之氧化铅在潮湿条件下易于氧化为黑色的二氧化铅,所以大部分松石绿上出现黑色斑点。釉面开片、崩釉明显,崩釉后的污染是物理化学相结合的突出表现。破釉后微生物和弱酸的化学侵蚀不可避免。

5. 釉上彩的羟基化

釉上彩在保存的各种环境中会产生釉色的变化,也就是我们今天看到的釉上彩颜色并非出窑时的颜色。例如红色的赭石(主含三氧化二铁),如图3.8.9,在水环境或者潮湿环境中

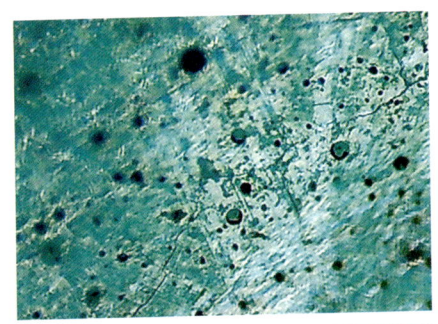

图3.8.8 乾隆款雕金开光盖执壶松石绿里釉物理化学相结合的自然老化(放大50倍)

会产生水合化和表面的羟基化,[1]就形成了"褐铁矿"($FeO(OH)\cdot nH_2O$),如图3.8.10。

图3.8.9 红色赭石

图3.8.10 水合化、羟基化的棕褐色"褐铁矿"

图3.8.11 嘉靖五彩笔筒红彩局部羟基化黑斑点

---

1 许之衡《饮流斋说瓷》,民国刻印,山东画报出版社2010年版。

图 3.8.12 垫烧火石红羟基化成"糊米底"

图 3.8.13 明早期八棱扁瓶底火石红羟基化成"糊米底"

同样地，用赭石作为红色着色剂烧制成嘉靖五彩釉上彩，在釉面破损后，易于含水和潮湿气氛，就将水合化、羟基化，颜色由红色变成棕褐色，如图 3.8.11。类似地，垫烧火石红经历羟基化后成为"糊米底"，如图 3.8.12 和 3.8.13。

又如绿色釉上彩，其化学组成包括：二氧化硅、氧化铅、氧化铜、氧化铁、碱金属。大概的化学成分和比例如下表：

种类成分	二氧化硅	氧化铅	氧化铜	氧化铁	碱金属	合计
汉陶绿釉	29.91	65.45	2.60	0.81	0.94	99.71
日釉上彩	39.47	49.25	4.48	0.80	5.68	99.68
雍正粉彩	23.20	70.72	4.78	0.91	0.39	100.00

氧化铅是黄色，铅黄与青色的氧化铜构成了绿色基调。铅黄在酸性环境和空气中会被氧化成棕黑色的二氧化铅。就是说，绿色变成了黑色，如图 3.8.14。图 3.8.15 则是红彩羟基化后的颜色。

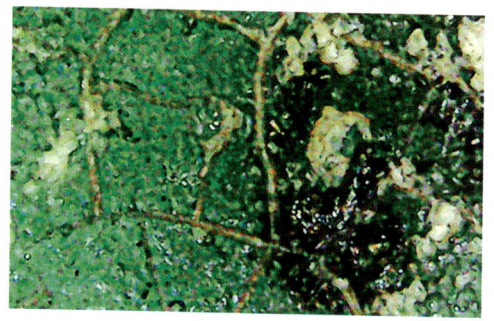

图 3.8.14 故宫藏万历五彩标本绿色釉上彩，局部变成了黑色（放大 100 倍）

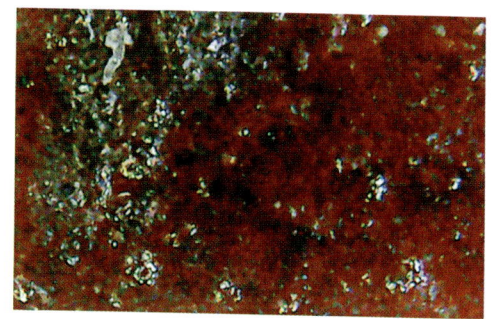

图 3.8.15 故宫藏乾隆松石绿地粉彩宝相花卉，厚红彩腐蚀斑与水合羟基反应斑交织显微（放大 60 倍）

187

第九节 "双色"与"窑变"

第一章我们曾经论述过钧瓷的窑变问题,民间也把吉州窑、建窑等其他古陶瓷品种的釉面变化称为"窑变"。这里就涉及古陶瓷的物理与化学知识,我们将进一步讨论"窑变"。

一、双色交集

钧瓷的着色剂是铜(铁则属于杂质),这是钧瓷与其他青瓷的显著不同点。钧瓷是在还原气氛中烧成的,氧化铜被还原成氧化亚铜和金属铜:$2CuO+CO=Cu_2O+CO_2$,$CuO+CO=Cu+CO_2$。因为金属铜和铜离子在分相的釉层里有凝聚(釉中的挥发)到表面的特点,所以我们看到的钧瓷釉面会有铜红色(即所谓挂红),是铜(包括铜离子)的化学色。这样一来,前述的物理蓝色与釉面的铜红化学色就会交织在一起,成为"双色"。如图3.9.1,物理的蓝色与化学的红色交集和重叠,重叠成紫色。

图3.9.1 钧瓷鼓钉式双耳小香炉,相互交集和重叠的"物理色"和"化学色"

铜红层薄而覆盖不了物理蓝色时,就显示出紫色(所谓的骡肝马肺色)。釉熔时着色剂分布的随机性和还原反应的复杂性,决定了双色分布的随机性;铜红色为主时显示红紫色或紫中带蓝斑点;散射蓝色为主时显示蓝色或蓝中带紫斑点;化学和物理双色成片相间时出现片交集。这种双色的随机性,构成了千变万化的釉色。这就是举世闻名的"窑变"。

图3.9.2 故宫藏禹县宋钧瓷标本,蓝中带紫色斑点

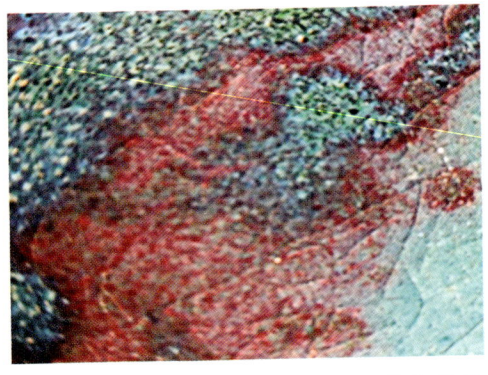

图3.9.3 化学色铜红与物理蓝色成片相间(挂红)

上述钧瓷的双色"窑变"是在窑内还原气氛中发生的。温度的差异、还原气氛强弱的差异、硅铝比（摩尔比）的差异、助熔剂化学成分的差异，导致了"钧不成对，窑变无双"，"入窑一色，出窑万彩"。第一章里我们所说的"人巧"是指窑变工艺，但是窑中的变化则是"天工"。

二、仿钧的叠色工艺和仿品特征

1. 叠色工艺

为了模仿钧瓷的多变釉色，人为可控的仿钧方法就是叠色工艺。虽然《饮流斋说瓷》提到了"复火数次"，但是可考叠色工艺产品当是雍正时期的"窑变釉"。严格地说，叠色工艺的色釉并非"窑变"。其基本工艺方法就是多次施不同的色釉：例如先施蓝色釉，烧成后再叠红色釉，或者相反；又如先烧制蓝色乳浊釉，然后再叠铜红釉，再次还原气氛烧成。仿钧瓷器烧成后，可以用手摸到起伏不平的叠色工艺痕迹。

2. 仿品特征

图3.9.4所示，"窑变釉"先施铜红色釉，再叠蓝色色釉，重叠部分显紫色。图3.9.5所示仿钧瓷则是多色多次叠色。作者多次手摸了器物，明显地感到波浪形的起伏不平，尤其是荸荠瓶的腹部，凸凹相差至少有0.5毫米。

相同的工艺方法，还应用于制造赝品。赝品也是采用叠色工艺。其特征是：

图3.9.4 故宫藏雍正"窑变釉"叠色的荸荠瓶　　图3.9.5 景德镇现代仿钧多次叠色的荸荠瓶

（1）"挂红"的铜红釉叠加在乳浊蓝釉上。不管是肉眼观察还是手感触摸，都可以发现这个凹凸不平的叠加特征。

（2）"挂红"的铜红釉熔融温度低于乳浊蓝釉熔融温度（助熔剂来控制熔融温度），因为基础釉表面光滑摩擦力小，铜红釉在乳浊蓝釉上熔融时产生流淌。

（3）铜红釉显微图像如图3.9.6、图3.9.7，其流淌纹特征，与图3.9.8铜红无流淌交集比较，可以识别赝品。

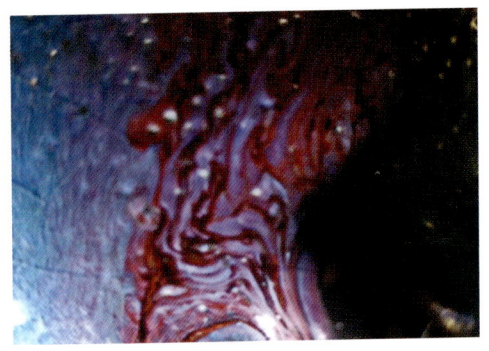 

图3.9.6 叠色工艺用于制造赝品"挂红"　　　图3.9.7 显微镜下铜红釉的流淌特征

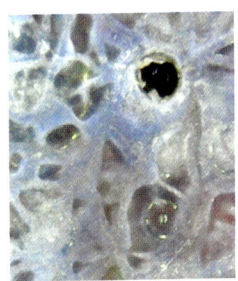  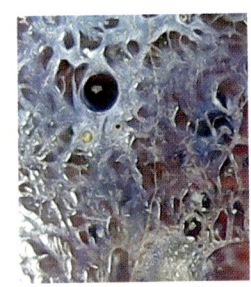 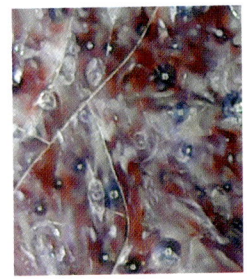

图3.9.8 四幅不同的宋钧铜红与乳浊蓝熔融交织显微图像，无任何流淌痕迹，可以此分辨真伪

三、钧瓷乳白色成因和特点

1. 钧瓷表面的白色泡沫状乳浊釉层

双色的"物理色"除了前述的散射形成的蓝色外，还有一种曾经提到的白色泡沫状乳浊釉层。

泡沫层漫反射可以覆盖或半覆盖下面的物理色（例如蓝色）或者化学色（例如铜红

图3.9.9 故宫藏宋钧标本表面显示的淡黄固化泡沫　　　图3.9.10 水仙盆内釉上显示的淡黄固化泡沫

色）。所以，这种混杂的结果就是漫反射的白色不纯，可以叫作乳白或粉白。混杂或半覆盖后出现的是粉青、淡蓝、粉红、粉紫。当白色表面的铁和氧化亚铁经历漫长岁月后，会二次氧化成三氧化二铁，使乳白表面"泛黄"。如图 3.9.9 和 3.9.10 那样。

第一章我们曾经描述过"人巧"三次施釉的工艺。第三次的泡沫层气泡破碎后周围的乳浊釉分布情况可以从图 3.9.9～3.9.12 中看出来。

2. 解开"蚯蚓走泥纹"的奥秘

有人说"蚯蚓走泥纹"是因为釉层进窑前烘干开裂造成的。此说法没有道理。釉层烧化后，液态釉不可能留有裂纹不填充。事实上，图 3.9.9 表面的"蚯蚓走泥纹"的纹处，既看不到也测不着所谓"裂纹"。真正的原因在于上述的泡沫型乳浊釉层。如图 3.9.11 所示（自下而上分别是胎、析晶层、散射釉层、漫反射泡沫乳浊釉层），浅黄色泡沫乳浊层虽然有一定的厚度，但是并不能完全覆盖下面的蓝色散射釉层，其垂直方向的显微图像如图 3.9.12。该层在液态时因为表面张力而就近相互融合，形成网状形态。这个动态过程继续产生聚集和连接，拉开聚集片间无乳浊釉的"蚯蚓走泥纹"分界带，如图 3.9.13 和 3.9.14。然后可以进一步形成大的"蚯蚓走泥纹"（图 3.9.14）。

应该指出，"蚯蚓走泥纹"可以造假：在烧成钧瓷之后，在釉面刷上一层富含乳浊剂的"泡沫釉"，并且在泡沫釉上画出或者贴线拉出"走泥纹"原形，然后在低于钧瓷烧成温度的情况下复烧一次，强制出现"蚯蚓走泥纹"。可以观察出，这样的"人工"走泥纹，死板做作，完全没有自然形成的纹路流畅，而且人工痕迹明显。

图 3.9.11 故宫藏宋代钧瓷标本断面显微（放大 50 倍）

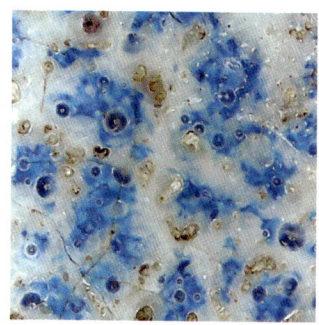

图 3.9.12 钧瓷釉面网状泡沫型乳浊釉层

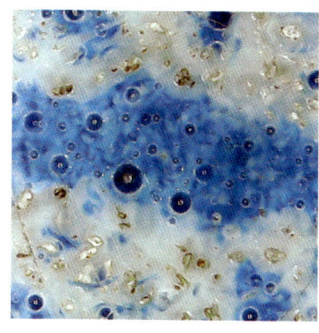

图 3.9.13 泡沫型乳浊釉层聚集和连接

图 3.9.14 乳浊釉层聚集和连接成"蚯蚓走泥纹"

四、自然老化漫反射与"窑变"的区别

吉州窑天目瓷涉及黑地、黄斑、白斑三种釉,它们在1250℃左右的温度下烧成。因为乳浊剂五氧化二磷在釉中含量较高(2%~7%),三种釉都有乳浊现象,最为严重的是白斑釉。这种现象也被看作是"窑变",尽管黄斑和白斑釉是人工装饰而为之。

我们在此要强调的是,吉州窑天目瓷的窑变里掩盖一种对鉴定有重要意义的自然老化。

图3.9.15玳瑁斑釉天目盏的黄斑之间有细微的开片,开片两边是泛白雾状带与黑釉地成明显的对比(黑地白点系釉面坑点里灰尘漫反射)。这样的现象,显然不是人工装饰时涂抹上的。因为开片是釉层固化后冷却下来才可能发生,装饰上白釉之前是不可能知道开片纹发生在什么位置的,更不可能如此准确地跟随在开片纹两边。图3.9.16更清晰地说明了这一点。因此,可以肯定地说,这一种泛白雾状带不是白斑釉,更不是"窑变",那这是什么呢?

这是高温古瓷釉面一种自然老化的表现:开片引发片纹两侧釉面变形、挤压、起皱,从而导致去玻璃化自然时效首先发生和发展。其结果就是开片纹两侧失透,即漫反射"泛

图3.9.15 玳瑁斑釉天目盏的开片纹边自然老化的显微特征(放大50倍)

图3.9.16 吉州窑木叶盏开片纹两侧的泛白雾状带

图3.9.17 越窑兽首口托盘净水瓶的釉面显微

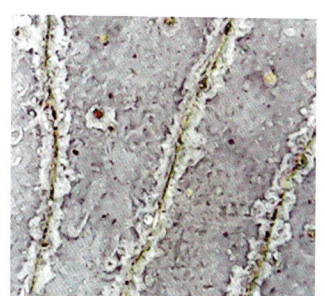

图 3.9.18 耀州窑莲花纹盏釉面自然老化显微

图 3.9.19 耀州窑出戟花觚釉面自然老化显微

图 3.9.20 越窑鼓钉净水瓶釉面自然老化显微

白"的产生。这样的自然老化不会只发生在某些吉州窑釉面上，只要条件相同，其他的古陶瓷釉面也可能发生。例如图 3.9.17 至 3.9.20 所示的越窑和耀州窑瓷器表面也出现了相同的现象。这应该是鉴定古陶瓷一项重要的参考。

五、结晶斑与窑变

1. 氧化铁的结晶圆形斑

"油滴天目"是建窑最为著名的黑釉瓷。"油滴"是怎样产生的？与吉州窑天目完全不同的是：吉州窑的"油滴""兔毫"是依靠乳浊剂在黑色釉面上画出的釉上彩乳浊图案，而建窑的"油滴""兔毫"则是窑中富集的氧化铁（Fe_3O_4）析晶形成的，算是一种"窑变"。研究表明：

（1）"油滴"磷含量特别低，也就是不会产生像吉州窑那样的乳浊釉斑。

（2）气泡起到了推波助澜的重要作用：气泡生成和长大把釉中的氧化铁挤压到其周边，形成了气泡周围的氧化铁富集区。当气泡在压力平衡下向釉面移动时，也把富集的

图 3.9.21 建窑灯台银白色油滴被二次氧化成浅棕色,说明年代久远(放大 100 倍)

氧化铁带到了釉面。大量的气泡在釉面破裂时,留下了富集的氧化铁,形成了圆形富集区。如图 3.9.21。

(3) 当窑温冷却下来时,过饱和的氧化铁就以析晶方式表现出来。

(4) "油滴"的银白色是结晶体对白光漫反射形成的。

(5) 棕色的"油滴"是在氧化气氛中形成的,是丰富的三氧化二铁的化学色为主的颜色。只要年代足够的久远,白色油滴也会被二次氧化成棕色,如图 3.9.21 显微中的浅棕色。

2. 建窑的蛤蜊光

历史久远的建窑黑瓷很容易出现蛤蜊光,尤其是微观蛤蜊光。其根本原因在于:

(1) 研究证明,无论是色釉还是透明釉,因为表面张力的原因,釉层表面存在一层极薄的透明的玻璃膜,本书称之为釉上膜。

(2) "油滴"或者"兔毫"(也是过饱和氧化铁析晶的结果)以及肉眼看不到的釉面析晶破坏了釉上膜的完整性,局部减小了釉上膜厚度。

(3) 根据薄膜干涉原理,薄膜薄到一定程度时将产生彩色干涉条纹,这就是蛤蜊光。例如图 1.5.8 的"曜变天目"。

(4) 建窑"天目"釉面的结晶斑伴随着年代久远将进一步析晶(包括氧化铁晶体周围的钙长石结

图 3.9.22 花口建盏釉面显微:周身显示美丽的微观"蛤蜊光",是年代久远的象征

晶），釉上膜将进一步变薄。

（5）建窑"天目"釉上膜变薄的不均匀性质，使局部的微观蛤蜊光更容易发生，如图3.9.22、3.9.23。列举的三例均产生蓝紫色蛤蜊光，应属于建窑特点。

六、互为底色的窑变

我们来看下面的古陶瓷显微颜色特征：

可见光光谱里紧挨着蓝光的是紫光，紫光的波长是380～440nm。显微图片中紧挨着蓝色的就是紫，尽管紫色不够明显。不仅如此，显微图片的第三种颜色是灰绿色，是一种色地。相当于另外两色是堆放在色地之上的。这说明釉分两层，上层是分相釉发出物理色，下层则属于化学色的色釉。这种双色互为底色的分相釉瓷器比较普遍。图3.9.25水仙花盆紫红色以化学色为主，但是其上有轻微的乳浊漫反射物理色覆盖。图3.9.26蓝色是散射

图3.9.23 建窑灯台的宏观"蛤蜊光"

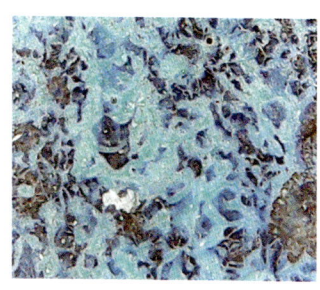

图3.9.24 双兽耳香炉钧窑的蓝色和灰绿（放大50倍）

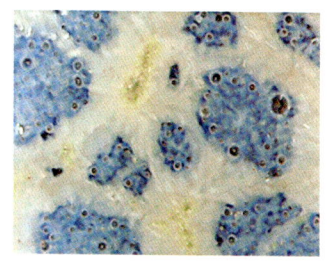

图3.9.25 紫色化学色上是轻微的漫反射物理色

图3.9.26 蓝色散射物理色上是漫反射物理色

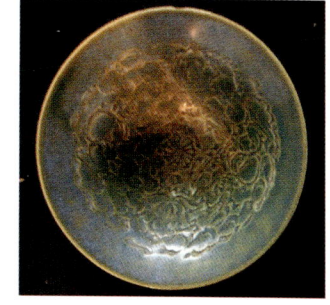

图3.9.27 吉州窑盏釉层，最下方为化学色的绿釉，中间为散射蓝色分相釉，分相釉之上是颗粒大而产生漫反射泛白的乳浊釉

物理色，但是其上同样有乳浊漫反射白色物理色局部覆盖。就是说，化学色和物理色都能是色地。

吉州窑绿釉盏釉内含45%氧化铅和着色剂氧化铜，所以能生成化学色绿釉作为第一层色地；釉内还添加了2.54%的氧化锡和0.07%氧化锌乳浊剂，所以产生了散射物理色蓝釉作为第二层色釉；蓝釉上的分相颗粒不足以产生散射，但是可以产生漫反射白色：共计有三层不同颜色的釉层叠加。

在第一章里我们曾经介绍过产生这一现象的工艺原因，在此不再赘述。本章强调的是，无论化学色还是物理色，其复杂性的一种重要表现就是互为底色的"窑变"特征，也是"蚯蚓走泥纹"的成因。

第十节　显微镜的重要意义

一、从"寥若晨星"说起

南朝时的齐谢朓《京路夜发》里写道："晓星正寥落，晨光复泱漭。"唐代韩愈《华山女》有诗云："黄衣道士亦讲说，座下寥落如明星。"说的都是早晨天上的星星"寥寥无几"。我们的专家说汝窑釉层里的气泡少得像早晨的星光（寥若晨星），若气泡多就不是真的汝窑瓷器了。果然如此吗？让我们看看故宫五所藏河南清凉寺汝窑标本的气泡是什么样子的吧。

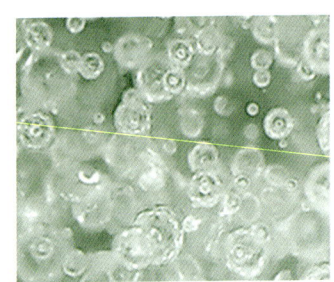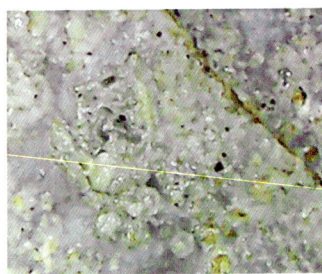

图3.10.1　故宫五所藏清凉寺出土汝窑标本之一的显微图片（放大50倍、150倍）

图3.10.1是故宫五所藏清凉寺出土标本的两种放大倍数的显微图片。因为标本釉面被广泛腐蚀，气泡轮廓十分不清晰，所以左图放大倍数提高至150倍。由此可以判断50倍显微中的大大小小白点就是气泡。哪里是什么"寥若晨星"？分明是"繁星密布"嘛！

第二件标本釉面完整，虽然气泡轮廓仍不够清晰，但是可以确定的是：汝窑的气泡是"繁星密布"而非"寥若晨星"。汝窑瓷器烧成温度不超过1200℃，釉黏稠度高釉层

第三章 古陶瓷的物理常识与鉴定

较厚,气泡被保护在釉层中。科学研究证明汝窑瓷器釉层气泡丰富。[1]

二、普通放大镜不行

那为什么长期以来古陶瓷界普遍认为汝窑瓷器气泡稀少呢?这不仅仅是"专家迷信"和"人云亦云"问题,更重要的是收藏爱好者和鉴定专家缺乏起码的鉴定工具——电子显微镜。

放大镜的标称放大倍数通常是夸大十倍的。例如印有150X,实际不到15倍,说是50倍的放大镜,实则只有不到5倍。用这样的放大镜来看汝窑气泡,小气泡看不见,只能看到几个特别大的气泡,当然是"寥若晨星"了。

仅以老专家使用的普通放大镜看到的气泡现象来作为国家鉴定汝窑瓷器标准的事实,再清楚不过地告诉我们:古陶瓷鉴定需要的是科学化,而不是眼学化;需要的是凭客观,而不是凭感觉;需要一丝不苟,而不是想当然。

三、电子显微镜不可或缺

电子显微镜有便携式和台式两种,如图3.10.3和3.10.4。

1. 便携式电子显微镜

便携式电子显微镜优点是:

(1)如图3.10.3所示,便携式电子显微镜使用极其方便。带上笔记本电脑,甚至于手机(有一种专门应用于手机的放大镜),就可以到要鉴定的现场测试和观察标了。

(2)可以多人同时观察、分析、讨论图像。

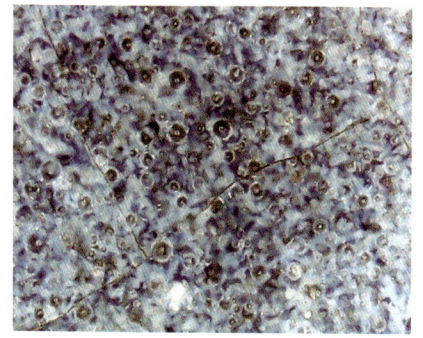

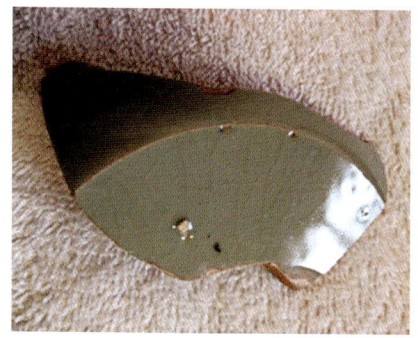

图3.10.2 故宫五所藏清凉寺出土汝窑标本之二的显微图片(放大80倍)

图3.10.3 便携式电子显微镜

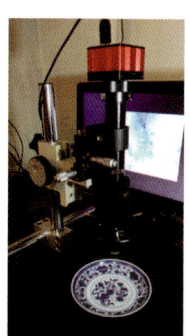

图3.10.4 台式电子显微镜

---

[1] 张福康《中国古陶瓷的科学》,上海人民美术出版社2000年版。

(3) 可以储存和备案显微图像。

(4) 价格便宜，最多不到千元。

(5) 适应所有的陶瓷器标的。

缺点是：

(1) 因为物距受到了镜头前面的透明塑料壳套限制，放大倍数也只有两种，通常是50倍和500倍。

(2) 因为镜头太小，分辨率受到了限制，通常不超过100W像素。

分辨率决定了图像细节的精细程度。通常情况下，图像的分辨率越高，所包含的像素就越多，图像就越清晰。描述分辨率的单位：有点（dpi点，每英寸）和万（W像素）。从技术角度说，"像素"只存在于电脑显示领域，而"点"只出现于打印或印刷领域。几十万到一百万像素是不够的。

(3) 采用同轴8只LED照明，存在8点反光白点和立体感不够的问题。

2. 台式电子显微镜

台式电子显微镜优点：

(1) 如图3.10.4所示，物距可变，放大倍数可以连续变化。

(2) 物镜可以更换，放大倍数变化范围更大，最大可以达到1500倍。

(3) 镜头较大，分辨率可以达到1000W像素或更高。

(4) 镜头可以90°旋转，能适应各种形状和大小的陶瓷标的。

(5) 除了镜头，价格千元左右。镜头价格变动范围很宽，有的不足千元，有的几千甚至于几万元。一般的收藏大众，整机下来两三千元能够满足需要。专业鉴定师一万元成本足够。

缺点：

(1) 体积偏大；

(2) 调整复杂；

(3) 便携性能差；

(4) 也属于同轴照明。

四、观察什么

电子显微镜最适合观察甚至于测试的项目包括：

1. 自然老化的各种表现

(1) 釉面的风化、水解、疏松变化，产生的漫反射现象，例如图3.10.5。

(2) 釉上膜破坏和变薄的情况，如图3.10.6。

(3) 高温釉的破坏和二次氧化情况,如图 3.10.7。

(4) 高温釉被腐蚀的情况,如图 3.10.8。

(5) 元明青花的锡斑网状结晶,如图 3.10.9。

(6) 青花釉面气泡污染情况,如图 3.10.10。

(7) 低温釉上膜脱落与二次氧化情况,如图 3.10.11。

(8) 矾红彩二次氧化成二氧化铅黑斑情况,如图 3.10.12。

(9) 粉彩、珐琅彩缩釉后被污染情况,如图 3.10.13。

(10) 低温绿彩多次开片情况,如图 3.10.14。

图 3.10.5 开片纹两侧的釉层疏松化漫反射"泛白"

图 3.10.6 釉上膜变薄后出现微观蛤蜊光

图 3.10.7 高温釉面破坏和二次氧化情况

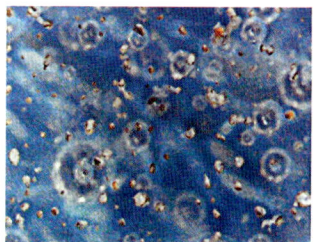
图 3.10.8 高温釉的化学麻坑腐蚀斑

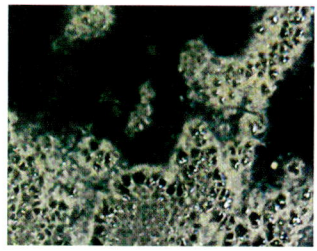
图 3.10.9 高温釉的铁氧化物过饱和网状结晶

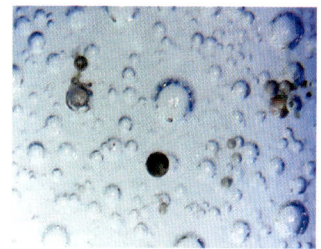
图 3.10.10 青花釉面气泡污染情况

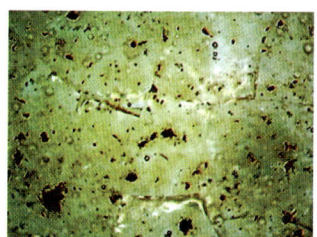
图 3.10.11 低温黄地釉上膜脱落并且二次氧化

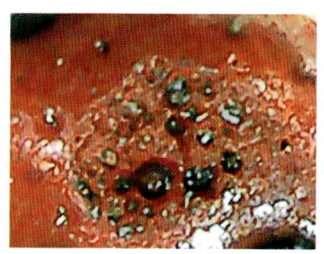
图 3.10.12 矾红彩的二次氧化的二氧化铅黑斑

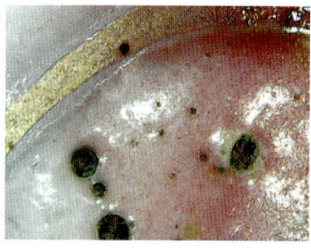
图 3.10.13 粉彩、珐琅彩釉面缩釉后污染褐色斑图

 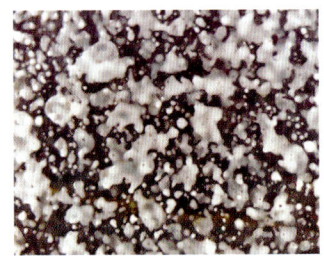 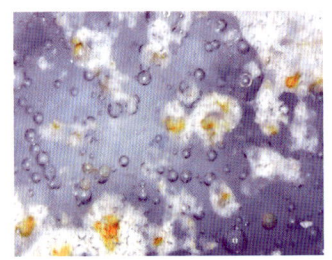

3.10.14 绿色釉上彩的二次、多次开片　　图3.10.15 氢氟酸腐蚀成棉絮状　　图3.10.16 氢氟酸腐蚀加黄土

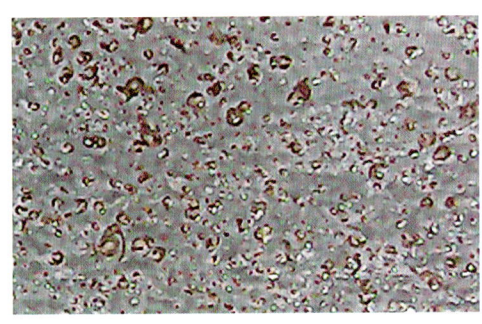 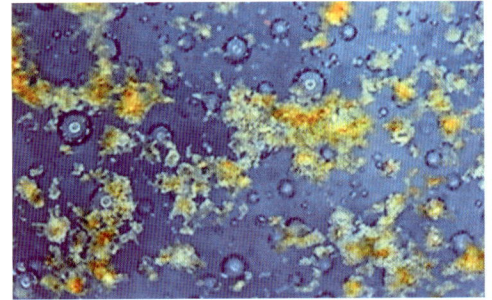

图3.10.17 高压喷砂击碎气泡并人工污染图　　图3.10.18 粘贴土锈和脏污

2．对做旧痕迹的观察和分析

（1）氢氟酸腐蚀情况，如图3.10.15。

（2）氢氟酸腐蚀加黄土，如图3.10.16。

（3）高压喷砂击碎气泡并人工污染，如图3.10.17。

（4）黏贴土锈，如图3.10.18。

五、不屑显微观察是回避客观存在

著名的"砸瓷节目"里的领衔专家在谈到放大镜观察时说道："我学徒时曾经拿着放大镜看瓷器，看了两天，什么也没看到。我的师傅从背后拍了一下我的脑袋说：你看个头啊！"然后主持人和现场专家们哈哈大笑，鄙视显微观察之情绪溢于言表。

当谈论到显微镜下古陶瓷的形貌与肉眼看到的外表南辕北辙时，一位在国家最著名的博物院研究了一辈子古陶瓷的专家便脱口而出："不信！""我们这些专家都不信这个。"还有一位最著名的拍卖公司的首席鉴定师说："看放大镜、看显微镜的人都是不懂瓷器的人。懂行的专家瞥一眼就能断真伪，哪里有专家看显微镜的？"在他们看来，他们看一眼得到的结论比什么科学手段和客观事实都可靠，他们是遵循着"看一眼"或者

"看几眼"的眼学（当然世界上不存在"眼学"这门科学）原则来鉴定古陶瓷的。

最为奇怪的是：专家们崇尚眼学，但是对于增加肉眼穿透能力的显微观察却不屑一顾，极力回避。

在我们仰望天上的月儿时，我们会说："世界最美不过月亮。"可是当我们采用普通望远镜观察月亮时，我们看到的却是"满目沧桑"，例如图3.10.19和3.10.20。此例恰如我们在显微镜下观察古陶瓷。

图3.10.19 我们肉眼看到的月亮

哪一张图片更接近客观事实呢？不言而喻。

只有初中文化程度的农民粗制造假的仿品，在显微镜下可以清晰地发现和分析清楚作伪手段，却可以使眼学专家全军覆没。如果不是数量越买越多，价格越买越低，而导致公安部门介入的话，那现在国博和故宫将冠冕堂皇地展出这些仿品！（如图3.10.21）当如何交代？又怎么解释国家文物局召集的国内最权威的鉴定委员们就不能识破一件纹饰拙劣又明显做旧的"国家一级文物"，如图3.10.22，而其作伪者的另外多件"一级文物"却在旧金山大学物理实验室被轻而易举地显微出破绽呢？

图3.10.20 普通望远镜看到的月球表面

当我们静下心来，反思乱象丛生的中国古陶瓷界到底是怎么回事时，不难发现：

第一，我们的专家只强调眼看，但是，古陶瓷

图3.10.21 造假陶俑

图3.10.22 马来西亚魏华侨捐给国家的被眼学专家们确定为"国家一级文物"的假文物

保护、收藏、鉴定、拍卖，需要古陶瓷科学指导，而这些领域的专家们恰恰不屑于古陶瓷科学，甚至连关于古陶瓷的基本常识都没有。

第二，对于鉴定来说，只凭肉眼观察所获得的信息量远远不够，国家文物部门和文物市场所倚重的朴素和原始的眼看胎、釉、型、纹、款是经验（且不说不知道胎釉之间有析晶层存在，看到的胎釉并非真的胎釉），但那只是鉴定所需经验之沧海一粟。

第三，"眼学"发展到现在，到了"专家瞥一眼定真伪"的迷信程度，形成了一套完全背离科学、背离历史、背离客观，甚至于背离中国传统文化的主观准则。

六、结论

1. 一套成本低廉的电子显微镜系统是收藏家和鉴定师必备的鉴定工具。

2. 电子显微镜的分辨率应该达到 500W 像素以上，最高放大倍数不低于 800 倍（含电脑放大倍数）。

3. 电子显微镜主要是应用于观察、分析、研究器物表面的自然老化诸特征，以及作伪做旧留下的痕迹。

4. 放大倍数太低的放大镜曾经歪曲汝窑瓷器气泡密集特征成"寥若晨星"，造成了真伪颠倒的鉴定标准。

5. 眼学专家们只相信古陶瓷的主观世界不相信古陶瓷的微观世界，其结果可想而知。

第四章　古陶瓷工艺知识和鉴定

　　古陶瓷的工艺知识非常广泛，包括胎料、釉料加工工艺、陈腐练泥工艺、拉坯修坯工艺、釉药工艺、胎饰纹饰工艺、色彩工艺、烧制工艺等等。古陶瓷鉴定需要了解这些工艺知识，否则不能解释清楚有关古陶瓷胎釉、器形、纹饰等出现的各种现象。在其他章节里我们业已介绍了大量工艺知识，本章对没有提到和没有展开的古陶瓷工艺进行补充论述。

第一节　古陶瓷胎料的加工方法

一、陶瓷原料的粉碎

　　我们的祖先粉碎瓷料矿石是通过舂臼、磨碾等原始方式，加工出来的瓷料非常不均匀，想要达到现代球磨机加工的细腻和均匀度是根本不可能的。水碓上安装的锤头是花岗岩制作的，避免铁锤的铁混入胎料，导致胎的颜色变灰或变黄。瓷料粉碎后称之为泥料，还要淘洗，选择上层的细料使用，下层的粗料需要第二次舂臼。

图 4.1.1　水碓舂臼方法粉碎瓷石

即便如此，泥料的粒度还是不够不均匀。图 4.1.2 是宋代青白瓷标本，是水碓加工的胎料瓷器，断面可见胎料颗粒粗细不均。现代瓷器胎料加工的球磨机，可以把石料研磨到微米级别，均匀细白，像面粉一样，如同图 4.1.3 那样。权威专家著作和砸瓷专家们说

古陶瓷鉴定的科学依据

图 4.1.2 馆藏水碓加工的胎料，不够致密

图 4.1.3 现代球磨机研磨的胎料，致密细腻

的"胎质粗松是仿品"，"胎质细腻是真品"，显然是片面，甚至于本末倒置的。

二、淘洗

粉碎陶瓷材料后的下一道工序是淘洗。其过程是将开采、粉碎之后的原料放在水里簸动或加水搅动，以除去杂质，并且使粗细料分层。现代陶瓷工艺也有淘洗，但是淘洗的目的不是取细粉，而是除杂质。

陶瓷釉料淘洗非常细致，否则挂釉难以均匀和完整，会产生漏釉和缺釉现象。

三、陈腐

陶瓷坯料加工的主要工序之一，是将泥料放在一定的环境中储存一些时间。陈腐有利于坯料氧化、风化和水解反应的进行，从而提高泥料的稳定性，改善泥料的湿黏性能。现代制瓷为了降低成本，这样的工序大都被省略。没有陈腐工艺的现代仿品足底显得十分干燥。

四、练泥

练泥是对泥料进一步加工的工序。把经过淘洗和陈腐过的泥料反复翻打，或切成小块反复堆积敲打踏练。练泥可使泥料致密均匀，进一步改善泥料的可塑性、成型性能。现代制瓷为了降低成本，这样的工序往往省略，或者进行减少泥料空隙的现代真空练泥。陈腐和练泥后的泥料，称之为熟料，制出的瓷器胎底富有湿润感。否则，胎底呈干燥感。古陶瓷的胎底也有很多湿润不足的情况，显示了自然老化后的沧桑感。例如图 4.1.4 ~ 4.1.7。

图 4.1.4 故宫馆藏古陶瓷胎底

图 4.1.5 仿品胎细但是底有干燥感　　图 4.1.6 古陶瓷胎底可见湿润感　　图 4.1.7 仿品干燥感十分明显

五、陶车拉坯

陶车是陶瓷器中圆形器成型的主要工具，古称"陶钧"，又称"辘轳"。约出现于新石器时代晚期。完善的陶车由旋轮、轴顶帽、轴、复杆、荡箍组成。

旋轮为圆形木质，轴顶帽嵌于旋轮背面中心部，覆置在插埋于土中的直轴顶端。荡箍套置于轴下部。复杆安在轴两侧，起平衡、定位作用。制坯时，将胎泥放置于旋轮上面中间，拨动旋轮，使之快速持久转动，然后用手将放置于旋轮中间的胎泥拉成所需要的器形。陶车也用于修坯、装饰等工序。陶车的出现和广泛使用，提高了陶瓷手工业的生产效率，对提高陶瓷器的质量有重要作用。

图 4.1.8 古陶瓷拉坯的陶车

六、手工制陶与陶拍

手工制陶包括泥条堆接、麻布兜包和陶拍拍击。[1] 陶拍由木板或陶制成，如图4.1.9，新石器时代和商周时期颇为盛行。使用陶拍拍打器物的外壁，不但可以使器物的表面光整，而且可以使因手制等因素导致坯体结合不良之处紧密牢固。同时，在陶拍上刻出阴纹或缠绳子，拍打后，在器物坯体上还可以出现各种花纹，装饰器物。麻布兜包是陶瓷器在麻布上造型。陶拍和麻布的手工造型还与轮制造型相结合，元代瓷器还可以看到麻布兜包的工艺痕迹，

图 4.1.9 陶制陶拍

图 4.1.10 元代瓷盘底和外侧边有明显的麻布包裹的痕迹

---

1 叶喆民《中国陶瓷史》，生活·读书·新知三联书店 2006 年版。

如图 4.1.10。

七、轮制

轮制是比手制进步的陶瓷成型工艺。将泥料放在陶车旋轮上，借其快速转动的力量，用提拉的方式使之成形。轮制出现于大汶口文化晚期，盛行于山东龙山文化。龙山文化时期的蛋壳陶，就是轮制陶的精品。之后，轮制更以其无可替代的优势成为陶瓷成型工艺的主流，如陶车主要是用于轮制工艺。春秋时期的原始瓷器已由原来的手制成型改为轮制。轮制陶瓷器的特点是器形规整，壁厚均匀，在器壁表里普遍留有轮纹。古代陶车运转速度低且快慢不均匀，所以古代轮制轮纹宽度较宽，且宽窄不一，轮纹平行度很差，如图 4.1.11。现代轮制是电动机带动，速度快而均匀，轮纹宽度很窄，且均匀，像是使用尺子测量过的一般，轮纹之间平行度也非常好，如图 4.1.12。另外，古陶瓷器底往往遗留有轮制的螺旋偏心纹，有的是所谓"鸡心"纹，如图 4.1.13 和 4.1.14。

图 4.1.11 古轮纹宽窄不均，平行度不高（彩色亮斑是蛤蜊光）

图 4.1.12 现代轮纹宽窄均匀，平行度高

图 4.1.13 轮制遗留的螺旋纹

图 4.1.14 轮制遗留的"鸡心"纹

八、模制与捏制

陶瓷器成型方法还有模制与捏制。古代称模制为"范制"，模具叫"范"。捏制也叫塑制或堆塑。

1. 整体模制

古代模制通常运用于复杂造型的人物、动物和胎饰。例如唐三彩马或者骆驼，可以清楚地看到胎体上合模的痕迹，尤其是腿部，如图 4.1.15 和 4.1.16。

新石器时代的模制法是局部内模。利用较大的圆形砾石作内模，以制成圆腹圜底的陶器。另一种模制是用模型作外范，就是将泥料涂敷或打成泥片置入模型内，用手或机械压制，稍干取出即成器坯。模制用的模型有单模和合模，古代多用生土制成（或经素烧），现代则是使用吸水性特别好的石膏做模具。

而现代石膏注浆模制最突出的特点是内模圈足留下的沟壑。大型器物可以把沟壑重新弥补上，甚至于用机械加工的方法把内底车削平整，可以看到车削的痕迹。小器物内底沟壑难以弥补，可以看到非常清楚的一圈沟壑。

2. 局部模制

更多的古陶瓷是采用轮制和模制相结合的方法，也就是局部模制，制好半干从模具取出粘贴到轮制主体上。例如双耳、钮、系、柄、嘴等细小的部分。例如图4.1.17和4.1.18。局部模制还包括在主体贴堆胎料后，使用模具挤压成形，例如图4.1.18的颈部蕉叶纹和开光卷草纹边饰等。

图4.1.19、4.1.20、4.1.21的特点是模压之后，特别对模压难以成型

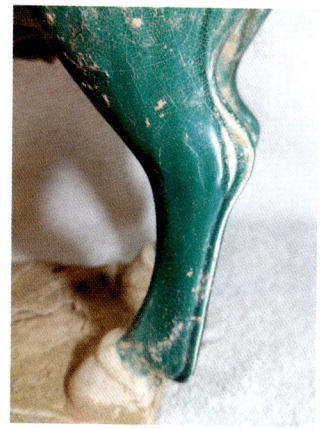

图4.1.15 可以从器身上看到明显的合模痕迹

图4.1.16 可以看到合模痕迹

图4.1.17 双凤耳局部模制

图4.1.18 执壶嘴根部、颈部、开光边的局部模制

图4.1.19 团龙模压加龙鳞细雕

图4.1.20 胎上模压与衣褶的半浮雕

的细节再加以微细的雕刻和半浮雕，到了不惜工本的地步。

图4.1.21所示的工艺过程如下：

(1) 先行整体拉坯。

(2) 内范模具加料，就是在内范上贴加胎料。

(3) 扣压出半浮雕整体。

图 4.1.21 乾隆款全鎏金半浮雕

图 4.1.22 双蜥龙捏制粘贴工艺

图 4.1.23 象耳分步捏制与粘贴工艺

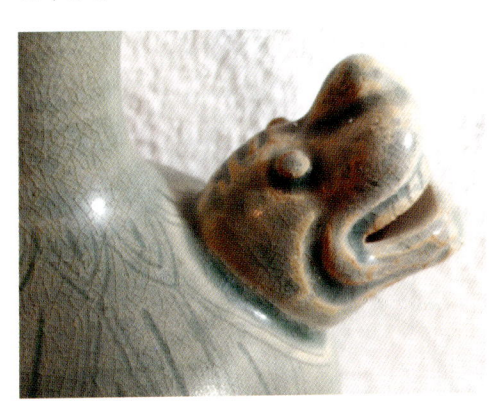

图 4.1.24 虎首捏塑切、开、通口工艺

图 4.1.25 兽首活环捏塑工艺

(4) 修整和雕刻内范成形的胎饰。其雕刻细腻到不惜工本。

这样的工艺也叫"印雕",就是先印后雕。印分"阳印"和"阴印"。阳印凸出拉胚的胎面,阴印凹进拉胚的胎面。

模具主要是"种模"和"母模"两种。

3. 捏制

除了小物件,捏制是用于局部的辅助的胎饰工艺方法。捏制通常是与粘贴相结合。例如图 4.1.22,蜥龙四肢和尾部都是分别捏好后粘贴到龙身和主体上的。图 4.1.23 的象耳则是捏制好局部,逐一粘贴(象牙最后插贴)。图 4.1.25 所示的兽首活环,工艺更为复杂:先堆塑捏制,然后上环,再粘牙齿封环。最后还要修整。图 4.1.24 是捏塑成型后切、开、通口。

九、传统手工和现代机械化制坯区别一览表

序号	项目名称	传统手工制坯	现代机械化拉坯
01	胎料加工	水轮驱动石碓粉碎,然后用水淘洗筛选	球磨机粉碎,无须筛选
02	陈腐处理	半年以上陈腐、风化,加水有泥浆感	通常没有陈腐处理,加水无泥浆感
03	练泥处理	人工捶打练泥,有湿润感	真空练泥,无湿润感
04	拉坯	手工拉坯,坯纹宽窄不均,有旋指纹	机械化拉坯,坯纹均匀细窄
05	修坯修底	掺水修坯和底,有泥浆和湿润感	修坯修底简单,无泥浆和湿润感
06	模制方法	开放型组合模具,有合模痕迹,局部模印需要辅助手工粘贴、捏塑等,模压、雕刻相结合	石膏吸水灌浆或加压灌浆,器壁厚度相等;器面底面平整光滑;模制器物壁薄体轻、壁的厚度相等;腔内底有出足的沟壑
07	器壁厚度	壁厚上薄下厚	壁厚基本上相同
08	重量	因为胎质较差,空隙较多,体积相同,重量偏轻,历史越久重量越轻	因为胎质细密,空隙少,体积相同,重量偏重

由此表可以看出,目前中国古陶瓷鉴定领域存在本末倒置的说法,电视鉴宝专家所说的现代注浆胎模制特点的所谓"斜坡圈足"和"壁厚体重"之说是没有注浆胎工艺根据的,请收藏大众警惕。

十、脱胎

脱胎方法是一种薄胎瓷的制作工艺。这种瓷器的胎体极薄,到几乎看不到的程度,似乎脱去胎体,仅剩釉层。明代永乐时期景德镇窑烧制的白瓷中出现了半脱胎状,成化时期有了新的发展,达到了脱胎的效果。白瓷脱胎,从配方、拉坯、旋坯、修坯、施釉到装窑烧成,工艺要求极严。旋坯刮胎最困难、重要。图4.1.26宣德款八折青花碗总厚度1.5毫米,胎厚不到

图4.1.26 宣德款八折青花脱胎碗,口沿施酱釉

0.5毫米。口沿施护胎酱釉。脱胎方法是：先行内部挂釉，烧成后外壁刮削胎体至接近透明，然后外壁施纹饰、挂釉，二次烧制。其难度在于刮削胎壁需要既薄又均匀，稍一不慎就可能损坏器物致使前功尽弃。

十一、挖足过肩

属于圆器挖足成型工艺。圈足与壁相接处称为"肩"，所挖圈足内的深度超过肩，形成器底薄、圈足内深外浅的器足形式，称为挖足过肩。古陶瓷圆器多有"挖足过肩"。如图4.1.27至4.1.30。

图4.1.27 乾隆款青花碟的挖足过肩

图4.1.28 乾隆款斗彩碗的挖足过肩

图4.1.29 雍正款胭脂水盘的挖足过肩

图4.1.30 李明亮款的蜻蜓登荷碗的挖足过肩

十二、挖足凸底

挖足凸底是瓷器成型工艺的现象。盘类圆器在挖足时造成了盘里底面比侧壁根部高，内底边沿出现一圈下凹的"月亮圈"。这个工艺现象在宣德瓷器里常见，可作为鉴定此类器物的参考。如图4.1.31和4.1.32。

图 4.1.31 可触摸到内底边沿的下凹"月亮圈"

图 4.1.32 可触摸到内底边沿的下凹"月亮圈"

十三、接胎

瓷器接胎是一种古陶瓷的制作工艺，是将一件器物分两段或三段制作，然后组装成一件完整器。一般在手拉胚的特殊器物或较大圆形立器中较常见（如瓶、罐、高足杯的足）。有些接胎经过修整，看不出接胎痕迹。瓷器接胎痕迹最明显的是明宣德扁瓶，其接胎痕迹眼观、手感都特别明显，如图 4.1.33，可在器身中间浅蓝彩光与其下的青花交汇处看到凸出的接胎痕（彩光系蛤蜊光），手摸起来更加明显。元代大型瓷器可以在胎内看到接胎痕迹。

图 4.1.33 宣德款山茶花青花扁瓶中部有明显的接胎痕迹

第二节　化妆土工艺[1,2,3]

化妆土工艺是指用粉碎得精细的瓷土调和成泥浆，施于质地较粗糙或颜色较深的瓷器坯体表面，起美化作用的一种装饰方法，是制瓷工艺的一项重要成就。

化妆土材料与胎料成分基本相同，但是其颗粒度远小于胎料，或者说颗粒更细，再加上水分比胎含量大，就成了真正的"泥浆"。

化妆土有两种：一种是本色化妆土，也就是与胎的颜色基本上相同的化妆土，例如

---

1 朱代英《试论化妆土在古陶瓷中的应用》，《四川文物》1993 年第 3 期。
2 陈建辉《元代枢府瓷剔刻化妆土工艺初探》，《琼州学院学报》2013 年第 3 期。
3 蔡礼君《中国古陶瓷胎质相关因素与辨识》，《文物鉴定与鉴赏》2016 年第 7 期。

图 4.2.1 所示。另一种化妆土发展到后来,含铁量比胎土少得多(例如 1% 左右),因此颜色更白。后者不仅起到了前者的修胎、填补气孔砂眼、光滑表面的作用,而且使胎表面颜色变白,因此化妆效果更好,如图 4.2.2 所示。化妆土颜色从酱色、红色、褐色、姜黄,发展到灰色和白色。这种色浆,在陶瓷工艺技术上除了叫作"化妆土",还称为"陶衣""装饰土""护胎釉"。其作用大体有三种。

图 4.2.1 胎色化妆土,器物内外均施姜黄色化妆土

1. 平整并使胎表面光滑,避免坯胎大量吸收釉水和烧裂。

2. 填补坯胎气孔、砂眼,使质地较粗糙表面平整、细腻、滋润,起到美化作用。

3. 白色化妆土覆盖颜色较深的陶瓷器坯胎,使瓷器变白。北方邢窑、巩窑、定窑的白瓷闻名遐迩,化妆土做出了重要贡献。

图 4.2.2 定窑全身和底部施白色化妆土

化妆土工艺始于西晋北方窑口,有 1700 多年的历史。后来浙江金华婺州窑、东晋时期浙江德清窑等也开始采用。南北朝起,湖南、江西、四川、河北等地的窑口相继使用。唐三彩、唐代耀州窑,北宋白定、磁州窑、巩窑、邢窑,均施化妆土。

一、本色化妆土特征

在古陶瓷中,本色化妆土的使用极其普遍,只是由于它的颜色与胎体十分接近,不使用高倍放大镜或显微镜很难被观察到,引起人们的注意。正因如此,它才是我们鉴定新旧瓷器的重要一环。现代仿品胎质过于坚实

图 4.2.3 耀州窑本色化妆土氧化成"姜黄色"胎釉际线

细密,由于不施化妆土或者伪装施一层薄薄的浆层,缺少古瓷自身那种自然温润的泥质感。对于没有淘洗氧化铁的本色化妆土来说,化妆土外露部分在还原气氛中形成的青灰色氧化亚铁(FeO),在出窑前或传世中,极易被二次氧化成氧化铁(Fe_2O_3),成酱、红、褐、姜黄色,胎釉之间常呈现出一圈化妆土氧化铁色,我们称之为胎釉际线,耀州窑圈足出现的姜黄色际线就是一例,如图 4.2.3。这样的际线是古陶瓷鉴定的重要参考。图中圈足呈现的耀州窑瓷器特有的垫烧黑斑特征,为氧化铁矿化成羟基氧化铁的颜色。

二、白色化妆土特征

我们在第一章曾经介绍过"南青北白"的古陶瓷历史,特别说明了"北白"就是白色化妆土带来的"白瓷"的几百年辉煌。以下概述一下白色化妆土特征及作伪。

1. 化妆土作伪

并非有化妆土的瓷器就是古陶瓷。尽管现代陶瓷料细色白,但是为了模仿古陶瓷,还是有不少仿品弄巧成拙,本来细腻的胎泥也涂抹了化妆土,而化妆土的颗粒度反而比胎的粒度粗,那就本末倒置了。之前我们介绍古陶瓷胎质时曾经列出了化妆土作伪一例。

2. 唐青花

河南巩窑遗址出土了大量"唐青花"瓷片,证明唐青花普遍施白色化妆土。化学分析表明,唐青花胎料含氧化铝比例较高而助熔剂含量不足,所以唐青花生烧现象很严重,胎质疏松,这是唐青花普遍施化妆土的原因之一。因为唐青花存世量很少,便成了收藏爱好者追逐的标的之一,市场上就应运而生了不少"唐青花"。对两类"唐青花"收藏不能麻痹大意。一种是无化妆土的"唐青花",例如图4.2.4。另外一种是化妆土白净、莹润,胎质细腻(符合专家标准),丝毫没有二次氧化的浅黄色"象牙白"特征,如图4.2.5,可怀疑是假的。

图4.2.4 无化妆土的"唐青花"

图4.2.5 白净细腻的"唐青花"

3. 白色化妆土的二次氧化

我们已经提到了,唐、宋白色化妆土至今已经一千多年或近千年,二次氧化不可避免。这不仅是因为北方白瓷和施化妆土的其他种类瓷器,例如磁州窑瓷、唐青花等,都属于石灰釉瓷器,而石灰釉层极薄,析晶层也就极薄或构不成层(化妆土内氧化钙只有1%左右),保护化妆土不受二次氧化几乎没有可能;而且因为还原气氛烧成时的透明釉和化妆土中铁的存在方式是氧化亚铁(FeO),而氧化亚铁不够稳定,很容易被氧化成淡黄色的"象牙白"。尽管在积釉处能保护化妆土与氧气隔离而略显青色,但是石灰釉稀薄积釉甚微。我们的专家不懂得这一点,在央视说唐代白瓷是淡青色,不仅不符合客观事实,而且不符合基本的化学和工艺常识。

第三节　金彩工艺[1]

一、鎏金工艺

鎏金是自先秦时期产生的传统金属装饰工艺，至今民间尚存，亦称火镀金或汞镀金。在东周和汉代以后颇为流行，是当时最值得称道的铜器表面装饰工艺之一，先后称为黄金涂、金黄涂、金涂、涂金、镀金，宋代始称鎏金。已出土的文物证实，在战国时期古人已掌握了鎏金技术，至今已有两千多年的历史了。从信阳长台关楚墓出土的鼎来看，造型有战国早期的风格特征，该墓出土的鎏金铜带钩等也为战国早期的器物，所以，有的专家学者认为鎏金工艺初始时间应定于春秋末期或战国早期。从河北满城中山靖王刘胜墓出土的"楚大官糟钟"来看，其鎏金技术已相当成熟。鎏金技术是不容易掌握的。我国古代劳动人民在生产劳动中通过开创研究、不断探索总结才创造出了这项工艺。

图 4.3.1　清中期描金瓷王盘口瓶

到了汉代，《汉书·外戚传》记载："……居昭阳舍，其中庭彤朱。而殿上髹漆，切皆铜沓（昌）黄金涂，白玉阶，壁带往往为黄金釭……"陕西茂陵一号从葬坑出土的鎏金竹节熏炉，炉盖外侧及圈足均刻有与此内容大致相同的铭文。铭文中有"内者未央尚卧，金黄涂竹节熏卢（炉）一具"。可看出称谓基本一致，只有"黄金涂"与"金黄涂"之

图 4.3.2　黑釉地胎上刻沟槽，烧后填金与低温釉再烧

差。唐代称镀金。《唐六典》中称金有十四种，即销金、拍金、镀金、披金……另见《唐摭言·矛盾》："假金方用真金镀，若是真金不镀金。"鎏金一词出现较晚，就目前所知，鎏字最早见宋代丁度等修订的《集韵》中，"美金谓之鎏"。现在的传统修复中"火镀金"也称"鎏金""黄金涂""金黄涂"，只是称谓上不同，工艺则是一致的。电视鉴宝专家说传统鎏金工艺失传，是没有根据的：中国人民英雄纪念碑的大字就是传统鎏金工艺做成的。

---

[1] 上海硅酸盐研究所张福康《中国古陶瓷的科学》，上海人民美术出版社 2000 年版。

传统鎏金工艺：汞熔金箔成金泥，然后抹刷至器物表面并挤压，汞受热挥发留下金层。图 4.3.2 "易定"款黑釉地釉上彩轮廓和文字等沟槽里可见闪光的金彩。

二、填金工艺

传统鎏金工艺多用于铜器鎏金和错金，少用于瓷器。五代、北宋时期产生了沟槽填金工艺。用大蒜汁匀调金粉，在器物表面沟槽里填抹后烧制。五代北宋黑定瓷器曾经如此使用。宋人周密（1232-1298）的《志雅堂杂

图 4.3.3 乾隆款金彩地开光花鸟纹象耳盘口瓶

图 4.3.4 乾隆款金彩地开光"八仙过海"牺耳洗口尊

抄》记载了这样的工艺："蒜汁调金描画再入窑烧之，永不复脱。"如图 4.3.2，其釉上彩轮廓和文字等沟槽里可见闪光的金彩。清代曾经复用，是因为冬季胶施金彩容易冻坏，但是不再有沟槽填金了。

三、贴金戗金工艺

黄金延展性极好，古人正是利用黄金的这一特性，首先把它加工成金箔。其方法是先将黄金捶打成厚 1 毫米的金叶，俗称"开条子"。然后在每张金叶之间用乌金纸把它们隔开，每四十张金叶为一捆，打成包。再在打金石上用打金锤捶打，打成只有 1/3 竹纸的厚度即可。从唐朝开始，延续到明代，金箔装饰是金彩工艺的主要方式。

采用金箔装饰瓷器有两种方法。其一是贴金，其二是戗金。前者是用毛笔直接蘸胶液在瓷器表面书写或描绘图案，待胶液半干时将金箔粘贴上并压实，胶液干透后再用硬毛刷将图案之外的金箔刷掉，只留下涂胶处的金彩图案。后者是使用坚硬的工具在釉面进行錾刻，然后再在錾刻的沟槽内填胶、贴金，待胶液干透再将沟槽外的金箔去除。无论是前者还是后者，古人都离不开用胶液粘贴金箔。胶液用大蒜汁或用生漆。前者的贴金牢固度较差，保存至今者多数已剥落殆尽，只剩痕迹；后者因为沟槽的保护，至今仍可见不锈的黄金。因为金箔装饰工艺成本高，所以当年采用者就不多，保存下来的均为国宝。从严格意义上讲，这时的金彩加工工艺还不属于陶瓷工艺中的彩烧工艺，倒与金漆镶嵌类似，从属于陶瓷制作以外的后期深加工。

四、描金（本金）工艺

清代康熙朝不仅从欧洲引进了洋彩，而且对传统古彩工艺也进行了革新。景德镇陶瓷艺人在总结传统制备彩料工艺的基础上，又创制出许多新的彩料品种。他们在此基础上，尝试着把金箔制成金粉，再加入铅用以降低黄金熔点（低温共熔体），终于制作出了"本金"。直到这时，金彩工艺才真正属于陶瓷彩烧工艺的一部分。其操作过程如下。

1. 摇金粉。将金箔放在瓷质摇金盘内加入适量水，加温到40℃左右，用手在盘内不断研摇，使其变成金粉，再用1200目筛箩过细。

2. 以本金1分加入0.5%西赤置于调色碟内混合，然后加入树胶溶液5～6滴，调至金粉不起泡为宜。把调好颜色的碟子放在热水碗上烫干。

3. 用描金笔蘸水调金描绘纹饰。

4. 烧成后用玛瑙笔在金上刮出或用细砂擦出金色亮光来。

用本金制作金彩瓷器加工难度很大。首先用金不宜过厚，过厚则呈色灰暗，且易产生金彩脱落，称为"脱衣"。其次，用金要一笔涂成，不要加填，否则不仅会影响呈色，而且引起"脱衣"。再次，使用水分要适当，水分过少也会引起"脱衣"。冬季胶水易冰结，则用大蒜汁调匀金粉为宜。最后烧成温度不能过高，否则金呈色出玫瑰色或紫色，失去黄金的光泽。"脱衣"最主要的原因应该是金彩的热膨胀系数是釉面的好几倍，年代久远的反复热胀冷缩，致使金彩"脱衣"不可避免。如图4.3.1～4.3.7。

图4.3.5 矾红上的金彩脱落达60%

金彩与瓷器釉面结合是非常不牢靠的。金彩的热胀冷缩系数大，至14.2，是釉面的10倍！伴随着年复一年温度的反复变化，反复热胀冷缩，年代久远之后一定要变形和脱落。如图4.3.7中，金丝线网描绘在粉彩之上，宏观上看华丽典雅，但是微观可见金丝网已残缺不全。

如果看到一件瓷器，其金彩完好如新，没有任何变形和开裂，那一定是新东西。

图4.3.6 霁蓝上的金彩脱落达50%

第四章　古陶瓷工艺知识和鉴定

图 4.3.7a 乾隆款长颈四方瓶金彩严重脱落

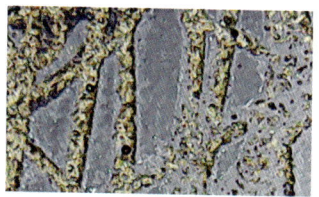

图 4.3.7b 雍正款金丝网折腰牡丹花卉大碗金丝网脱落、断裂、残缺不全

五、仿金（化学金）

1. 金属仿金

仿金层可以是铜锌、铜锡或铜锡锌镀层，也可以由铜锌合金经过处理后产生逼真的镀金效果。主要应用于建筑、五金、灯饰、首饰等行业的电镀。瓷器不导电，不能电镀"仿金"或真金到瓷器上。瓷器上的仿金是先制成仿金粉末，然后作为"金彩"颜料施彩到瓷器表面。

仿金与真金的区别在于"真金不怕火炼"，因为真金不会被氧化，不像央视专家所说的世界上有什么氧化金。但是"仿金"不行，仿金害怕火烧酸蚀，火烧一下或者滴一滴酸就会被氧化被腐蚀成黑灰色。一个简单的办法来检验金彩是否是金，就是局部上火烧一下，经过十秒左右，停下来然后擦洗一下，看看是不是褪色或变色。稍微的变化那是杂质的原因。还有一个办法是滴点稀硫酸或者稀硝酸，看看是不是有腐蚀斑。轻微的变化是杂质所致，变化严重就是假金。

2. 非金属仿金

假金还有金云母，有深色金云母和浅色金云母，浅色金云母通常呈黄色。金云母也怕火烧和酸蚀。

3. "金无足赤"

瓷器上的真金也不可能是纯金，杂质包括银、锌、镍、铁、铂、钯、铜等。

黄金和其他金属混合在一起的颜色有九赤、八黄、七青、六白之说。所谓 24K 为纯金，那么 18K 含黄金量就是 18/24=75%，12K 就是 50%。另外，同样的含金量，不同杂质的颜色也不会一样，例如 18K 金就有青黄和白黄两种。大致来说：深赤黄色含量

95%以上；浅赤黄色含量 90%～95%；黄色为 85% 左右，青黄色 65%～70%，黄带白光只有 50%～60%，微黄而呈白色就不到 50%（所谓白金）。所以从颜色上只能大概看出金彩纯度，看不出金彩的真伪。

古陶瓷金彩颜色五花八门，纯黄纯赤的几乎没有。这说明古陶瓷金彩含杂质比较多，所以年代久远，金彩里的杂质就会被氧化而发雾发污。

4. 权威专家说金必错

多位权威专家在央视上如是说：

(1) 故宫古陶瓷金彩含金量是个秘密，不能公开说，说了仿品就出来了。

(2) 颜色不黄，不是真金，是化学金。

(3) 颜色不明亮，不是真金，是化学金。

关于第一条，故宫里的古陶瓷来自四面八方不同窑口，生产年代跨越两千多年，绝对不可能遵循一种含金量；古代提炼黄金技术差别悬殊，更不可能含金量相同。这位权威也不可能把故宫的描金瓷器上的金彩都化验一遍。

关于第二条，这位专家不知道金彩黄色的少，不黄的多。如图 4.3.8 所示。

关于第三条，这位权威不知道金彩含杂质多，而杂质必然会伴随年代久远而氧化，因而看起来不明亮。

图 4.3.8 "七青""八黄""九赤"不同颜色的金彩

第四节 矾红工艺

矾红与珊瑚红都是铁红，是 Fe_2O_3 的颜色。铁红釉属于低温的铅釉。矾红产生于北宋，辽、金、元、明、清各代都广泛使用，例如宣德五彩、成化斗彩、清代五彩，以及粉彩，红色都采用矾红并且与墨彩结合用来勾画轮廓线。矾红是以硫酸亚铁（$FeSO_4 \cdot 7HO$）绿矾为原料，经煅烧和漂洗制得 Fe_2O_3 粉末，再与铅粉助熔剂混合成彩釉料。明代嘉靖时，因为铜红釉烧制工艺失传，为了皇家祭祀的需要，御器厂以矾红釉取代铜红釉。到清康熙时，矾红有了很大的进步，色泽鲜艳，华丽凝重。一般用于五彩、斗彩绘制纹饰。嘉庆以后，矾红色泽均不甚佳，仅光绪时稍有起色。

图 4.4.1 雍正麒麟蒜头瓶矾红与金彩一起变薄、脱落

矾红不耐磨，很容易磨损变淡。其原因是因为比例高达 30% 或以上的着色剂三氧化二铁颗粒产生集聚效应，并不是像色釉那样在釉层里均匀分布，而是悬浮到铅釉表面，这就使得矾红与釉层结合不牢靠，在受到摩擦时就容易被剥落变薄甚至脱落，如图 4.4.1 所示。

矾红显微出现棕黑色斑点是矾红彩下铅釉的二次氧化造成的。矾红铅釉含氧化铅 40% 以上，氧化铅在弱酸或水分环境中，可以被氧化成黑色的二氧化铅（PbO_2），称为"泛铅"。只要年代久远，"泛铅"总是要发生的。矾红彩层薄，附着力差，这样的"泛铅"就会慢慢地以棕黑色的斑点或斑块出现在矾红彩面，如图 4.4.2。

图 4.4.2 嘉靖五彩笔筒矾红的黑色"泛铅"斑点

矾红加描金装饰，是矾红彩瓷最为常见的一种方法。例如图 4.4.3 嘉庆款矾红五彩描金婴戏图碗、图 4.4.4 五福捧寿牺耳蒜头瓶、图 4.4.5 海水龙凤纹蟠螭耳将军罐，用的都是这样的装饰方法和工艺。

图 4.4.3 嘉庆款矾红五彩描金婴戏图碗

著名专家在电视鉴宝节目里说矾红工艺失传，断言凡是矾红工艺的瓷器都是真品。事实是矾红工艺非常简单，稍微有一点色彩工艺知识的业内人士都知道矾红工艺不可能失传。清代蓝浦《景德镇陶录》载："矾红釉，用青矾炼红加铅粉、广胶合成。"说明矾红技术没有失传。我们的这位鉴宝权威偏偏在这些最具常识性的陶瓷工艺上屡屡出错，不仅严重地误导了收藏大众，而且严重地扰乱了本已混乱不堪的文物市场。

古陶瓷鉴定的科学依据

图 4.4.4 乾隆款霁蓝地矾红描金五福捧寿牺耳蒜头瓶

图 4.4.5 乾隆款海水龙凤纹蟠螭耳将军罐显微：海水白地的气泡破裂老化，矾红二次氧化

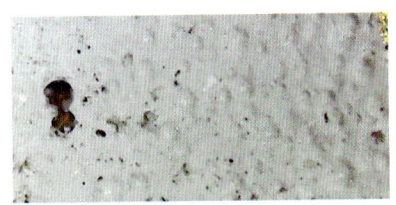

图 4.4.6 将军罐海水纹白地的自然老化显微（放大 100 倍）

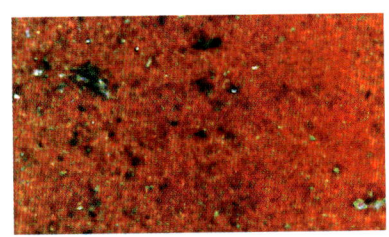

图 4.4.7 将军罐矾红的黑色二氧化铅泛铅（放大 50 倍）

第五节 古陶瓷的垫烧工艺[1]

古陶瓷整个工艺流程是：矿料加工—淘洗—陈腐—练泥—制坯—修坯—烘干—彩绘—挂釉—入窑—低温—中温—高温—保持—降温—出窑。烧制方法概述如下。

一、仰烧、叠烧

仰烧是匣钵内放置垫饼或耐高温的细砂，器物正装焙烧，称为仰烧。

叠烧是将多件器坯叠在一起装烧，器物以垫烧物分隔，垫烧物包括预先烧制好的耐烧支钉（不是专家说的铁钉而是陶瓷钉）、支圈、支块（类似支钉）。

1. 支钉（或块）叠烧

有 3 钉、5 钉、6 钉、多钉之分。著名的越窑瓷器，通常采用 3 钉、5 钉（或块）或者 6 钉支烧。电视专家说越窑只能是 6 支烧钉之说，没有考古根据。

支钉是专门预先烧制好的耐火支烧工具。支钉可以与支烧底座制作在一起，如图 4.5.7 所示。也可以把支烧钉摆放于支盘之上，如图 4.5.8 所示。出窑之后，支钉会粘贴到被烧器底，所以需要人为将其敲掉，留下来图 4.5.1 至 4.5.4 那样的支钉痕迹。就是说，支钉是一次性工具。

---

[1] 陈立立《景德镇瓷器垫烧痕迹特征浅析》，《东方收藏》2011 年 8 期。

第四章 古陶瓷工艺知识和鉴定

图 4.5.1 馆藏越窑盖碗底足五个支烧垫块痕迹

图 4.5.2 耀州窑莲花纹碗支钉敲掉后的痕迹

图 4.5.3 汝窑洗的支钉"芝麻"钉痕迹

图 4.5.4 越窑净水瓶支钉敲掉后的痕迹

图 4.5.5 黄地青花盘底呈现的支圈叠烧痕迹

图 4.5.6 涩圈叠烧的痕迹

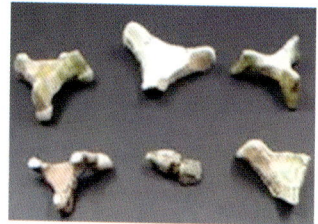

图 4.5.7 三个支钉的一体化支烧工具

图 4.5.8 摆放在支烧盘上的支钉

2. 支圈叠烧

北宋定窑到明晚期经常使用这样的叠烧方法。例如图 4.5.5 所示的黄地青花盘底留下的支圈叠烧痕迹。垫饼就是一种支圈叠烧的垫烧工具，多用粗耐火黏土或高岭土制作，因其状似饼，故名。使用时，器坯底足置于饼之上，可防止器物与匣钵黏结。

3. 叠烧或刮釉叠烧

即在器物内心（以盘碗为多）刮去一圈釉，然后将叠烧器物底足（无釉）放置其上，一般10件左右逐层重叠，无釉处称"涩圈"。流行于金代和元代。它的优点是产量高，成本低；缺点是器物内底部一圈无釉。如图 4.5.6。

4. 覆烧

即将瓷器倒置过来装在有支圈或筒形梯状支具匣钵内

221

图 4.5.9 覆烧芒口施护胎酱釉的青白瓷碗

图 4.5.10 上林湖窑越窑覆烧芒口没有施护胎釉

图 4.5.11 元釉里红蒜头瓶浸釉时留下的手指印迹

焙烧，始于北宋定窑，景德镇及东南地区青白瓷窑系也多用此法。优点是产量高，变形小；缺点是器物口沿无釉，称之为"芒口"，使用不方便。为此，后期的南宋覆烧器"芒口"施护胎酱釉，如图 4.5.10。

5. 坯烧（也称素烧）

特指二次烧成的陶瓷器，即先入窑以低温(750℃～950℃左右)将器坯烧一次，然后施釉再次入窑烧成。第一次称为坯烧。

6. 挂釉

(1) 浸釉 又称"蘸釉"，是我国传统的施釉方法之一。浸釉时手拿器坯底部浸入釉缸内，使其表层挂釉，然后取出，如图 4.5.11。浸釉质量的好坏与器坯浸入时间长短及操作得当与否有直接关系。

(2) 吹釉 是我国传统的施釉方法之一。用竹筒蒙上细纱，蘸釉后用口吹，吹釉的遍数视器物大小而定，多至17～18遍，少则3～4遍。其优点使器物内外着釉均匀一致，凡大型器物、薄胎及色釉制品等多采用此法。明代景德镇首创。

(3) 浇釉 大型器物的一种上釉工艺，是我国传统的施釉方法之一。操作时两手各执一碗或勺，舀取釉浆，向坯体上交相泼浇。

(4) 荡釉 传统的施釉方法之一。操作时把釉浆倒入器坯内部，然后晃荡，使上下左右均匀上釉，多余的釉浆倒出即成，这种方法适合于瓶、壶等琢器。

(5) 匣钵 置放瓷坯的窑具。始于隋唐。匣钵的使用，使制品受热均匀，避免烟尘直接熏染釉面，并使制品互相隔离，不致黏结在一起，提高了瓷器的质量，同时可以充分利用窑室高度，提高装窑密度，增加产量。

7. 窑类型

(1) 龙窑 我国传统窑炉的一种形式。战国已普遍采用，东汉时有所改进，以后南方各瓷窑广泛采用。龙窑多依山坡或土堆倾斜建筑，窑长在30米～80米之间，形状似长龙,故称龙窑。因其本身有一定的高度差,故具有自然抽力。龙窑的特点是升温快,降温也快,生产周期短,产量大,烧成成本低,对我国古代瓷器的发展起了很大作用。

（2）阶级窑　我国传统窑炉的一种形式。在坡地10度～20度倾斜度砌筑而成,窑长在15米～30米之间,一般分5～10间窑室,以墙隔开,一室高于一室,有如阶级,故称阶级窑。室与室之间的墙下部有通火孔,火焰可依次通过各室,既可节省燃料,又可烧还原焰。阶级窑始于宋代的分室龙窑,完善于明代,最早出现于福建地区,对日本窑的设计有很大影响。

（3）馒头窑　我国传统窑炉的一种形式。这种窑的特点是火塘和窑室合为一个馒头形的空间,故称馒头窑。它利用夹墙竖烟道产生的抽力来控制一定的空气进窑,温度可达1300℃。北方的耀州窑、钧窑等都采用馒头窑。马蹄窑包含在馒头窑内。

（4）蛋形窑　我国传统窑炉的一种形式。像一个平卧在地的半个鸭蛋,前大后小,故称为蛋形窑。全长约18米～20米,高近6米。这种窑有一个与窑长相等的烟囱,抽力大,烧成时间短,产量高,热耗低,适宜烧还原焰。景德镇即采用蛋形窑烧瓷。这种窑对欧洲有很大的影响,英国的纽卡斯特尔窑、德国的卡塞勒窑都是仿照景德镇蛋形窑设计的。

（5）烘炉　烘烤釉上彩的低温炉。景德镇创用。烘炉亦称暗炉,炉径、高各1米左右。周围夹层贮炭火,下留风眼,烘烤

图 4.5.12　龙窑遗址

图 4.5.13　阶级窑遗址

图 4.5.14　明代馒头窑遗址

图 4.5.15　宋代北方馒头窑外形

时将绘彩的瓷件装入炉膛内，炉顶用匣钵土制的薄片覆盖，中留小孔，以便察看火色，然后点燃木炭，炉温约在850℃左右。烘炉内烘彩属第二次烧成。

二、关于"复烧"

古陶瓷存在"复烧"问题。古人烧瓷控制温度和化学工艺（指氧化气氛工艺、还原气氛工艺）的方法是"火照"。火照又称"试片""试火具""火标""试片""试样""试火板"或"火牌""照子"。形状有锥形、梯形、长方形、方形、不规则三角形（或四边形）、环形和多边形等，如图4.5.16。火照的作用是控制窑温火候（温度和工艺过程），是保证瓷器烧成质量的关键。火照下部尖端插入装满砂粒的匣钵内，匣钵放入窑膛中，在观火孔里可以看到。火照上端有圆孔，当窑工测定窑内

图 4.5.16 出土火照排

温度时，用长钩伸入观火孔，将火照从匣体里钩出。火照都要一半挂釉，只能使用一次。每烧一窑要验火照数次，每验一次，就钩出一个火照。

与测温控温已经自动化的现代制瓷工艺对照，火照这样的测温控温方法显然是落后的。因为相同的火照试样外在表现本身存在很大的温度误差，加上保温和恒温技术落后，在整个窑内的不同部位烧制温度也有较大差别。所以，火照检测到的部位与无火照检测的部位，温度差别是显著的（可能相差几十到上百度）。大多数窑炉温度差别能够控制在10%以内。出窑之后，会有一定数量产品火候不够或"过火"。自然会将火候不够的次品进行"回窑""回炉"，进行"复烧"。现代烧瓷则完全不同，不仅保温和恒温技术好，而且窑炉外面有温度显示和炉温控制。除重大生产事故外，通常没有复烧问题。

第六节 剔花剔釉与雕瓷

一、剔花剔釉

剔花是陶瓷器的传统装饰工艺之一。剔花工艺包括烧前剔花与烧后剔釉两种。因为烧后剔釉的难度很大，所以存世藏品并不多见。宋代吉州窑天目剔花工艺就分为两种：一种是烧前在胎表面剔出花纹，剔的是胎，如图4.6.1所示；另一种是完整黑釉瓷出窑后剔花，剔掉的是釉，如图4.6.2所示。现代仿品往往是什么都不剔，只是花纹处露胎

而已。

第一种剔花工艺采用得最为广泛，这种工艺还要细分为"阴剔"和"阳剔"两种。"阴剔"指的是如图4.6.1所示那样，剔掉的是花纹部分胎层；"阳剔"则是相反，剔去纹饰以外的胎层，未剔的胎面施釉。用这种方法做出的图案，具有很强的浮雕感。有时花叶上再用划花的方法划出花蕊叶筋，纹饰更显形象逼真，如图4.6.2。吉州窑瓷器工艺

图 4.6.1 吉州窑剔花（剔胎）黑釉梅瓶

图 4.6.2 吉州窑剔釉黑釉梅瓶

采用先烧成黑釉，然后再行剔花露胎：刀后留下了斜断面剔花痕迹，釉层、析晶层、胎层清晰，说明是剔花工艺而不是留花施釉工艺。釉面出现微观蛤蜊光，如图，如图4.6.3。

剔花瓷器最早见于宋代，源于漆器生产中的雕漆。雕漆又称剔红，影响到陶瓷的装饰就是剔花。汉代以来，陶瓷器仿漆器之风盛行，如汉彩绘陶和釉陶，从画法到釉色，均借鉴同时代的漆器。在河南南部战国墓中出土的陶器，器表面往往裸有黑漆，使表面有一层黑亮的光泽，显然是模拟漆器而随葬于内的。唐代及北宋前期，雕漆广泛流行，对瓷器剔花产生的影响不言而喻。北宋以前，漆器生产集中在北方，故陶瓷剔花工艺是由北方诸窑发明的，品种有白釉剔花、黑釉剔花、酱釉剔花等。北宋的河南修武当阳峪窑，鹤壁集窑、登峰曲河窑、河北的磁州窑、山西的介休窑等均生产剔花瓷。

"剔釉"的难度在于：

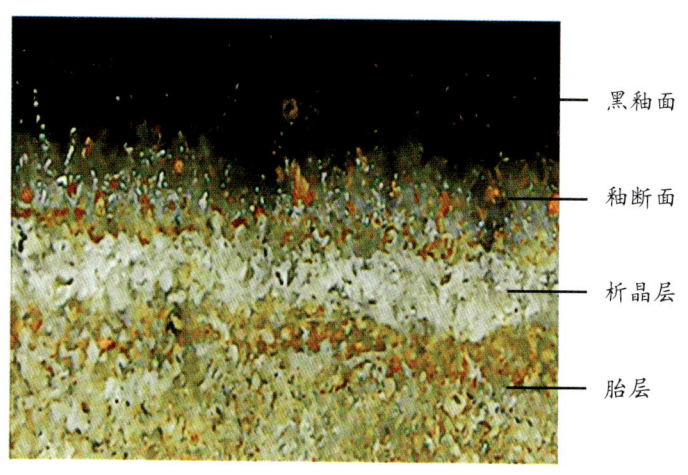

图 4.6.3 剔釉断面显微（放大50倍）

1. 釉像玻璃一样很脆，很容易崩瓷，细致的花纹难以雕刻成形。

2. 如果是"阳剔"，当花纹面积比雕地面积小得多时，不仅工作量大，保持雕地平滑、剔层厚度均匀，也会变得非常困难。

3. 为了保护雕地，

剔花后尚需施釉再烧。

尽管如此,"剔釉"工艺还是发展起来了,不过工艺名称变成了"雕瓷"。

二、雕瓷

雕瓷所用的特制刀具用高碳钢和金刚钻石制成,顶端呈锥状,便于在坚硬的瓷器表面刻、凿。雕瓷是通过锤击刀凿的变幻,来表现线条"笔墨"和情趣。首先需在白瓷上用墨书写或绘画,再依据瓷器上的墨稿用钻刀刻画、凿镂,最后再填色或色釉,例如填墨色或赭色高温或者低温色釉。陶瓷雕刻风格素雅,既能体现传统书画艺术风格,又能保持瓷器表面的晶莹光洁,形成独特的艺术效果。清代雕瓷工艺兴于乾隆,盛于道光、同治年间,为以后日趋衰落的清代制瓷业注入了新的生命力。雕瓷工艺技法多样,有圆雕、捏雕、镂雕、浮雕等。

我们通常听说的雕瓷是指所谓"反瓷",就是烧前雕胎,不上釉而生烧,与第一种剔花相似,如图4.6.4。我们这里所说的"雕瓷"是对挂釉烧成的素瓷进行剔釉雕刻。这里还有一个所谓"反瓷""瓷雕"工艺。反瓷,亦称"生瓷",是一种在胎上雕琢纹饰,不施釉来生烧的瓷器。它始于明代万历时期的景德镇窑,在清代乾隆时期开始流传,同治、光绪年间盛行。清中晚期的陈国治、王炳荣、李裕成是公认的瓷雕名家。陈国治的作品大多为山水人物,刀法细腻,构思精巧,风格淡雅,宛若寿山石的薄意雕刻。王炳荣的作品题材广泛,动物、花鸟、人物皆有,栩栩如生,呼之欲出,和陈国治相比,刀法上前者偏重于剔,后者偏重于雕。李裕成的作品风格接近于陈国治,题材上接近于王炳荣,喜好开光剔地。

图4.6.4 王炳荣款鱼成龙葫芦瓶瓷雕

图4.6.5 道光款"剔釉"开光夔龙夔凤、双象耳青花石榴尊

图4.6.6 "剔釉"开光工艺的局部

三、剔釉开光[1]

如图4.6.5，工艺过程如下：

1. 先行烧制青花夔龙夔凤，留石榴尊颈和口沿不施釉，尊口沿边及象耳施高温黄色釉。

2. 留取夔龙夔凤菱花花边开光、青花款底、圈足和双象耳，"剔釉"至未挂釉颈和口沿。

3. 除了开光青花、底及圈足、双象耳，施酱色釉并二次烧制。

由图4.6.6可见，青花开光釉面和剔釉后重新施酱色釉部分的交接边沿整齐美观，但是剔面粗糙不平，与开光青花面的细腻光滑成鲜明对比。

第七节　关于画工

鉴定古陶瓷有一项重要内容，那就是瓷器纹饰和画面的"画工"问题。按照常理，一般没有学习过绘画的理论和技法等，只是看了很多陶瓷器纹饰，是不可能形成专业素养的。正像没有学习古陶瓷基本知识和工艺，只是见到过很多古陶瓷，不可能真正成为古陶瓷鉴定专家一样。

奇怪的是，我们的鉴定专家们虽然从未学习过美术和绘画，许多人却自命不凡地认为自己具有瓷器美术和绘画鉴赏的素养，动辄在大庭广众之下（电视或公益鉴定会上）宣布某某瓷器的某某绘画是如何好或不好，还要以画得"好或者不好"来判定器物是"对或者不对"。

一、不能以画工好坏来"一锤定音"

"砸瓷节目"电视专家认为仿品的画工标准是："线条生硬，画工拙劣粗糙，描画痕迹明显、勾边填描、款书随意"。俨然一副懂画专家的口气和神态。且不说专家把现代透视画法的"桃园三结义"强行地搬到了宋徽宗年代的磁州窑枕上（后来还被证明这幅磁州窑画作是抄袭上海美术出版社出版的连环画封面），也不说居然认为瓷器彩画是植物彩和水彩，更不要说双鱼太极图是西亚引进的图案，仅上述的标准而论就经不起事实和历史的检验。

瓷器画面中线条流畅，没有描摹痕迹，固然让人赏心悦目。但是，多数古陶瓷画面

1　秦大树《白釉剔花装饰的产生、发展及相关问题》，《文物》2001年第11期。

却不是如此，或者说大部分古陶瓷画面不是如此。例如，宫廷画师不是直接绘画，而是画师出画样，画匠按照画样在瓷器上描画，这样的古陶瓷比比皆是，更何况还有大量的民窑瓷器。

再说款书。从故宫传世官窑器来看，"描画痕迹"是大量存在的。图 4.7.1 款书不仅模糊灰暗，而且"年制"二字歪斜，比例失调。图 4.7.2 的矾红篆书款书"乾隆制"三个字，那不是写出来的，而是描出来的。"制"字笔画还缓慢颤抖，重复笔触显见。如果按照砸瓷标准，前者为"款书随意"，后者为"描摹痕迹明显"，岂不是都要砸毁？当然不可以，因为它们是国家一级文物。类似的情况太多了。

图 4.7.1 故宫藏冬青釉萝卜尊上的款书

图 4.7.2 故宫藏蓝釉描金方盖瓶上的款书

在画工和款书问题上，电视"砸瓷节目"标准固然严厉，但那是脱离中国古陶瓷客观存在的，或者说脱离历史事实的。如果因此而砸毁文物，"去伪存真"的好意岂不是成了灾难？

二、现代画工与古陶瓷画工的区别

宫廷画师的画工好是毋庸置疑的。请注意，仿品也有请当代美术专家来画的。

现代美术画工好于古代画工，是一个不容否认的事实。但是，古代画工有其历史传承和技法特色。例如，清代雍正时开始采用重彩点染技法来渲染层次和立体感，而康熙时期则采用国画的皴法。然而目前市场上却出现了一种点染与皴法混合的品种，并且拍卖出了天价，令人咋舌。

图 4.7.3 釉里红龙纹画工堪称一流。青花非重彩点染法。龙鳞片非重彩点染。龙首除了鬃须和舌目外，其余采用点染。点染与皴法相结合。点染非重彩而是伴随立体渲染，其精彩效果是雍正年技法无可比拟的。

仔细观察，点染的"点"不只是釉里红，而且有淡墨和墨红（釉里红）相混的点染。非点染的皴法里也似掺进了淡墨。

图 4.7.3 雍正款青花釉里红龙穿莲玉壶春瓶

上述一系列特点在雍正、乾隆瓷器纹饰装饰里不曾出现过。画工的确好过当年，可是要提醒收藏家千万要注意，这是件伪品，画工好坏不是鉴定真伪的标准！

三、鉴定专家应该加强美术素养

虽然画工好不一定都是真，但是有能力鉴赏古陶瓷画工对鉴定古陶瓷是非常重要的。古陶瓷画工的确有历史的规律性可循，需要与现代画工对比加以识别。鉴定专家倘若没有鉴赏能力，千万不要不懂装懂、张冠李戴、信口开河，否则就将误导那些没有鉴赏能力的收藏者和观众，扰乱社会收藏和文物市场。

第八节　彩瓷工艺

彩瓷分为高温、中温、低温三种。高温彩瓷主要就是青花和釉里红；中温彩瓷是孔雀绿（包括孔雀蓝）、法华彩；低温彩瓷指五彩、斗彩、粉彩、珐琅彩、浅绛彩等。

一、青花工艺

关于青花工艺我们在前三章已经介绍了很多，在这里我们总结一下青花工艺的要点。

1. 无论是进口还是国产青料，无论是天然矿物颜料还是工业提纯或者合成颜料，青花呈色都是通过还原工艺，获得釉中氧化亚钴显色实现的。纯粹氧化亚钴是黑色，但是在硅酸盐玻璃中显蓝色。

2. 如果还原气氛不足，或者是弱还原气氛，无论什么青花颜料都会显示灰暗或暗蓝色。这是因为有一定比例的氧化钴还没有还原成氧化亚钴，氧化钴在玻璃中呈黑色。这样的工艺情况在古代是经常发生的，现代工艺不会发生（除非故意为之）。所以青花灰暗不应该是鉴定青花的标准，青花清亮（亮青釉或硬亮青釉）更不应该是鉴定青花的标准。

3. 青花空白地釉色是透明釉里杂质颜色和析晶层白色叠加的结果。伴随着科学技术进步，杂质只能是越来越减少，而析晶层的白色程度则是与釉层厚度、釉里含钙多寡、烧成温度以及冷却速度有关，没有历史特征。所以，空白地白色程度只能是越来越白（除非有意在釉料里加杂质）。青花的亮青釉特征更可能是仿品特征。

4. 青花颜料在高温烧制过程中扩散充满了除釉上膜的整个釉层，与釉中彩没有什么不同。

5. 元青花的工艺特征包括：晕散、点晕、串珠、重彩下陷、铁锈斑、网状结晶、重彩黑斑、纹饰气泡大等八项，都与苏麻离青进口青料硬度高研磨困难而采用加助熔剂青料的工艺有关（纹饰助熔剂浓度是非纹饰助溶剂的8倍）。不是苏麻离青颜料也可以加助熔剂来达到其中的几项工艺效果。只有点晕和串珠与苏麻离青硬颗粒紧密相关，其他青料复制不了。

6．因为现代青料纯净度最高，所以现代青花颜色透明、艳丽。权威说透明、艳丽青花是元青花，是本末倒置，是导致公有博物馆和民间收藏假元青花的根本原因。

7．宣德青花比成化青花颜色浓重，不是青料来源问题，而是青料施彩的浓度问题，研究表明，浓度相差十倍以上。

8．青花存在重彩黑斑是氧化工艺阶段青料就已经熔化，其颜色是氧化钴的黑色，还原剂一氧化碳气体难以进入液态青料去发生还原反应，所以黑色氧化钴被保留到釉面固化。

9．为了提高成品率（温度适用范围极宽，1200℃～1400℃）和防止釉层吃烟（含钙低），现代青花包括其他瓷器，都采用长石釉来生产，长石釉有乳浊作用，釉面显得莹润，青花显得亮青。更有甚者，现代瓷器还加了搪瓷釉料，使釉面莹润程度更高。但是使用X荧光能谱仪可以轻易地发现现代仿品的"现代成分"。"砸瓷节目""存真"器物大都有这种仿品的外表。

二、釉里红工艺

釉里红工艺我们也全面介绍了，这里总结如下。

1．釉里红工艺与青花工艺显著不同点在于，强烈的还原气氛会导致铜被还原。铜元素的红色不及氧化亚铜红。

2．釉里红工艺与青花工艺显著不同点在于，强烈的还原气氛会导致铜与其他金属生成合金，铜合金的红色远不及氧化亚铜红，就是所谓"飞红"问题。

3．釉里红工艺与青花工艺显著不同点在于，氧化工艺阶段重彩被熔化的话，氧化铜在硅酸盐玻璃中显示绿色而非黑色（除非重彩太厚玻璃体进不去而显示黑色）。这样的绿色氧化铜被液态保护，还原剂一氧化碳气体难以进入液态氧化铜里发生还原反应，绿斑被保留到釉层固化。这就是我们在显微镜下看到的"绿苔点"。

4．与青花工艺相同的是，釉里红工艺也有重彩下陷、纹饰大气泡、重彩黑斑等问题，也是因为釉里红颜料里加了助熔剂。

5．与青花工艺相同的是，釉里红工艺也有空白底透明釉的釉色白度问题，也有纹饰的还原气氛不足而导致的灰暗问题。

三、高温釉中彩

从古陶瓷标本断面上显微观察，青花、霁蓝、釉里红、霁红，颜料都充满了除釉上膜以外的整个釉层。但是釉下彩与釉中彩是有区别的。

1. 与青花和釉里红工艺不同，霁蓝和霁红没有那么多的颜色瑕疵。除了洒蓝外，霁蓝颜色均匀。霁红以气泡为中心的颜色不均匀，只有微观上可以察觉到。

2. 明代永乐、宣德霁红采用的是石灰碱釉，而清代郎窑红采用的是石灰釉。都是铜红，永乐、宣德红比郎窑红更红一些。石灰碱釉的永乐、宣德红釉厚是石灰釉的郎窑红釉厚的两倍左右或以上。积厚效应也使永乐、宣德红更红。

3. 永乐、宣德红颜色不够均匀是因为气泡阻挡了局部还原反应，气泡下暗红色是还原不充分的表现。郎窑红几乎没有气泡，也就没有还原不充分问题，颜色比较均匀。

4. 郎窑红还原气氛充足，更多的铜元素被还原出来，铜元素红不如氧化亚铜红，是郎窑红不及永乐、宣德红的另一个原因。

5. 因为石灰碱釉的永乐、宣德红釉稠，流淌较轻，而石灰釉的郎窑红釉稀，流淌明显。郎窑红为了"郎不流"而采取经验留底部胎不施釉的工艺，依靠窑内的自然流淌来填补无釉底部。

6. 因为釉上膜和析晶层的联合原因，永乐、宣德红灯草口十分明显。但是郎窑红流淌严重，失去了灯草口代之以器口宽窄不一的白色带。

7. 因石灰釉的郎窑红助熔剂助熔强烈，还没有进入还原工艺阶段，有的局部氧化铜已经熔融而显示绿色。这样的绿色氧化铜被液态保护，还原剂一氧化碳气体难以进入液态氧化铜里发生还原反应，绿色局部被保留到釉层固化。这就是我们所知道的"桃花面"。绿色轻微一些就是"豇豆红"。

8. 如果只有氧化工艺而没有还原工艺，绿色被固化后将成为"郎窑绿"。

四、中温釉中彩

关于中温釉中彩，磁州窑最初采用高碱釉，温度稍高，在1050℃～1100℃。后来采用铅釉，温度偏低，在900℃～1000℃，只能说是低温釉上限了。所以高碱釉的孔雀绿要比铅釉的孔雀绿漂亮得多。

1. 无论哪一种孔雀绿，都因为助熔剂还有较多的氧化钾而使胎釉之间热膨胀系数差别很大，以至孔雀绿都有丰富的开片纹。

2. 因为胎的温度没有达到烧结程度，那么无论是法华彩还是孔雀绿，都处于生烧阶段。胎的孔隙率比较高，胎质显得粗糙。

3. 现代孔雀绿则是先烧素瓷，再施孔雀绿釉中温烧成，胎没有生烧。

4. 孔雀绿通常釉下施墨彩纹饰。

5. 法华彩早期的立粉工艺是胎饰和彩饰相结合一次中温烧成，所以胎必定为生烧。

6. 后期，特别是现代立粉工艺则是先胎饰高温处理，然后彩饰中低温第二次烧成，胎没有生烧。

五、釉上彩

釉上彩工艺大家了解得已经很多了，我们在这里要特别强调的有如下几点。

1. 釉上彩不能进行氧化或还原工艺处理，否则颜色就会变得面目全非。所谓三秋杯的错烧导致紫色几近黑色，是一种脱离釉上彩简单工艺常识的杜撰和猜测。

2. 釉上彩起源于北宋的宋加彩，加的意思就是在高温釉的上面再加低温彩釉装饰。

3. 釉上彩含铅量范围是 40%～70%，烧成温度在 700℃～900℃。含铅量越高温度越低。

4. 除了珐琅彩，釉上彩基本上是采用水和水胶来调和彩釉料。当胶浓度高时，彩釉凸出釉面也高。珐琅彩采用木油调和彩釉料，比水稠但是比浓胶稀，所以凸出釉面高度适中。

5. 珐琅彩与粉彩都使用玻璃白，粉彩使用玻璃白打底，所以用量更大一些，颜色更粉一些。因为玻璃白含氧化铅、氧化砷和氧化钾，构成的低温共熔体熔化温度更低一些，是"软彩"名称的主要原因。

6. 粉彩主要是采用水和水胶调和彩釉料，但是在精细部位也采用植物油。

7. 粉彩与珐琅彩都有烧失问题。例如釉料和水的挥发、胶的烧失。烧失都在彩釉熔化之前完成，所以会在彩釉表面留下微坑或缩釉，成为自然老化的原始起因。

8. 珐琅彩起源于铜胎掐丝珐琅工艺，掐丝珐琅必须添加硼砂来增加珐琅彩与金属的黏结度。所以珐琅彩含有氧化硼。

9. 除了氧化硼是珐琅彩标志外，还有如下几点可以帮助大家鉴别粉彩与珐琅彩的区别。

（1）虽然到了乾隆时期，有一尺高左右的珐琅彩瓷器出现，但是清代官窑珐琅彩瓷器器形偏小，而粉彩则不受器形大小的限制。

（2）因为珐琅彩总含铅量比粉彩略低，所以珐琅彩烧成温度比粉彩略高。珐琅彩烧成温度大约 800℃～850℃，粉彩烧成温度大约 750℃～800℃。

（3）珐琅彩烧成温度略高，所以较厚的彩面要比粉彩明亮一些。

（4）珐琅彩画面和纹饰更加细腻入微。

（5）因为木油的黏稠度高于水，所以珐琅彩彩层通常比粉彩彩层厚。

（6）因为木油的表面张力高于水或水胶，所以珐琅彩可以用彩丰富和精雕细刻。相反，粉彩用彩数量较珐琅彩少，细腻程度稍差，但是颜料融合更胜一筹。雍正后期开始，很多粉彩借鉴珐琅彩技艺，在画面细部也采用了木油调色。如此一来，除了玻璃白使用量不同和工艺上先施"粉"这样一个步骤外，粉彩与珐琅彩就没有太大区别了。

（7）因为木油的挥发比水的挥发温度高，例如水在100℃时可以完全挥发而木油则需要到300℃以上，就是木油的拢形能力更强，所以珐琅彩更容易保持初始画面的完整，因而更便于画匠的精雕细刻。

（8）常温下水容易挥发而干，油则不会。所以水调色料无气泡，油或胶调色料也很少有气泡。这是因为胶在被烧失时产生的气体、油在烧制时挥发与产生烧失的气体都早于彩釉的融化。气体逸出时留下的气孔有待于彩釉的弥补，弥补不好就留下来缩釉坑。因为木油挥发和烧失晚于胶，此时彩层业已开始融化，所以缩釉坑点的数量虽然多但是直径却比粉彩小，烧成后外观看起来更细腻。

（9）粉彩使用玻璃白比珐琅彩更多是因为粉彩要在素瓷表面用玻璃白打底，所以粉彩乳浊感更强一些，而玻璃质感就更差一些。相反，珐琅彩的玻璃质感更强一些。在显微镜下，可以看到珐琅彩反光性比粉彩更强，尤其是在珐琅彩与粉彩混合使用的器物上，看得更加明显。

（10）从色彩鲜艳程度来看，因为粉彩使用玻璃白更多，其鲜艳程度就比珐琅彩略逊一筹。但是瓷器画面不能以色彩鲜艳论好坏，五彩倒是鲜艳，但是表现能力比粉彩差多了。更不用说粉彩在需要鲜艳的地方，例如花朵，可以借鉴珐琅彩技法。

（11）有人说粉彩更容易产生"蛤蜊光"，其实不然。因为水胶，例如牛皮胶，在粉彩中烧失后所占的烧失率高于珐琅彩的木油，所以粉彩成膜能力不如珐琅彩。蛤蜊光是一种薄膜干涉效应，[1] 薄膜达到一定薄度时就能出现蛤蜊光。珐琅彩釉上膜一旦被摩擦变薄，就会出现蛤蜊光；而粉彩本来成膜性能就差一些，如果被破坏，又没有包浆生成新的薄膜，那就永远不可能产生蛤蜊光了。还有，小器物的珐琅彩是用来把玩的，把玩的包浆薄膜就容易生成，产生蛤蜊光就不言而喻了。

（12）粉彩用彩数量少，操作也比珐琅彩简单一些、容易一些，更便于掌握和普及，所以粉彩瓷器生产量可以说是珐琅彩的千百倍。物以稀为贵，珐琅彩价值连城也就不足为怪了。

（13）粉彩与珐琅彩混合使用是软彩彩瓷工艺的一个历史现象。同一件瓷器两种工艺，例如花瓣用木油调，绿叶用水调。粉彩与珐琅彩区别困难原因在于此，鉴定与鉴赏时应予关注。

10. 珐琅彩与粉彩都少有气泡，因为水、油、胶都会在彩釉熔化之前烧失掉，基本

---

[1] 蔡礼君《古陶瓷的蛤蜊光》，《文物鉴定与鉴赏》2016年第8期。

上没有生成气泡的气体来源。显微镜下看到的气泡是釉上彩没有填平釉下素瓷凸出釉面的气泡所显示出来的。这个现象在其他的釉上彩显微图像上也有,例如黄地青花。

11. 雍正开始,粉彩还与斗彩相结合,使用粉彩来添画釉下青花勾勒的纹饰轮廓。

粉彩与珐琅彩的矿物颜料和助熔剂性质相同,木油与水胶的根本差别在于调色的厚度和细腻程度,以及挥发和烧失状态的差别。虽然木油可以精雕细刻,但是不便于画面的渲染,尤其是不便于中国的写意画风格的发挥。而粉彩充分地利用了"粉"的融合能力,使各种颜料及同种颜料的深浅变化能够浑然一体。就像是"油画"细腻但是油彩难调,"粉画"稍粗但是挥洒自如。

六、现代釉上彩工艺

现代印刷釉上彩工艺与传统釉上彩工艺有较大的差别。区别点如下。

1. 传统工艺是垂直于素瓷釉面叠加低温彩釉

(1) 如图4.8.1所示,是先在素瓷上涂黄地,然后在地上勾勒轮廓,最后在轮廓内添彩(本例是添绿叶)。

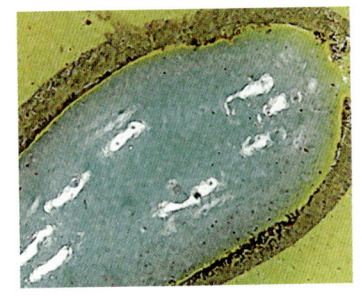

图4.8.1 传统黄地墨勾绿叶图案工艺显微

(2) 如图4.8.2所示,是先绘百花,然后再填画绿地。

第一种传统工艺,其老化特点是:后填绿彩边缘成"角形边",边角尖强度低。由图可见,绿叶彩块已经破坏成锯齿形,边缘残缺不全了。第二种传统工艺,没有留下"角形边",也就没有第一种那样的老化方式。

2. 现代印刷工艺是在素瓷釉面的水平方向摆放彩釉和轮廓线,然后一次印刷

图4.8.2 传统绿地百花多穆壶先绘百花后填地

如图4.8.3,黄地、墨轮廓、绿叶,在垂直方向三者没有施彩层次,水平方向接触紧密,施彩厚度相等,烧成釉面光滑平整。现代工艺的釉上彩不易老化。显微特点是:

(1) 墨彩轮廓宽度相等,没有图4.8.1那样的毛笔勾画的痕迹。

图 4.8.3 现代黄地墨勾绿叶图案工艺显微

图 4.8.4 传统粉彩工艺显微（放大 50 倍）

(2) 绿叶尖部可以看到印刷留下的网状斑点。

(3) 墨彩边沿毛刺是印刷痕迹。

(4) 黄地与绿叶印刷彩平整光滑。

3．与传统粉彩对比

如图 4.8.4 显微图片，显微特点是：

(1) 墨彩毛笔痕迹流畅，笔速快颜色浅，宽度不相等，并可以看到起落笔续。

(2) 粉彩覆盖墨彩后成半透明状态。

(3) 粉彩产生了自然老化的细微开片。

(4) 绿彩颜色不像现代粉彩那样纯净，反而显得自然。

第九节　专家错误鉴定举例

鉴定不能回避生产工艺，不仅要学习工艺知识，还要亲临工艺现场，甚至要动手操作。

眼学鉴定专家错误的鉴定理论、标准、观点、方法，留下了深刻的教训。鉴定一定要尊重科学，尊重历史，尊重客观，尊重古陶瓷生产工艺知识。

工艺知识包含大量的胎釉化学成分知识、助熔剂种类和性质的知识、烧制温度和氧化还原反应知识、工艺与釉色相关关系的知识、釉下彩釉中彩釉上彩外观和颜色与烧制工艺的对应知识，等等。没有这些知识，见过的古陶瓷再多也是停留在感性知识层面，不可能认识古陶瓷的内在规律，也就不可能去伪存真、由表及里、认识到古陶瓷的本质，当然就不可能正确地鉴定古陶瓷。科学知识、历史事实、工艺知识，是鉴定古陶瓷的三项法宝，缺一不可。

一、央视专家违背工艺和科学常识的鉴定举例之一

2017年2月4日的央视"一锤定音"节目，专家在鉴定"白瓷碗"时说道："碗边上的鼓包是第一次烧时温度低，没有烧好，水没出来，复烧时水出来了，形成了鼓包。吉州窑瓷器也经常可以看到这样的鼓包，都是复烧时出现的。"接着，在没有述说任何理由的情况下判定这只白瓷碗是新仿品。

对此我们分析如下：

1. 专家对"鼓包"形成的解释不符合科学和工艺原理

第一，瓷器上的鼓包是烧制瓷器时气泡聚集在一起，没有冲破釉面形成的。其原因有两种：其一是局部积釉（釉厚），对气泡保护能力强，聚集的气泡没有冲破釉面；其二是烧成温度比较低，釉层黏稠度比较大，表面张力比较大，釉层对气泡的约束力比较强，聚集的气泡冷却前没有冲破釉面。

第二，白瓷釉是透明釉，属于高温釉，高温釉"生烧"的温度应该是 1150℃~1200℃，否则就是中温釉了。1150℃时，胎釉里的水分还烧不出来吗？

第三，瓷器里的水包括三种：一种是吸附水，就是烧前窑外制坯和施釉时人为加进去的水；一种是结晶水，高岭土和瓷土里面都存在结晶水，也称之为"固体水"；还有一种是羟基水，是胎釉矿石料在长期水分环境中"羟基化"形成的氢氧根水（HO−）。

吸附水在烧制前的烘干或者晾干时，绝大部分已经清除了。在烧制起始阶段200℃以内已经清除殆尽（100℃水沸腾）。高岭土和瓷土里结晶水要在350℃~500℃时被清除。羟基水在650℃时被清除。也就是说在700℃以前，制瓷的胎釉全部水分都要被清除掉，

不可能等到1150℃还残留水分。瓷器里的气泡主要是氧化和还原工艺时一系列化学反应生成的二氧化碳、一氧化碳、氧化硫、硫化氢、一氧化氮等气体。

无疑，专家对瓷器釉面"鼓包"的解释是错误的。

2. 判断"白瓷碗"是新仿品在逻辑上不通

第一，按照专家对"鼓包"的解释，鼓包是因为第一次烧制温度低，一定要复烧，是复烧时水分烧出来才产生的。那么现代制瓷，不仅有完善的保温、恒温技术，而且在窑外可以看到窑温显示，怎么可能在窑温低时就停烧而让瓷器出窑呢？

第二，现代制瓷复烧的概率是零。

第三，温度不够需要复烧，恰恰是上述我们介绍的古陶瓷特征，缘何判断是现代仿品？

综上所述，权威专家们在鉴定古陶瓷时不仅不顾及科学常识和工艺知识，也不顾及鉴定逻辑。

二、央视专家违背工艺和科学常识的鉴定举例之二

2016年10月16日央视"一锤定音"节目，专家在鉴定一件祖传雍正款红色窑变釉四方瓶时说道："这件方瓶款书不是雍正款书样式，应该是民国初期仿品。大家都说它很亮，怀疑是新仿。故宫的所有铜红釉和窑变釉都很亮，为什么呢？因为铜红釉和窑变釉都是高温1350℃烧成的。"又说："窑变釉也是铜红釉。"

对专家的鉴定观点分析如下：

1. 所说的铜红釉烧成温度与事实不符

上海硅酸盐研究所张富康教授等采用标本回烧温度（将铜红釉瓷器标本采样回烧，标本铜红釉熔化时的温度，见《中国古陶瓷的科学》110页）实验证明，铜红釉烧成温度永乐、宣德时期是1230℃左右，雍正时期1140℃～1150℃。没有一种铜红釉烧成温度是1350℃。

（1）永乐、宣德铜红釉采用石灰碱釉，清代铜红釉采用石灰釉，这是清代烧成温度更低的主要原因。证据见下表（助熔剂含量占釉料比例，摘自《中国古陶瓷的科学》108页）。

序号	采样标本	氧化钙	氧化镁	氧化钾	氧化钠
01	永乐霁红釉1	6.41	0.37	4.46	2.60
02	永乐霁红釉2	8.30	0.30	3.50	2.40
03	宣德霁红釉1	7.71	0.22	4.85	2.37

(续表)

序号	采样标本	氧化钙	氧化镁	氧化钾	氧化钠
04	宣德霁红釉2	7.25	0.32	4.63	2.61
05	宣德霁红釉3	7.40	0.80	4.00	2.50
06	宣德霁红釉4	5.60	1.11	4.57	3.39
07	宣德霁红釉5	8.50	0.20	4.00	2.50
08	宣德霁红釉6	5.60	0.20	4.60	3.30
09	万历霁红釉	10.26	0.20	3.52	2.72
10	康熙霁红釉	13.23	0.23	2.63	3.19
11	雍正霁红釉1	14.85	0.28	2.32	3.00
12	雍正霁红釉2	16.30	0.40	1.90	2.50
13	乾隆霁红釉1	11.68	1.09	2.65	3.39
14	乾隆霁红釉2	13.37	0.88	2.89	2.17

说明：1.氧化镁与氧化钙作用相同，都属于石灰釉；氧化钠与氧化钾作用相同，都属于碱釉。2.由助熔剂化学成分可知，永乐、宣德铜红釉属于石灰碱釉，清代铜红釉属于石灰釉，万历铜红釉介于二者之间。

该表充分说明明代铜红釉采用石灰碱釉，清代铜红釉采用石灰釉，石灰釉烧成温度低于石灰碱釉。

(2) 铜红釉显微的物理特征是釉上膜（釉上膜是釉层表面一层透明无色的玻璃质层）较厚，如果釉层不够厚就会"漏色"，例如郎窑红口沿处釉薄，就没有永乐、宣德铜红釉那样的"灯草口"，而是宽幅的"漏色"带。为了不至于"漏色"太多，郎窑红也需要釉层厚一些，这就不得不降低烧成温度。就是说，如果清代铜红釉烧成温度不是1150℃而是1350℃的话，整个瓷器釉面将成为"大花脸"，或者延宽郎窑红的"漏色"带，使绝大部分釉面没有铜红色。

(3) 石灰釉助熔剂与石灰碱釉助熔剂比较，石灰碱釉黏稠度更高，因而挂釉能力更强。同样的温度，石灰釉要比石灰碱釉更稀薄，釉层更薄。根据故宫藏标本测试，永乐、宣德铜红釉釉层是0.6毫米~1.5毫米，郎窑红釉层是0.3毫米~0.5毫米，与上海硅酸盐研究所张富康教授测试的结果相同，可以相互印证。即便如此，郎窑红的烧成温度比永乐、宣德霁红釉低80℃左右。

(4) 中国古陶瓷历史上石灰釉烧成温度是1150℃~1250℃，石灰碱釉烧成温度是1200℃~1300℃。这些温度都是采用回烧实验的办法测量出来的，是有科学实验作为根据的。长石釉是从西方引进的现代助熔剂釉，烧成温度可以达到1350℃或更高。但是化学分析表明，清代铜红釉采用的是石灰釉，烧成温度不可能是1350℃。

2. 窑变釉不是铜红釉

央视鉴宝专家说窑变釉也是铜红釉是缺乏陶瓷基本知识的表现。窑变釉的基本概念是人为不能预测、不能控制的，是窑内自动产生的釉色变化的瓷器釉。窑变釉没有像铜红釉那样的单一红色，而是红白蓝相间的颜色。

（1）窑变釉属于分相釉，铜红釉不是分相釉。分相釉就是在烧成的高温阶段，釉层由连续相和分散相组成。连续相通常是玻璃相。分散相是未熔化的残晶、细微的颗粒和细微气泡等。分散相分散在连续相之中。当分散相颗粒直径小于最短可见光波长（蓝色和紫色）一半时，将产生散射。散射光只与颗粒大小有关，与颗粒化学性质无关。例如大气是氧气、氮气、二氧化碳等构成，但是散射出来的光却是蓝色的。例如汝窑瓷器釉层里只有1%~2%的氧化铁，但是分散相颗粒小于蓝光波长的一半，就显示了蓝色（汝窑烧成温度是1200℃左右，实验证明，温度到了1250℃，分散相融化了，就是透明釉而不是蓝色釉了）。

当分散相颗粒直径大于最小可见光波长时，上述散射变成了漫反射，漫反射显示白色。例如水是透明的，但是结晶成雪花后变成白色；静水是透明的，但是翻起的浪花和泡沫是白色的；玻璃是透明的，但是碎玻璃是白色的。

分相釉的窑变釉的颜色是散射和漫反射构成的白色、蓝色、紫色等，与着色剂无关，但是铜红釉却依赖着色剂"铜红"。

（2）雍正时期的窑变釉与钧瓷窑变釉有所不同。钧瓷基本上是分相釉，钧瓷分相釉表面铜胶体富集区会产生"挂红"。雍正时期的窑变釉则是多次烧制成功的，先烧制铜胶体和氧化亚铜的红色，然后再烧制分相釉的蓝色和白色（分相釉烧一次或两次）。显然，窑变釉不是铜红釉。

（3）分相釉烧成温度要比普通釉低。只有温度偏低才能有未熔的颗粒分散相，温度稍高颗粒就会熔化而成为普通釉了。所以窑变釉的烧成温度要低于铜红釉，也就更加不可能是1350℃了。

综上所述，专家的鉴定观点和结论全部都是错误的。

三、央视专家违背工艺和科学常识的鉴定举例之三

2017年2月19日央视"一锤定音"节目在讨论一个粉青釉龙泉窑大盘时，节目主持人问专家："龙泉窑瓷器有什么特点？"专家答道："龙泉窑特点是青釉，再就是到元明清上边又增加了刻花、印花。"与此同时，荧屏上出现了相应的瓷器和字幕。专家鉴

定此粉青釉盘是明代的龙泉窑。果真如此吗？

1. 青釉不是龙泉窑青瓷的特点

(1) 瓷器种类的"个性"才是"特点"

古陶瓷某一种类特点属于古陶瓷的"个性"。例如青瓷窑口包括越窑、耀州窑、定窑、磁州窑、汝窑、官窑、哥窑、龙泉窑等等。对于青瓷来说，龙泉窑青瓷本身就属于青瓷的一个种类，属于青瓷里的"个性"。龙泉窑又包括"粉青釉"和"梅子青釉"两种，属于青釉的第二层次的"个性"。那么粉青釉和梅子青釉属于龙泉窑的"个性"，才真正是龙泉窑的特点。

(2) 瓷器种类的"共性"不是瓷器的"特点"

反过来，青釉是所有青瓷的"共性"，也就是说，青釉包括了龙泉窑青瓷在内的所有青瓷种类的釉，不能只是龙泉窑青瓷的釉。所以青釉不是龙泉窑的特点。如果按照专家的逻辑，"共性"可以当作龙泉窑瓷器特点的话，那么高温釉这个更宽的"共性"也可以说是龙泉窑的特点了（高温釉种类更多了）。依此类推，岂不是可以说"瓷器"这个"共性"是龙泉窑的特点了吗？这无异于说："张三的特点是成人。"或进一步说："张三的特点是人"一样荒唐！

2. "元、明、清增加了刻花、印花"也不是龙泉窑特点

宋代龙泉窑就有印花、刻花。例如，故宫博物院藏印花的双鱼纹龙泉窑洗，如图 4.9.2。显然不是到了元、明、清时期，龙泉窑瓷才有刻花印花。其实，刻花、印花属于胎饰，而胎饰是中国瓷器最早的纹饰方法。

3. 双鱼印花粉青龙泉窑瓷器断代与历史不符

南宋龙泉窑纹饰的一个突出特点就是"双鱼"印花。除了图 4.9.1，还有图 4.9.2、4.9.3 可以佐证。

图 4.9.1 北京故宫藏粉青南宋印花双鱼纹洗　　图 4.9.2 台北故宫藏南宋凸印花双鱼龙泉窑洗　　图 4.9.3 北京故宫藏南宋凹印花双鱼龙泉窑标本

图 4.9.4 专家指双鱼纹龙泉窑是元、明、清时代　　图 4.9.5 专家指双鱼纹龙泉窑是元、明、清时代　　图 4.9.6 2017 年 2 月 19 日 6 点 30 分 "一锤定音"节目荧屏上的粉青釉龙泉窑大盘

令人震惊的是，专家却把这种典型的南宋龙泉窑的双鱼纹洗，搬到了元、明、清时代！如图 4.9.4 和 4.9.5（图左下角是专家语音字幕）。这样颠倒历史的鉴定错误再一次出现在中央电视台！

4. 嘉宾的粉青龙泉窑大盘应该属于南宋中期瓷器

科学研究证明，龙泉窑分三个时期。早期受越窑影响，采用含氧化钙较高的石灰釉，属于非分相釉。南宋中期受到南宋官窑器影响，采用石灰碱釉并且降低了烧制温度到 1200℃左右，成了分相釉，叫作"粉青釉"[1,2,3]，属于散射和漫反射的"物理色"[4]。后期，包括宋末元初则提高了温度，到 1250℃或以上，成了所谓"梅子青釉"[5]，属于氧化亚铁的"化学色"[6]。所以节目里的龙泉窑大盘，如图 4.9.6 所示，应该是典型的南宋中期的粉青釉龙泉窑瓷器。从南宋后期开始，龙泉窑再也不生产分相釉的粉青釉瓷器了。就是说，明代不可能有粉青釉龙泉窑瓷器。所以节目里的大盘不可能是明代龙泉窑。专家把粉青釉大盘鉴定为明代龙泉窑瓷器，既没有历史根据，也没有科学根据，更没有工艺原理的根据。

综上所述，专家把古陶瓷"个性"与"共性"相互混淆，把龙泉窑纹饰特点的历史年代相互混淆，把龙泉窑助熔剂和烧制温度工艺的历史过程相互混淆，把龙泉窑釉色变化的历史顺序相互颠倒。专家甚至不了解龙泉窑有粉青釉和梅子青釉之分，更不了解其中的技术原因。专家在央视节目里的鉴定理论和说法既不符合历史事实，也不符合科学和工艺原理，更不符合客观证据，是完全错误和荒诞的古陶瓷鉴定。

---

1 张福康《中国古陶瓷的科学》，上海人民美术出版社 2000 年版。
2 李家治、张志刚等《杭州凤凰山麓老虎洞窑出土瓷片的工艺研究》，《建筑材料学报》2000 年 12 月。
3 李伟东、李家治等《杭州凤凰山麓老虎洞窑出土瓷片的研究》，2009 年古陶瓷学术讨论会论文集。
4 蔡礼君《青瓷釉色成因及相关的鉴定原理》，《收藏家》2016 年第 8 期。
5 张福康《中国古陶瓷的科学》，上海人民美术出版社 2000 年版。
6 蔡礼君《青瓷釉色成因及相关的鉴定原理》，《收藏家》2016 年第 8 期。

第十节　物理化学去光方法与真伪对比

仿品易被发现有"火气""贼光",因此,做伪者专门采用了一些物理和化学的方法去消除这些"火气"或"贼光"。其中化学方法有两大类:一种是化学腐蚀,另一种是添加"消光剂"。

一、化学腐蚀

1. 氢氟酸腐蚀

硅酸盐玻璃有一个突出特点,就是耐强酸腐蚀,三大强酸都奈何不了它。但是,一物降一物,玻璃最怕"氢氟酸"。也就是说,氢氟酸(HF)对玻璃(SiO_2)有剧烈的腐蚀作用:

$$SiO_2 + 4HF = SiF_4 + 2H_2O$$

瓷器釉面的釉上膜主要成分就是氧化硅(SiO_2)。釉上膜含氧化硅的比例比釉层平均比例还要高(高70%左右或以上),哪里受到了氢氟酸的腐蚀呢?

氢氟酸"消光"是瓷器做旧的首选方法。氢氟酸淡溶液浸泡或者涂刷1分钟就可以起作用。腐蚀结果是釉面失去玻璃釉原有的强烈的反光特性,代之以"酥光"。具体方法是:将氢氟酸兑水,比例1:1,用刷子均匀涂刷器物的表面,一般涂刷半分钟至一分钟左右后,马上用水冲洗干净,否则釉面腐蚀得太厉害会毫无光泽,反而露馅。然后表面轻涂色拉油,"温润如玉"。

例一:仿越窑氢氟酸做旧与真伪对比。(1)利用弱还原方法烧造出越窑窑外二次氧化成的艾色;(2)氢氟酸消光;(3)磨去局部釉层。

做旧效果如图4.10.1宏观观察,呈"酥光",微观上釉面有"朵朵浮云",是釉上膜破坏后不平釉面的漫反射物理白色。显微镜下可以看到氢氟酸未及或微及表面气泡仍然可见。经化学分析,仿品采用石灰釉,氧化钙占18%左右,与早期越窑配方相似,釉层薄。

与之对比,图4.10.2为故宫藏早期越窑标本,釉面没有"朵朵白云"漫反射,属于二次氧化后的艾色。气泡比较丰富,说明烧制温度不是很高,据考证在1160℃~1250℃范围内。虽然釉层薄,但是析晶层仍然明显。仿品显微看不到析晶层。

例二:仿官窑氢氟酸做旧与真伪对比。这里的氢氟酸腐蚀的不同点是掺和了黄土,给人以土沁的假象,但是感觉平面和死板。此假土沁可以与前述微观显示的真土沁对比,后者自然,有立体感,完全不同。宏观上则难分伯仲。

我们专门打碎了一件价格不菲的做旧造假瓷器,观察其胎质,如图4.10.5。其特点如下:(1)胎质细腻、紧密、坚硬,灰色胎,可怀疑胎料加了调色剂。(2)微观可见析晶层。(3)宏观可见"胎釉结合紧密"。与郊坛下出土官窑标本比较,这件赝品非常符

第四章 古陶瓷工艺知识和鉴定

图 4.10.1 仿越窑赝品氢氟酸腐蚀做旧显微

图 4.10.2 上林湖出土越窑标本与显微

图 4.10.3 仿官窑"粉青"和"紫口铁足"氢氟酸加黄土涂抹釉面腐蚀情况（放大 100 倍）

图 4.10.4 故宫藏郊坛下出土官窑标本 6792（放大 100 倍）

图 4.10.5 赝品断面胎质紧密，"胎釉结合紧密"

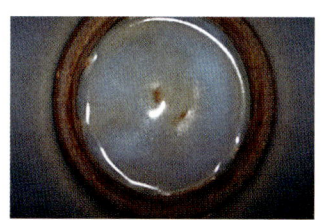

图 4.10.6 高锰酸钾做旧的无釉或少釉釉面，发黄或有紫黑斑点

243

合鉴定专家们的真品标准,而出土标本则符合专家们的仿品标准。大量的事实证明,我国的眼学专家完全颠倒了真伪标准,是古陶瓷灾难的起源。

2. 高锰酸钾腐蚀

高锰酸钾做旧原理是其氧化作用。高锰酸钾分子式为 $KMnO_4$,系强氧化剂,为紫红色晶体,可溶于水,在酸性环境下氧化能力更强。把高锰酸钾溶液加入少许红糖(高锰酸钾先氧化红糖成酱色),然后涂遍器身,底部足圈重点涂抹,几小时后用干布擦拭。所有露胎处、开片处几乎都呈不同程度的紫褐色。如果底足颜色太深,再用洗衣粉擦洗,用细砂纸打磨,使胎微露白色,似糯米胎,如图 4.10.6。

二、化学无光工艺

1. 降低釉烧温度,釉层生烧就会无光。
2. 增加釉料的氧化铝含量,相同温度下釉料熔融困难,就会无光。
3. 冷却时,使透明釉析出微晶。这个方法采用得较多。在釉中添加氧化锌、氧化锆、氧化钡、氧化锶等乳浊剂,生成分相釉,冷却后成为结晶釉而无光。X 荧光能谱仪能够检测到专门添加的上述氧化物,哪怕只有 0.5% 的含量。

图 4.10.9 锉釉做旧痕迹

图 4.10.7 过饱和的三氧化二铁和四氧化三铁的釉面析晶(放大 200 倍)

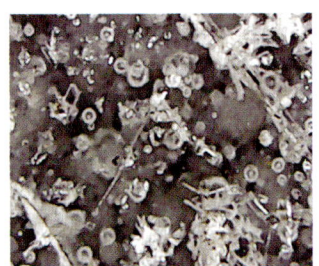
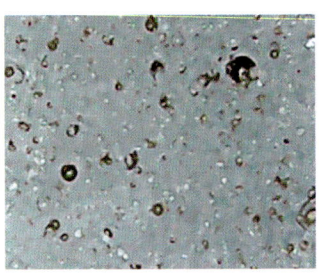

图 4.10.8 故宫藏官窑标本的自然时效也会产生类似的釉面析晶(放大 100 倍)

图 4.10.10 喷砂做旧,气泡被击碎并人工污染

4. 冷却速度是制造无光釉的关键之一。一般采用缓慢冷却，也叫人工时效，可以使釉面得以析晶而无光。例如图 4.10.7 所示：酱色釉里的过饱和的三氧化二铁和四氧化三铁在缓慢冷却时析出漂亮的结晶斑。黑色的是四氧化三铁，红色、黄色的是三氧化二铁。结果是釉面失去了玻璃面那样的反光，显示了"酥光"特征。这一特征也会在古陶瓷釉面上自然时效发生，如图 4.10.8。

三、物理做旧方法

在说到"物理包浆"时，我们曾经提到过"人造物理包浆"。例如，攀磨和高速抛光既可以去"贼光"又可以做成类似长期把玩出现的"包浆"（把玩也是一种抛光）。古陶瓷不便于"把玩"，那么古陶瓷的包浆就是我们介绍过的"化学包浆"。不管是攀磨出的"物理包浆"，还是化学去光的"化学包浆"，都是为了"去火气""去光"。这在显微镜底下是可以暴露原形的。瓷器做旧常用的几种方法包括：

1. 碰损

将瓷器放在地上来回滚动和碰撞，轻敲打出崩口，甚至还可用玻璃裁刀在瓶内外划出鸡爪纹。

2. 锉釉

锉釉是在沿口上，用什锦锉刀的尖端先锉出一个缺口，然后继续延伸，如图 4.10.9。

3. 喷砂

各种喷砂做旧的方法都被采用，例如高压喷砂、热喷砂、丸喷砂等。喷砂不仅可以使釉面失去镜面反光特性，而且可以造成微观粗糙的漫反射，使釉面"莹润"。喷砂还可以打破气泡，如图 4.10.10，但是其整体效果与自然老化完全不同，如图 4.10.11。

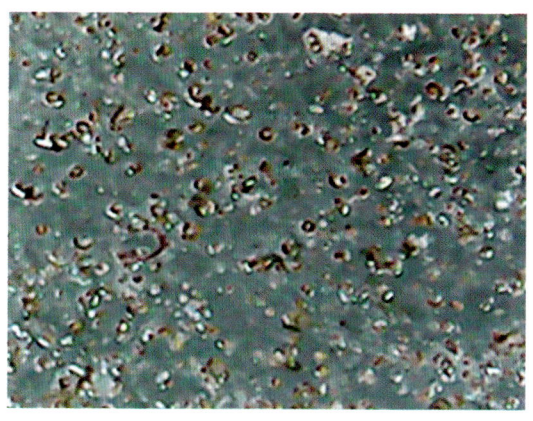 

图 4.10.11 喷砂做旧，一喷就是一片，与自然老化完全不同（放大 50 倍）

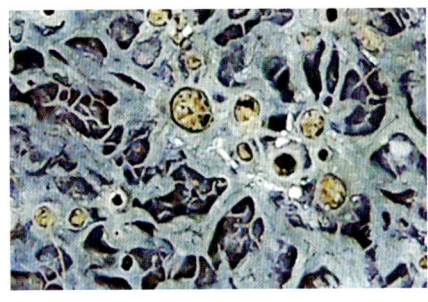

图4.10.12 馆藏标本钧瓷釉面显微:"泛白"釉面气泡破口（放大50倍）

一喷就是一片,器物表面均匀分布,气泡破口破碎简单而呆板。作为对比,我们给出了馆藏标本的釉面气泡破口的显微图像,这里的破口泡周围明显地"泛白"漫反射,说明首先气泡表面和周围经历了自然老化变薄变松的过程,然后才可能逐渐开口。如图4.10.12。通过对比,我们很容易就可以发现做旧与自然老化的天壤之别。

4. 做土锈

在缩釉处、露胎处以及想做土锈的地方涂少量502胶水,拍上黄泥,黄泥用墓土,其中带有少量老石灰。也有在器物的某个部位放上几枚铁钉,撒点盐生锈,一个星期以后,瓷面上的铁锈用刀刮不掉,盐可以洗去。如图4.10.13所谓的"土锈",手摸可感受凸起的斑点斑块。

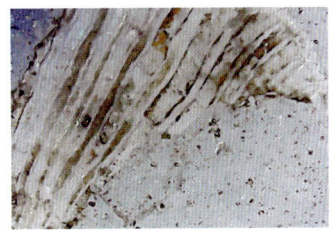

图4.10.13 用502胶水黏结的土与旧石灰做旧,用刀片都刮不掉（放大50倍）

图4.10.14a 土沁与二次氧化都生成棕黄色的三氧化二铁

图4.10.14b 土沁与二次氧化都生成棕黄色的三氧化二铁

与其对比,土锈是沁土,表面没有任何凸起。当然,窑外的二次氧化也是土的棕黄色,化学成分都是三氧化二铁。二者虽然不容易区分,但是与做旧却是南辕北辙的,如图4.10.14。

5. 挲磨

瓷器做旧最原始的方法是先用牛皮将表面的光亮擦去（这道工序持续少则几天,多则几周）,然后,将瓷器放入加了茶叶和碱的水中,煮5～6个小时,使其去掉表面的"贼光"。

6. 烟熏

还有的是将新瓷放置在油烟大的地方，使之长期处于油烟熏的环境，加快釉面"老化"。

四、本节结论

1. 化学去光做旧包括两种：一是釉面的腐蚀和强氧化；二是添加乳浊剂，提高氧化铝含量，应用人工时效使之缓慢冷却。

2. 肉眼宏观看"酥光"釉面更有可能是仿品做旧造成的。

3. 显微镜下可以看到宏观察觉不到的氢氟酸腐蚀的"白云斑"。

4. 胎质致密或细腻坚硬的通常是仿品特征，专家们鉴定标准本末倒置。

5. 胎釉结合紧密，或通过析晶层的胎釉结合紧密通常是仿品特征，专家们鉴定标准本末倒置。

6. 使用X荧光能谱仪可以检测出无光釉内较高比例的氧化铝，例如大于15%，以及可能含有的乳浊剂氧化锌、氧化锆、氧化钡、氧化锶等，这些乳浊剂是现代仿品的特征。

7. 缓慢冷却是结晶釉的工艺方法，缓慢冷却也叫作人工时效。存世久远形成的自然时效，也有可能产生釉面的析晶现象。这一种"去光"技术属于高仿，需要我们谨慎鉴别。

8. 物理去光方法很多，例如：攀磨、抛光、喷砂、黏土、茶煮、烟熏、脏呕，甚至于涂抹皮鞋油，等等，但是我们都可以通过清洗后的显微分析将其暴露在光天化日之下。

9. 我们给出了做旧去光和自然老化的显微对比，希望读者在这样的对比实践中磨炼自己的鉴别能力。

第十一节 古陶瓷的纹饰

陶瓷纹饰是陶瓷生产中的一道极其重要的工艺。陶瓷器之所以成为艺术品，与其纹饰密切相关。古陶瓷的纹饰不仅具有艺术特征，而且具有历史与文化印迹特征，其中历史特征在鉴定中具有重要意义。

纹饰包括胎装饰与彩釉装饰两种。胎装饰是在胎体上通过刻、划、印、剔、堆、贴、镂、雕、塑等工艺方法描绘图案，均是以硬质工具在胎体上作成，大多于上釉前施工。

彩釉饰则是用釉料、彩料在胎面描绘图画、图案、书法等，工艺上是以毛笔之类的软工具施技，不损伤胎体。釉彩装饰中有釉上彩、釉下彩；有五彩、斗彩、粉彩和珐琅彩等等。

一、胎饰

胎装饰简称为胎饰。

1. 刻画工艺

刻画工艺指的是在成型的胎体表面雕刻和直划出各种图案。

图 4.11.1 展示的是最早的耀州窑斜刀雕刻工艺，其方法是坯体在坯车上一边慢旋一边施刀，刀锋倾斜犀利。瓷器胎饰雕刻采用的是竹刀，所说的刀锋犀利指的是刀痕流畅。

图 4.11.1 最早的耀州窑斜刀刻画工艺

图 4.11.2 展示的是宋定窑双刀雕划和直划的胎饰工艺。定窑的胎饰雕刻发展了耀州窑雕刻技艺，采用了"双刀法"：竹刀在一个花瓣轮廓上重复施刀两次，一次是立刀直刻，另一次是斜刀雕划，两刀刀迹平行，立刀线条窄，斜刀线条宽。

2. 花瓣细刻

上述雕刻和直划工艺中还包括了一个细节，那就是"花瓣细刻"。图 4.11.3 是五代耀州窑刻画工艺中在花瓣里细刻花蕊的典型。同样的花瓣细刻工艺也应用在模印胎饰之中，图 4.11.4. 就是模印胎饰中辅以花瓣细刻工艺的范例。

图 4.11.2 宋白定的双刀刻画工艺

3. 箆划代替细刻

所谓箆划是采用一种竹箆工具（类似梳头箆子）在花瓣中间划刻的古陶瓷胎饰工艺。这种胎饰方法可以代替花瓣细刻，显得更为细腻。图 4.11.5 所示的出戟尊采用了这一工艺技术。同样地，宋代耀州窑石榴尊刻画胎饰（图 4.11.6）、吉州窑盏内模印胎饰（图 4.11.7），花瓣上都采用了箆划工艺方法来装饰细节。

图 4.11.3 五代耀州窑刻画工艺中的花瓣细刻

第四章　古陶瓷工艺知识和鉴定

图 4.11.4　模印胎饰瓜棱执壶的花瓣细刻工艺

图 4.11.5　花瓣细刻采用篦划代替

图 4.11.6　宋耀州窑篦划工艺装饰花瓣

图 4.11.7　宋吉州窑篦划工艺装饰模印花瓣

图 4.11.8　模印加雕刻工艺的金彩橄榄瓶

图 4.11.9　粉彩地龙纹浮雕的模印加雕刻工艺

4. 浮雕工艺

瓷器胎饰的浮雕装饰有两种工艺方法，其一是模印，其二是雕刻。在具体工艺当中往往是模印与雕刻相结合。图 4.11.8 所示乾隆款的金彩橄榄瓶和图 4.11.9 所示的粉彩地龙纹浮雕葫芦瓶就是这种结合的范例。在模印胎饰之后，再辅以局部细节精细的雕刻，以求精益求精。

这里应该指出，上述两例浮雕工艺中有 1 毫米以内的斜下凹雕刻技巧，是现代 3D 打印技术难以做到的。我们可以观察这些细微的工艺现象来分辨真伪。

这样的胎饰其实是与釉彩装饰相互结合的，其工艺步骤是：(1) 拉坯修坯修足；(2)

249

模印雕刻修花；(3) 施高温釉；(4) 晾干进窑；(5) 烧制素瓷；(6) 出窑绘画和施釉上彩（包括金彩）；(7) 进炉进行低温烘烤。其中最为复杂的工艺就是模印。模印制模有种模、母模、主模三种。种模：用可塑泥料塑出的第一件原始作品，它的尺寸应该考虑到干燥收缩和烧成收缩，而按总收缩率予以放大。母模：因为种模是实心的，无法用可塑成型法生产出坯件，须将它翻制成母模。因种模的形状有简单、复杂之分，母模是一块或多块。主模：有了母模就可以进行少量试制了，但要成批生产，只有一个母模是远远不够的，必须由一整批工作模来完成，要获得工作模又必须用母模制成多个主模。由上可见，其工艺过程是非常繁复的。

5. 暗刻纹工艺

所谓"暗刻纹"是指白瓷（主要是指卵白、甜白釉瓷器）或者青花、霁蓝、霁红、釉里红等瓷器留白内的纹饰，是采用胎饰方法刻、划、雕出来的。暗刻纹分为两种：一种是轮廓刻画或浮雕暗刻纹，例如图 4.11.10 所示；另一种是"白描"暗刻纹（仿照国画的白描技法，但是暗刻纹里面没有着色），例如图 4.11.11。

6. 镂雕工艺

"镂雕"即所谓镂空胎饰的工艺，如图 4.11.12 所示。一般说来，镂雕胎饰瓷器里面还有转芯或套瓷，透过镂空窗口可以看到内部的芯瓷或套瓷，如图 4.11.13 所示。

7. 捏塑工艺

捏塑是古陶瓷普遍采用的一种胎饰方法，在上述章节里曾经介绍过，在此不赘。

图 4.11.10 宣德款棋子罐霁蓝釉内留白凤纹的暗刻纹

图 4.11.11 宣德款青花套霁蓝大盘的留白荷花暗刻纹

图 4.11.12 雍正款镂空粉彩转心方瓶　　　　图 4.11.13 转心方瓶的芯瓷

二、彩釉纹饰

彩釉纹饰与瓷器的釉在概念上有所差别。瓷器施釉的目的最初是防止渗水，具有实用功能；彩釉纹饰的目的是美化和装饰，具有艺术功能。彩釉纹饰也叫作彩绘。彩釉分高温和中低温两种：高温彩釉包括高温釉下彩、釉中彩、釉上彩；中温低温彩釉包括唐三彩、宋加彩、珐琅彩、粉彩；还有混合彩釉，例如五彩、斗彩。为什么不只说彩，还要加上"釉"呢？这是因为彩与釉有很多的相同和相似性，对于高温彩釉来说本质上没有区别。

1. 高温彩釉

（1）早期青瓷与高温色釉

因为石灰釉有很强的助熔能力，早期青瓷釉本质上就是釉里天然存在的铁作为着色剂的色釉，反映出的颜色是化学色，与人为添加着色剂的色釉，没有原则区别。

（2）后期青瓷的物理色

因为石灰碱釉的引入，尤其是烧制温度的降低，后期青瓷的物理色本身具有强烈的装饰与美化瓷器的作用。例如汝窑、官窑、哥窑、中期龙泉窑釉等。

2. 高温釉下彩与高温色釉

因为高温烧制时垂直方向的扩散，釉下彩的着色纹饰部分扩散的状态与高温色釉没有区别。

3. 物理色与化学色

中国古陶瓷广泛地采用了各种着色剂形成的化学色，也利用乳浊剂和降低温度的办法形成了物理色。两种颜色又相互交集，形成了千变万化的釉色装饰。有的是互为色地，有的是相互混合，有的是相互拼接。

4．中低温彩釉

中低温彩釉完全是用来作为装饰用的。

(1) 低温彩釉都是铅釉，从西汉至今，低温彩釉全部功能就是装饰。

(2) 中温彩釉的孔雀绿釉和法华彩，曾经采用了高碱釉，但也都是为了装饰。

(3) 因为烧成温度低，低温彩釉进出炉窑没有发生明显的化学变化，低温彩釉是一种低温共熔体，不存在分相釉和因此产生的物理色。

5．高温釉上彩

(1) 点彩

高温釉上彩是在施高温釉的同时施彩。早在西晋后期，青釉瓷器上出现的黑褐色点彩及北方磁州窑的黑褐色彩釉都是将彩料绘在生釉上经高温一次烧成。这类高温釉上彩的色调比较单调，大多是用黑色或黑褐色装饰。由于在高温下烧成，高温釉上彩的彩料多数向釉内扩散，比低温釉上彩牢固。磁州窑彩瓷所用的着色彩料主要是含铁的矿石，当地称"斑花石"。含铁的多少直接影响色彩，色料中的含铁量少或用量少时就呈赭褐色甚至浅茶色，色料中的含铁量多或用量加大加厚时则呈黑色。经过漫长的二次氧化后黑色可以变成褐色，例如图4.11.14所示的点彩。

图4.11.14 高温釉上点彩

(2) 乳浊彩绘

吉州窑的各种黑釉上的黄色或白色斑点，以及鲁山窑的白色花釉，也属于高温彩釉。它们的烧制工艺分一次烧成和两次烧成两种。两次烧成的彩釉，明显地高出底釉釉面。无论是哪一种工艺烧成，其釉上彩都含较高的五氧化二磷乳浊剂，形成了较大颗粒的分相釉，产生漫反射物理色，颜色均很浅甚至呈乳白色，例如 图4.11.15 吉州窑分相釉的漫反射白色。

图4.11.15 吉州窑天目白色分相釉漫反射物理色装饰

(3) 窑变釉

①宋钧瓷窑变釉

宋钧瓷窑变釉是双色高温釉：1) 蓝色属于散射物理色；2) 紫色是双色叠加，表层属于铜胶体化学色，化学色下面属于散射物理色；3) 呈乳白色因漫反射物理色与双色交织在一起所致。

②清雍正期创烧的"窑变釉"

与钧瓷的窑变釉不同，这里的窑变釉是由人为控制的两次或多次高温烧成的。

三、彩釉饰与胎饰的相互结合

上述图4.11.8、图4.11.9、图4.11.12所示的胎饰中已经看到了金彩装饰、粉彩装饰。在大多数古陶瓷纹饰工艺里都采用胎饰与彩釉饰相结合的工艺方法。

1. 印雕胎饰为辅助纹饰

图4.11.16所示的灯笼瓶上开光的"八仙过海"粉彩纹饰是主纹饰，印雕（模印与雕刻相结合）的窃曲纹则是辅助纹饰。相似地，图4.11.17所示多穆壶印雕为辅助纹饰，开光粉彩是主纹饰，但是壶颈嘴和壶执把胎饰成分更多一些。

2. 印雕胎饰为主纹饰

图4.11.18胎饰为主纹饰，同样是胎饰的曲纹则是辅助纹饰；做地的低温炉钧釉是彩釉装饰：体现了两种纹饰工艺的相互结合。图4.11.19灯笼瓶印雕的十八罗汉为主纹饰，辅助纹饰则是珐琅彩的彩釉装饰。

图4.11.16 粉彩是主纹饰，印雕的窃曲纹是辅助纹饰

图4.11.17 多穆壶粉彩是主纹饰，印雕的金彩部分是辅助纹饰

图4.11.18 印雕的夔龙纹、饕餮纹、蕉叶纹为主纹饰

图4.11.19 灯笼瓶印雕的十八罗汉为主纹饰

古陶瓷鉴定的科学依据

图 4.11.20 胎饰与彩釉饰不分主辅的"如意"装饰

图 4.11.21 乾隆款双象耳尊胎饰、彩釉饰不分主辅

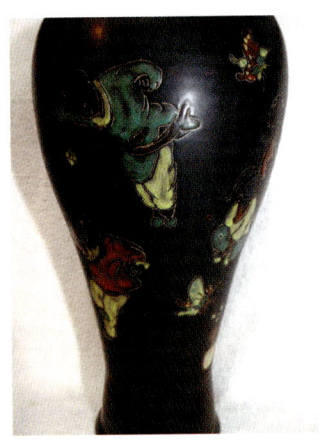

图 4.11.22 刻画彩釉饰轮廓的胎饰

图 4.11.23 黄地龙纹的胎饰刻画和彩釉填彩的工艺方法

3. 主辅不分的胎饰彩釉饰结合

图 4.11.20 所示的"如意"则是印雕胎饰与彩釉装饰完全结合在一起，分不出主辅。

图 4.11.21 所示的茶叶末釉为地的象耳尊，其耳为捏塑的胎饰，尊腹设计成八大块四小块的下凹胎饰，又在八大块下凹面上勾画饕餮纹。整个装饰分不出主、辅，胎饰与彩釉饰浑然一体，相得益彰。

4. 胎饰刻画彩釉饰的线条

彩釉装饰的轮廓、衣褶、线描可以采用彩釉的墨线、彩线、金线等来勾勒，也可以采用胎饰的刻画工艺来实现。例如图 4.11.22 的婴戏图案，刻画的轮廓和衣褶的深度超过了 1 毫米，然后填金。图 4.11.23 黄地龙纹的轮廓与图案的勾画也是采用胎饰刻画的工艺方法。这种胎饰划线、彩釉饰描彩的工艺，是彩釉胎饰相互结合的典范。

四、各种彩釉纹饰的相互结合

各种彩釉纹饰的相互结合是古陶瓷纹饰比较普遍的现象。

1. 青花与霁蓝相结合

我们曾经指出，从青花与霁蓝标本断面显微来看，二者钴蓝充满断面没有原则区别。所以，二者相互结合于一体是非常容易操作的纹饰工艺。例如图4.11.24的宣德款大盘，盘内底纹饰是霁蓝留白莲花暗刻纹，内侧壁则是青花海水纹。又如图4.11.25的宣德款盖罐，也是青花席纹与霁蓝留白相结合。

其实，在大量的青花瓷器纹饰里局部出现霁蓝是常见的现象。例如图4.11.26所示的青花双贯耳尊的双耳就是霁蓝装饰。细心观察上下体衔接的如意纹，也属于霁蓝留白纹饰。

2. 高温青花纹饰与低温彩釉纹饰相结合

图4.11.27是高温青花宝相花纹与低温仕女粉彩相结合；图4.11.28是青花海水江山纹饰与低温宝石红鲤鱼出水纹饰相结合。

图4.11.24 宣德款大盘，青花与霁蓝相结合

图4.11.25 宣德款盖罐盖顶和罐腹霁蓝留白，其余为席纹

图4.11.26 双耳局部和如意纹均为霁蓝的青花盘口尊

图4.11.27 高温青花宝相花纹与低温仕女粉彩相结合的彩釉饰工艺

图4.11.28 高温青花江山纹与低温宝石红鲤鱼出水纹饰相结合的彩釉饰工艺

3. 斗彩的高温青花与低温五彩相结合

斗彩釉下高温青花与釉上低温彩同时出现好似争奇斗艳而得名。斗彩瓷于明代成化时期（1465～1487），由江西景德镇窑创烧。斗彩原称青花五彩或五彩，为了区别青花用于描绘轮廓（斗彩）与青花仅用于蓝色（五彩），才把斗彩从五彩中区分出来。五彩泛指多彩。

斗彩工艺指先绘制图案轮廓和其他的线条，高温挂釉烧成后，进行低温彩的填彩、覆彩、点彩，然后低温烘烤烧成。我们经常看到斗彩与青花相结合的古陶瓷，如图4.11.29瓜蝶图盖罐，除了典型的斗彩工艺外还辅以青花海水纹。图4.11.30岁寒三友蒜头瓶头颈部分是纯青花。

图4.11.29 瓜蝶图盖罐，斗彩工艺辅以青花海水纹

4. 斗彩的高温青花与低温粉彩相结合

从雍正朝开始，斗彩的填彩创新出粉彩，产生了填彩的深浅变化。例如图4.11.31雍正款宝相花锥把瓶、图4.11.32乾隆款凤站江山梅瓶以及图4.11.33雍正款莲纹碗所示。

5. 轧道工艺

乾隆时期开创了粉彩瓷的"轧道地"工艺，也叫扒花工艺。扒花工艺通常在凤尾纹上体现，例如

图4.11.30 岁寒三友蒜头瓶，头颈部分是纯青花

图4.11.31 雍正款宝相花锥把瓶

4.11.32 乾隆款凤站江山梅瓶

图4.11.33 雍正款莲纹碗

图 4.11.34～4.11.36 的胭脂红地就有凤尾纹的扒花工艺。

6. 素地与彩釉装饰地

粉彩与珐琅彩有素地和纹饰地之分。素地就是高温的透明釉地，因为析晶层的漫反射原因，透明釉下的析晶层是白色或乳白色（与烧成温度有关，温度越低乳白越甚）。例如图 4.11.37 的葫芦瓶和图 4.11.38 莲纹碗就是略闪淡青的乳白色，而图 4.11.39 的天球瓶则是白色。淡青色来自透明釉内杂质（例如氧化亚铁和氧化亚钴）的颜色。杂质含量越少颜色越白。专家们说素地是白釉，是不知道透明釉下是白色析晶层和不懂得素地工艺所致。

图 4.11.34　乾隆款轧道胭脂红地大盘

图 4.11.35　乾隆款轧道胭脂红地观音瓶

图 4.11.36　乾隆款轧道黄地盖梅瓶

图 4.11.37　雍正款葫芦瓶素地系闪淡青的乳白色

图 4.11.38　乾隆款莲纹碗素地系闪淡青的乳白色

图 4.11.39　雍正款天球瓶素地是白色

图 4.11.40 美国克利夫兰美术馆收藏的雍正款大碗素地几乎纯白

图 4.11.41 乾隆款蒜头瓶以传统人字纹为地

图 4.11.42 青花小碗牡丹以工笔绘出立体感

图 4.11.43 青花小天球瓶牡丹绘出立体感

图 4.11.44 折腰葵沿金丝网地工笔粉彩立体感牡丹

图 4.11.45 龙纹浮雕牡丹花地工笔粉彩立体感牡丹

图 4.11.46 "大雅斋"五羊立体画

纹饰地复杂多变，上述的轧道地就属于纹饰地。以布满传统辅助纹饰为地的粉彩或珐琅彩瓷器最为规范，例如图4.11.41，以传统人字纹为地。

五、西洋画法对纹饰的影响

清代从康熙朝始，宫廷中开始聘用西洋匠师。对于瓷器纹饰来说，最为突出的莫过于郎世宁西洋透视写实画法对中国画法的深刻影响。所谓透视写实，通俗地说就是立体画法。中国画法与立体画法的相互结合，就出现了图4.11.37～4.11.46这样一系列受西洋美术技法影响的纹饰瓷器。

以上各例说明，瓷器纹饰工艺与美术紧密相关。古陶瓷鉴定离不开科学、历史、文化、美术等基本的知识。仅凭所看到的博物馆的一些真品就来鉴定古陶瓷，无疑是"坐井观天""一叶障目不识泰山"！

图4.11.47 中西画法结合的浅绛彩瓷板画

参考文献

[1] 曹昭《格古要论》，明洪武二十年（1387）刻印，清乾隆时收入《四库全书》。

[2] 王宗沐《江西省大志》，明嘉靖三十五（1556）年刻印。

[3] 蒋祈《陶记》，收入清康熙本《浮梁县志》。

[4] （作者佚名）《南窑笔记》，清乾隆刻印，1911 年被黄宾虹收入《美术丛书》。

[5] 程廷济《浮梁县志》，清乾隆刻印。

[6] 蓝浦、郑廷桂《景德镇陶录》，嘉庆二十年（1815）由异经堂刻印出版。

[7] 朱琰《陶说》，清乾隆刻印。

[8] 寂园叟《陶雅》，清光绪刻印，上海朝记书庄再刻（1918），山东画报出版社 2010 年版。

[9] 许之衡《饮流斋说瓷》，民国刻印，山东画报出版社 2010 年版。

[10] 赵汝珍《古物指南》，1943 年铅印本。

[11] 尤仁德《商代玉雕龙纹的造型与纹饰研究》，《文物》1981 年第 8 期。

[12] C.J.A.Jörg, *Procelain and the Dutch China Trade*, Martinus Nijhoss Publishers of The Hague, the Netherland, 1982.

[13] 李家治《浙江青瓷釉的形成和发展》，《硅酸盐学报》1983 年第 1 期。

[14] 祁守华《我国何时用煤烧制陶瓷》，《当代矿工》1990 年第 1 期。

[15] 朱代英《试论化妆土在古陶瓷中的应用》，《四川文物》1993 年第 3 期。

[16] 耿宝昌《明清瓷器鉴定》，紫禁城出版社 1993 年版。

[17] 张福康《中国古陶瓷的科学》，上海人民美术出版社 2000 年版。

[18] 李家治、张志刚等《杭州凤凰山麓老虎洞窑出土瓷片的工艺研究》，《建筑材料学报》2000 年 12 月。

[19] 秦大树《白釉剔花装饰的产生、发展及相关问题》，《文物》2001 年第 11 期。

[20] 蔡妙珍、邢承华《土壤氧化铁的活化与环境意义》,《浙江大学学报》2004年8月第27卷第3期。

[21] 凌雪、冯敏等《邢窑、定窑和巩窑白瓷显微结构的对比分析》,《电子显微学报》2004年第2期。

[22] 朱清时《微尺度下古瓷鉴定的物理学和化学的基础研究》,《广西民族学院学报》(自然科学版)2005年第11卷第1期。

[23] 叶喆民《中国陶瓷史》,生活·读书·新知三联书店2006年版。

[24] 杨小林《鎏金工艺》,《昆明理工大学学报》2006年第12期。

[25] 朱铁权等《宋代绿釉陶表面"银釉"的分析及其形成机理》,《应用化学》2007年第9期。

[26] 刘志成《陶瓷痕迹鉴定》,中国文联出版社2008年版。

[27] 李伟东、李家治等《杭州凤凰山麓老虎洞窑出土瓷片的研究》,2009年古陶瓷学术讨论会论文集。

[28] 李伟东、邓泽群、李家治《汝官窑青瓷釉的析晶—分相结构》,2005年古陶瓷科学技术国际研讨会论文集。

[29] 陈立立《景德镇瓷器垫烧痕迹特征浅析》,《东方收藏》2011年第8期。

[30] 陈建辉《元代枢府瓷剔刻化妆土工艺初探》,《琼州学院学报》2013年第3期。

[31] 河南省陶瓷文化研究会《古陶集萃》,中州古籍出版社2010年版。